U0797928

卓越法律人才培养

民商事法学系列教材

总主编 李少伟 张翔

非诉讼纠纷解决机制（ADR）理论与实务

Theory and Practice of Alternative Dispute Resolution Mechanism

主　编｜韩红俊

副主编｜李　政　赵旭东

撰稿人｜赵旭东　刘海洋　谢鹏远
以撰写章节先后为序｜李　军　韩红俊　刘克毅
百晓峰　李　政

法律出版社
LAW PRESS · CHINA

图书在版编目(CIP)数据

非诉讼纠纷解决机制(ADR)理论与实务 / 韩红俊主编. -- 北京 : 法律出版社, 2019.1(2022.2 重印)
ISBN 978-7-5197-3009-3

Ⅰ. ①非… Ⅱ. ①韩… Ⅲ. ①民事纠纷-调解(诉讼法)-中国-高等学校-教材 Ⅳ. ①D925.114

中国版本图书馆 CIP 数据核字(2019)第 001002 号

非诉讼纠纷解决机制(ADR)理论与实务
FEISUSONG JIUFEN JIEJUE JIZHI (ADR) LILUN YU SHIWU

韩红俊 主编

责任编辑 陈 慧
装帧设计 凌点工作室

出版发行 法律出版社
编辑统筹 法律教育出版分社
责任校对 晁明慧
责任印制 刘晓伟
经　　销 新华书店

开本 720 毫米×960 毫米 1/16
印张 16.75 **字数** 268 千
版本 2019 年 1 月第 1 版
印次 2022 年 2 月第 2 次印刷
印刷 北京虎彩文化传播有限公司

地址:北京市丰台区莲花池西里 7 号(100073)
网址:www.lawpress.com.cn
投稿邮箱:info@lawpress.com.cn
举报盗版邮箱:jbwq@lawpress.com.cn

销售电话:010-83938349
客服电话:010-83938350
咨询电话:010-63939796

书号:ISBN 978-7-5197-3009-3
定价:36.00 元

凡购买本社图书,如有印装错误,我社负责退换。电话:010-83938349

总　　序

2011年12月23日，教育部和中央政法委员会发布《关于实施卓越法律人才教育培养计划的若干意见》（教高〔2011〕10号，以下简称《意见》）。《意见》针对我国法律人才培养中所存在的突出问题，决定实施卓越法律人才教育培养计划，并明确了卓越法律人才教育培养的指导思想、总体目标、主要任务、工作措施等，其中也提出了教材建设的任务。

西北政法大学承担着全部三个类型的卓越法律人才教育培养的重要任务，民商法学院则担负着全校卓越法律人才培养的民商事实体法学和程序法学的教学任务。五年来，围绕卓越法律人才的教育培养，我们开展了一系列教学改革研究和实践，其中也包括教材改革和建设。"卓越法律人才培养民商事法学系列教材"就是在法律出版社的大力支持下推出的我院教材改革和建设的成果。

该套系列教材是我们在认真研究、深入领会《意见》精神，总结多年课程教学经验、吸收教学改革成果的基础上，组织学术水平较高、教学经验丰富的教师编写完成的。为了实现《意见》的总体目标和要求，我们试图通过此套系列教材达到两个基本目的：一是深化、扩展和丰富民商事实体法学和程序法学的教学内容；二是体现理论与实践的结合，培养学生的法律专业技能或实务操作能力。

我们计划编写和出版的教材有：侵权法实训教程、担保法实训教程、公司法实训教程、证券法实训教程、票据法实训教程、破产法实训教程、保险法实训教程、非诉讼纠纷解决机制（ADR）实训教程、律师公证实训教程、民事案例研习、商事案例研习、家事案例研习、民事诉讼案例研习、民事执行学、仲裁法学、中国司法制度、法律职业道德等。

这套系列教材的出版，既是我院围绕卓越法律人才培养所进行的教学改革的阶段性成果的体现，更是一种新的尝试，其中难免有欠妥适之处，诚望同仁和读者不吝指正。

编　者

2016 年 6 月

编 写 说 明

随着纠纷解决理论研究的不断深化，非诉讼纠纷解决机制（也称诉讼外纠纷解决机制）越来越受到理论界和实务界的重视，非诉讼纠纷解决机制的理论与实务也逐渐被法学院校纳入法学专业课程体系。目前国内涉及非诉讼纠纷解决机制的理论研究成果颇丰，但作为一门专业课程的教材却为数寥寥。我们理解，教材的内容与理论研究的对象还是有所区别的，非诉讼纠纷解决机制这门课程应当包含诉讼以外的其他各种纠纷解决机制的基本样式和运行规律，同时应当能够体现国内外相关研究和实践的最新成果和发展趋势。循着这一思路，我们将本教材命名为《非诉讼纠纷解决机制（ADR）理论与实务》，一如本课程的名称；同时，对诉讼以外的各种纠纷解决机制做了较为系统的阐述。本教材是在结合多年教学经验和相关研究成果的基础上编写，但仍难免存在不尽如人意之处，诚望专家学者不吝批评指正。

本教材由韩红俊教授任主编，李政教授、赵旭东教授任副主编，由赵旭东教授全面策划并统稿。本书的出版得到法律出版社教育分社丁小宣社长及责任编辑陈慧的大力支持，在此表示衷心的感谢。撰稿人如下（以章节先后为序）：

赵旭东 博士，教授，撰写第一、二、三章。
刘海洋 博士，讲师，撰写第四章。
谢鹏远 博士，副教授，撰写第五章。
李　军 硕士，教授，撰写第六章。
韩红俊 博士，教授，撰写第七章。
刘克毅 博士，副编审，撰写第八章。
百晓锋 博士，副教授，撰写第九章。
李　政 博士，教授，撰写第十章。

西北政法大学
民商法学院民事诉讼法教研室
2019年1月6日

目　　录

第一编　总　　论

第二编 分 论

第一编　总　论

第一章　纠纷机理概论

第一节　纠纷的概念与性质

一、纠纷的概念及其特征

研究纠纷的解决，首先要了解什么是纠纷。对纠纷的认识，要从纠纷的概念和定义、纠纷与其他类似社会现象的关系入手，继而明确纠纷的性质，以及纠纷现象在社会发展历史中的作用，从而对纠纷现象有一个客观的、理性的认知，为纠纷的解决寻求合理的方法和途径。

（一）纠纷的概念

纠纷是人类社会的一种常见现象，也是伴随着人类文明发展的一种共生现象。纠纷不仅存在于人们的日常生活之中，而且广泛地存在于经济、政治、文化等各种社会活动之中，可以说，凡是有人群的地方就必然有纠纷的存在或发生，因此，纠纷是人类社会的一种普遍现象，也是一种历史现象。从古至今，人类社会为纠纷的解决做出了不懈的努力，发明或发展了诸如协商、谈判、调解、仲裁、诉讼等各种方法和制度，但是，纠纷不仅没有被消除的迹象，而且在类型和数量上还有不断变化和增长的趋势。长期以来，人们对纠纷现象的关注和研究从未止歇，以至于纠纷的表现、原因或者解决之道常常以不同的方式显现于广泛的社会科学或文化领域，诸如哲学、经济学、政治学、法学、伦理学、心理学、社会学、人类学、历史学、文学、艺术等科学和文化领域，几乎没有不涉及纠纷的，甚至可以说纠纷的存在为社会科学和文化的研究和发展提供了重要的素材，客观上为社会科学和文化的繁荣做出了贡献。有学者指出："我们今天看到的法律、伦理道德、宗教等各种文化现象，实际上都是人们为了'对付'纠纷而诞生的思想成果。”[1]

纠纷不仅广泛地存在于人类社会的各个领域,而且它的表现也是复杂多样的,既有种类上的区分,也有强度上的差异,既有物质利益的驱动,也有思想观念的碰撞,由此便造就了与纠纷这一概念相近的多种概念,如冲突、对抗、矛盾、争议等。为了对纠纷这一概念有一个相对确切的定位,有必要先弄清与其相近的概念的基本含义。

矛盾。矛盾是主要用于哲学上的概念,指客观事物和人类思维内部各个对立面之间互相依赖又互相排斥的关系。矛盾具有普遍性,没有矛盾就没有世界;矛盾也被经常引申为各种互相对立又互相依赖的社会关系,如敌我矛盾、人民内部矛盾、逻辑学上的矛盾律等。

冲突。冲突主要表现为社会群体之间的对抗、对立或抗争的状态。冲突具有多种复杂的表现形式,其中,冲突的强度对于冲突的性质具有重要意义。例如,军事冲突是一种强度极高的冲突,具有爆发战争的可能性;社会冲突则以共同体利益关系的整合为动机和目标,在一定强度范围内的社会冲突可以通过法律制度得以消解,但是,随着冲突强度的加大,其性质可能会发生变化,法律调整的效能将会丧失,乃至不得不借助政治的手段。

抗争。对抗、争论、争夺,是最为常见的一种表达不满的方式。抗争的手段可以是多样化的,而且不一定表现为主体之间的相互关系,也可能是个体的一种单独行动,例如在负有一定责任的相关事务中采取不合作的态度,或者通过某种过激行为表达不满。

争议、争执。这两个名词意思比较接近,表示主体之间围绕某一具体权益的行为对立或者意见分歧,相比较而言,争执是这种情形的一般形态,而争议则更具有理性化色彩。大部分的争执或者争议都在法律的调整范围之内,它们可以被理解为一种低强度的冲突,多数情况下与纠纷同义。

以上这些概念的共同点是主体间关系的不协调性(或不和谐性),这种不协调性可能是外部的表现,也可能是一种隐性的因素;其不同点主要是表现强度上的差异,例如“冲突”的强度一般要高于“争议”的强度。这些概念或多或少地都与纠纷这一概念相关,它们常常互相配合使用,以加强语意表达的准确性,在特定情形下甚至可以互相替换。例如,可以说“甲和乙之间发生了争议”,也

---

[1]　李刚主编:《人民调解概论》,中国检察出版社2004年版,第11页。

可以说“甲和乙之间发生了纠纷”。再如，“矛盾”是一个包容性较高的概念，我们可以说“甲和乙之间存在的矛盾是因为纠纷而造成的”，也可以说“甲和乙之间的纠纷是因为存在的矛盾而造成的”，我们还可以用“社会矛盾和纠纷”来概括所有的不协调现象。

与纠纷这一概念比较接近而又常常难以区分的是关于“冲突”的概念。从中文的含义来看，纠纷与冲突似乎没有太大的区别，在大多数情况下甚至可以互相替代，但是，严格说来二者还是有区别的。在西方语言中，纠纷（dispute）和冲突（conflict）不仅是两个不同的单词，而且在用法上也并不是可以随意替换的。有学者指出：“《牛津法律大辞典》将‘冲突’定义为‘一种对抗或敌对的状态、争斗或抗争、对立原则的冲撞’。相应地，美国当代纠纷解决理论把纠纷视为冲突的一种类型或一个层次，认为它是一种包含着明确的、可通过法庭裁判的争议的冲突。”[2] 纠纷和冲突之所以会发生概念上的交合，主要原因在于社会学和法学对待社会不和谐现象存在研究视角上的差异。在社会学看来，纠纷与社会冲突之间并没有十分严格的界限，或者说，社会学是把纠纷当作社会冲突加以研究的。但在法学界，更多的是从法律功能的角度去看待纠纷，从而将纠纷看作一种违反法律规范的行为，因此，仅仅将纠纷笼统地概括为法律调整的一种社会现象。[3] 有学者指出：“在理论领域中，社会冲突并非是法学，而是社会学理论的直接研究对象”，社会学并不认为任何冲突都必然受到法律的评价，“事实上，在任何社会中，能够受到法律评价的社会冲突仅是其中的一部分，纯粹从量上观察甚至可能不是主要部分”。[4] 此外，一个值得注意的事实是，“纠纷”这个词在所有的正式立法文件中被频繁使用，但是，“冲突”这个词在立法文件中却几乎是不被使用的。而在有关法律领域的理论研究和社会实践中，纠纷历来就是一个比较规范的概念，只有在解释或者需要说明纠纷的性质或状态时才会用到冲突这个词。因此，纠纷这个概念对于法律制度来说具有特殊的意义，而冲突这一概念一般不具有法律的意义，而是在更为广泛的意义上对社会不协调现象的一种概括性描述。

另外需要注意的是，并非所有可以通过法律评价的不协调现象都是纠纷。不协调现象有隐性的和显性的区别，隐性的不协调现象虽然也可以有法律的评

[2] 沈恒斌主编：《多元化纠纷解决机制原理与实务》，厦门大学出版社 2005 年版，第 33 页。

[3] 江伟主编：《民事诉讼法》，中国人民大学出版社 1999 年版，第 4 页。

[4] 顾培东：《社会冲突与诉讼机制》，法律出版社 2004 年版，第 1、18 页。

价,但是,由于它没有表面化、公开化,其不协调的状态还只是矛盾,充其量表现为某种抗争,而不是纠纷。只有在矛盾无法解决致使其表面化的情况下,纠纷才会发生。有学者将这种情形表述为:“现实性的纠纷是冲突显化的结果。”[5]

综上所述,我们对纠纷这一概念可以做如下定义:在社会主体间发生的可以通过法律评价的表面化的不协调现象。在这一定义中,社会主体间的关系是指纠纷所固有的相对性特点(关于这一特点在下文还有表述);可以通过法律评价意在强调纠纷属于一个法律概念,从而将其限于法学的范畴,以区分其他学科所称的不协调现象;而表面化特性则重在说明纠纷解决的可欲性,这一特性对研究纠纷解决的目的、方法和效果都具有重要意义。

需要说明的是,关于纠纷的概念和定义,学术界有多种见解,可谓众说纷纭、见仁见智。例如,纠纷是指社会主体间的一种利益对抗状态;[6]所谓纠纷,就是公开地坚持对某一价值物的互相冲突的主张或要求的状态;[7]在社会学意义上,纠纷(dispute)或争议是特定的主体基于利益冲突而产生的一种双边的对抗行为;[8]民事纠纷,又称民事冲突、民事争议,是指平等主体之间发生的以民事权利义务为内容的社会纠纷[9]等。这些观点具有一定的合理性,对我们具有重要的启发意义,但是,我们认为还不足以准确地揭示纠纷这一概念的全部内涵,并且有的观点还有可商榷之处。我们这里提出的定义也仅为一己之见,希望能为相关的研究提供有益的参考。

(二)纠纷的特征

1. 纠纷主体的相对性和明确性

纠纷是在相对的社会主体之间发生的,这是学界公认的关于纠纷的一个比较明显的特征。也就是说,纠纷的主体具有相对性或对应性,单个的主体是不可能自己和自己发生纠纷的,纠纷的表现必然是相对的主体之间出现了某种不协调现象,没有相对的主体,也就没有纠纷。但是,纠纷主体的相对性并不总是在纠纷发生之前就可预知的,还存在纠纷发生之后才确定纠纷的相对方的

---

[5] 范愉主编:《ADR 原理与实务》,厦门大学出版社 2002 年版,第 47 页。

[6] 何兵:《现代社会的纠纷解决》,法律出版社 2003 年版,第 1 页。

[7] 季卫东:《法律程序的意义——对中国法制建设的另一种思考》,中国法制出版社 2004 年版,第 5 页。

[8] 范愉:《非诉讼程序(ADR)教程》,中国人民大学出版社 2002 年版,第 2 页。

[9] 江伟主编:《民事诉讼法》,高等教育出版社 2004 年版,第 1 页。

情形。

众所周知,人处于社会之中,必然要和他人发生各种各样的社会关系,社会关系的一个重要特点是人和人之间的交往关系,只有在相互交往的过程中才有可能发生不同的意见、分歧和利益冲突,因此才可能发生纠纷。但是,这里需要注意的是,社会交往的对象并不总是确定的和相对的,纠纷可能会发生在预先确定的交往主体之间,也可能发生在预先并不确定,但是由于某种潜在因素而导致的交往主体之间。前者我们可以称之为确定的交往主体,而将后者称为不确定的交往主体。确定的交往主体是指事先已经明确双方的交往关系,在纠纷发生之后,依然保持双方的相对性的情形。例如因合同关系而确定的交往主体,合同纠纷的主体一般也就是合同的主体。不确定的交往主体是指事先并没有明确的交往关系,而在纠纷发生之后才需要确定纠纷相对方的情形。例如偶然发生的交通事故纠纷,特别是在连环交通事故中,纠纷的相对方可能还需要一系列的技术方法才能确定。但是,无论如何,作为一个现实的纠纷主体,其相对性是一个必然的要求。如果没有相对的纠纷主体,就无法展开纠纷事实的调查,也无从确定纠纷责任的承担者。

纠纷主体的相对性虽然揭示了纠纷主体之间存在相互对应的关系,却不能说明纠纷主体的身份属性。换句话说,发生纠纷的双方当事人相互之间不仅应当明确对方的姓名、住所、职业等基本信息,而且还应当了解对方的家庭状况、财产状况、社会身份甚至宗教信仰等社会关系信息。明确这些信息对于纠纷的解决具有重要意义,有时可能会出现意想不到的积极效果。美国法社会学家唐·布莱克提到一种"对手效应"的概念,他认为:"原告自身的社会结构可能是预测案件将被如何处理的最重要的预测因素。例如,对立双方分别具有什么样的社会地位?"〔10〕纠纷解决的过程是一个需要综合考量纠纷主体的具体情形以便决定是否需要采取某种措施或者方法策略的过程,如纠纷主体的社会关系、财产状况,乃至其社会地位等因素,尽可能全面地考察这些因素有利于纠纷的合理解决。

2. 纠纷双方的对抗性

纠纷双方的对抗性是指纠纷双方当事人之间存在的对立的和抗争的状态。对于对抗性这一特征,学界基本上都予以认可,但是,大多数研究者都将这种对

---

〔10〕 [美]唐·布莱克:《社会学视野中的司法》,郭兴华等译,[美]麦宜生审校,法律出版社2002年版,第7页。

抗看作“利益的对抗”。之所以如此,或许是因为他们将发生纠纷的原因归结于社会冲突理论所指出的“利益的冲突”的缘故。我们认为,纠纷发生的原因固然有利益冲突的因素,(关于纠纷的原因在下文还有论述)但它与纠纷双方的对抗性并不属于同一性质的问题,不能混为一谈;我们所说的对抗性主要是指纠纷双方所处的状态的对抗。

所谓状态的对抗是指纠纷双方的对抗的外部表现形态,包括纠纷双方对抗的强度和实力对比关系。在纠纷解决的实践中存在这样一种现象:有的纠纷比较容易解决,对当事人双方的关系也不会产生严重的影响;有的纠纷却很难解决,当事人双方的关系也十分紧张,似乎到了你死我活的地步。之所以如此,就是因为当事人双方的对抗强度和实力对比关系不同的缘故。这种对抗往往和纠纷原因层面的对抗即纠纷内容上的对抗之间并不存在必然的联系,并且纠纷双方状态的对抗程度对于纠纷的解决而言具有更为现实的意义。如果纠纷双方的对抗程度比较轻微,例如只是情绪上的互相抵触状态,那么,这种纠纷往往存在比较偶然的因素,如果这种偶然性因素得以排除,纠纷也就可能很快解决;如果纠纷的双方几乎是一种敌对的状态,例如对关键性事实持有完全相反的观点,或者对于纠纷的解决方案差距过大,那么,一般的纠纷解决方式对于这样的纠纷可能难以奏效。在后一种情况下,勉强的“撮合”有时还可能事与愿违,反而造成更为严重的后果。

对于某些纠纷例如纯粹的经济纠纷而言,纠纷双方的对抗强度还可能不完全是一种情绪化的表现,而是和双方的实力对比关系有关。如果双方的实力相当,那么,对抗的强度可能较低,反之,如果双方的实力相差悬殊,那么,对抗的强度反而更高。但是,对于影响到纠纷双方对抗强度的实力对比关系的因素却不能做机械的理解。在一般情况下,相对强势的一方表现为权力、地位或经济实力的强大,处于弱势的一方往往缺乏和相对强势的一方进行对话或者协商的资本。但是,实力的强弱在一定情况下却可以发生逆转,尽管某一方当事人在权力、地位或经济实力方面无法与对方抗衡,但是,其弱势地位有可能随着某种因素的变化而发生变化,从而形成足以与对方抗衡的实力。例如原本实力强大的经济实体因经营不善而濒临破产,本来处于弱势地位的消费者因为政府的帮助或者社会团体的支持而形成了足以和生产经营者抗衡的力量。在类似这些因素的影响之下,纠纷双方的对抗强度便有可能发生转化,从而为纠纷的解决创造了多种可能的局面。

纠纷双方对抗强度的不同为纠纷解决方式的灵活多样提供了可能。强度较低的对抗,通过对话和协商就可能得到化解。例如,建立了某种合作关系的双方因为一方提出的经营某种方案不被另一方理解而发生了对抗(争执、争议),经过积极的协商或谈判之后,双方的对抗被消除了,于是,合作仍然在愉快的气氛中得以维系。在某些合同的结尾条款中经常可以看到这样的语句:“本合同未尽事宜或者在合同履行过程中出现任何争议,由双方友好协商解决,或者制定补充协议加以完善”,这样的预设性条款实际上表现了合同双方对以后可能出现的纠纷进行对话、协商、自行解决的可能性。当然,这种纠纷的对抗状态是强度较低的对抗。一旦出现了强度较高的对抗,那么,这种预设的纠纷解决方式就会失去作用,势必要寻求其他的纠纷解决方式。

3. 纠纷的主观性和社会性

(1)纠纷的主观性。纠纷的主观性包含两层意思:一方面,从内容上说,纠纷属于“私权”范畴,具有私权利的属性;另一方面,纠纷的判断标准是纠纷主体的主观性标准。

纠纷的内容从本质上来说应当属于“私权”的范畴。纠纷的主体主要是自然人、法人和社会团体,纠纷的内容主要是自然人、法人和社会团体之间的利益冲突。私法理论认为,私法主体之间的纠纷是由私法调整的,公权力不应当主动介入,也就是从法律上排除了公权对私权的强行干预,这就是所谓“私权自治”原则的核心内容。从这个意义上说,纠纷既然是私权性的,那么,它就应当是“私人”之间的事,与社会公共利益是不相干的,私权与“意思自治”紧密联系,而“意思自治”属于权利主体的主观性权利,因此,纠纷当然也就是属于主观性范畴的事物。

纠纷的主观性还包括纠纷的判断标准的主观性质。即一个纠纷是否存在,不是由外界做出判断,而是由主体从内部做出判断。由于纠纷本质上属于私权性的,主体对私权的处分不受主体以外的因素干扰,因此,纠纷是否已经发生,乃至于纠纷的解决需要采取何种方式,都应当由主体自行做出判决和决定,任何的外部个体包括国家司法机关都不应当主动介入。正因如此,民事诉讼法所规定的受理案件的原则是当事人必须提起诉讼,即“不告不理”的原则。

另外,纠纷的“私权性”还可以从社会公众对纠纷的一般性态度来得到印证。一般来说,无论是发生纠纷的主体还是纠纷以外的个体,都不会认为纠纷是关乎社会公共利益的事情,正好相反,一般都会认为纠纷是发生纠纷的个体之间的事情。正因如此,发生纠纷的个体一般并不希望别人随意插手或干预自己的"私事",而社会公众对他人之间的纠纷一般也会采取一种与我无关的态度。当然,如果某个纠纷侵害到了他人利益或者社会公共利益,则另当别论。

(2)纠纷的社会性。除了主观性之外,纠纷还有社会性的一面。范愉教授指出:"纠纷作为一种社会现象,其产生不是孤立的。在研究纠纷解决问题时,首先需要注意的是纠纷产生的社会因素。"[11]尽管范愉教授对纠纷的社会性的关注主要是影响到"纠纷解决"的社会性因素,而不是将社会性作为纠纷本身的一个特征来对待,但是,其将纠纷的社会性作为一个理论课题给予明确的表述,无疑对纠纷现象的深入研究是一个有益的启示。

根据社会学理论,社会中的任何现象都不是孤立地存在的,都必然会和其他社会现象发生联系,只有将这些现象联系起来,在动态的过程中观察它的具体表现,才有可能了解其真正的原因和性质,并寻找出有效的解决办法。从哲学意义上同样可以得出这样的判断,因为任何现象都不能逃脱普遍联系的规律。纠纷作为一种社会现象,必然与其他社会现象发生各种各样的联系,必然存在社会性的一面。首先,纠纷是在社会个体之间发生的,而任何社会个体都不是孤立存在的,彼此之间必然存在各种各样的社会关系,正是由于这些社会关系的存在,才使纠纷的发生有了可能。其次,纠纷的内容必然存在社会因素,或者受到社会环境和制度的影响和制约。例如购房者和开发商之间因开发商迟延交房而发生纠纷,开发商可以以市政配套建设不到位、施工单位迟延施工等理由来进行抗辩,以减少自己的主观过错,尽管这些抗辩理由在法律上有可能不成立,但它毕竟说明了产生这种纠纷的关联因素,说明了纠纷内容的社会性因素。再次,纠纷的解决过程和解决方式或多或少地要受到社会因素的干预,无论是当事人自己解决或者是有第三方参与解决,都不能无视社会公众对纠纷解决过程和解决方式的态度和评价,他必须对自己的行为有可能为自己带来的各种有利的或不利的后果进行谨慎的评估,从而决定自己解决纠纷的策略和目标。最后,也是最为重要的,任何一个纠纷的发生及其处理的结果对于社会都会产生一定的影响,即纠纷的示范性效应,特别是那些具有普遍性意义的纠纷,社会公众会表现出表面上的冷漠和实际上的强烈关注的两面态

---

〔11〕 范愉:《纠纷解决的理论与实践》,清华大学出版社2007年版,第73~76页。

度，并且，随着这种关注程度的加强，对于社会公众的心理和行为都会发生广泛而微妙的影响。

认识纠纷的社会性具有十分重要的意义。对于纠纷主体而言，在纠纷面前往往会产生一种孤立无援的封闭心理，或者由于传统观念的影响，有的当事人不愿将"个人的私事"暴露在社会大众的面前，认为即使向社会寻求帮助，也不会有人伸出援手。于是，要么将应当及时解决的纠纷隐忍在心，长期经受抑郁或者惶恐的心理折磨，从而影响生活质量和工作效率；要么在"忍无可忍"的情况下采取极端的自决措施，给自己、他人和社会造成严重的不利后果。这种情形无论从哪一个角度看都是得不偿失的。如果纠纷主体认识到纠纷的社会性，那么他就可能会克服封闭心理，及时地寻求社会帮助，使纠纷得到及时的解决，从而避免矛盾的激化，有利于安定和谐的社会秩序的形成。事实上，尽管存在制度性缺陷，但是，社会对于纠纷现象的态度并不是人们想象的那样"冷漠无情"，从社会个体到有关的社会组织和团体，如各种政府主管机关、工会、妇联、消费者协会乃至于社会义务工作者等，都有可能成为及时化解矛盾与纠纷的社会性力量。对于纠纷的解决者而言，认识到纠纷的社会性尤其必要。在纠纷解决的过程中，必要时可以动员、利用各种社会力量，促使纠纷得到及时妥善的解决；如果必须对纠纷做出裁决，那么，也要充分考虑这种裁决有可能带来的社会效应，包括它的示范性意义和社会效果。尽管"依法裁决"已经是纠纷裁决必须遵守的原则，但是，法律的具体规范不可能穷尽所有的事实范畴和责任界限，因此，司法者永远拥有自由裁量的巨大空间。

综上所述，从主观上看，纠纷属于"私权"范围的事务，应当说，这是对纠纷的本质属性认定，一切围绕纠纷的理论、观念和行为都不能否认纠纷的私权性，这也是纠纷现象区别于其他权利现象的重要分水岭。但同时也要看到，纠纷在客观上具有不可忽视的社会性，和社会发生着各种各样的联系。如果不承认这一点，一味坚持纠纷的私权性，认为纠纷是"纯粹的私人事务"而拒绝一切社会的干预和作用，那么，将不利于认识纠纷和解决纠纷。

4. 纠纷解决的自主性

研究纠纷的目的是预防纠纷和解决纠纷，纠纷的预防是一个十分宽泛的概念，涉及社会的经济、政治制度、文化传统以及社会治理方法等广泛领域，相比较而言，纠纷的解决与纠纷本身的关系更为密切，如果不考虑纠纷的解决，那么，对纠纷的研究也就失去了意义，所以，我们把纠纷解决的最基本问题——自主性作为纠纷的特征看待。

纠纷解决的自主性是指纠纷主体对于纠纷的态度和纠纷解决过程中做出自己认为适当的选择的一种自主性权利。纠纷是否已经发生、已经发生的纠纷是否需要解决以及采取何种方式解决、对自己的实体性权利是坚持还是放弃或者在多大程度上可以做出妥协和让步,这些问题都应当允许纠纷主体自主地做出决定。所以,纠纷解决的自主性是区分纠纷不同于非纠纷的其他社会矛盾或冲突的一个重要特征。对于非纠纷的其他社会矛盾和冲突,主体可能无法完全自主地做出判断和选择,那么,这种矛盾和冲突就不是纠纷。例如,对于涉嫌侵害社会公共利益的行为,负有责任的政府部门有权力也有义务予以处理甚至提起公益诉讼,如果对这种行为视而不见或放任而为,那么就是一种失职。

对自主性的认识有赖于对自主权的具体内容的理解。所谓自主权,应当说是一个典型的民事法律关系主体所拥有的权利,它的基本内涵是民事法律关系主体在不违反法律禁止性规范的前提下对自己的民事权利所拥有的自由处分的权利。自主权的理论基础是民法上的"私权自治"学说,但是,从纠纷和纠纷解决的视角来看,私权自治理论所带来的启示却不仅仅是围绕着这样一个单纯的观念,即不仅纠纷的本质属性是私权性的,而且在纠纷的解决方面也应当是私权性的;纠纷主体不仅对于纠纷所涉及的实体内容拥有自由处分的权利,而且,对于纠纷解决方式的选择乃至于在纠纷解决的具体过程中所适用的程序的选择也拥有自由处分的权利。关于纠纷主体的这种权利形态,在民事诉讼理论中有较为完整的表述。民事诉讼理论认为,作为诉讼主体的当事人在不违反法律的禁止性规范的前提下拥有自由地处分自己的实体性权利和程序性权利的权利,这种权利被称为处分权。当事人的处分权和法院的审判权既相互制约又相互依赖,共同推动了民事诉讼程序的有序进行。但是,应当看到,民事诉讼理论所阐述的处分权是相对于民事诉讼这种以国家公权力的介入为特征的解决民事纠纷的情形而言的,也就是说这种权利的表现是以民事诉讼作为特定场合的。而一个纠纷从发生到解决可以出现在各种不同的场合,例如协商和谈判的场合、调解的场合以及其他正式的或非正式的场合。纠纷主体对于这些场合的选择,以及在这些不同的场合中对于自己的各种权利的处置,仅仅用处分权显然是难以概括的。

纠纷解决的自主性不仅包含自由处分民事权利的内容,更为重要的是,它还蕴含着纠纷主体对于纠纷解决的态度、方式、过程、效果等多方面的自主判断和选择的权利。也就是说，自主权所包含的内容，在纠纷解决的场合，要比单纯行使民事权利的场合和进行民事诉讼的场合宽泛得多，它是纠纷主体所拥有的贯穿从纠纷的发生到解决的全过程的一种权利。

那么，对于纠纷的解决而言，纠纷主体的自主性究竟可以在多大程度上得到实现呢？这就是纠纷主体自主权的权能问题。根据权利（权力）和义务（责任）的关系的基本原理，任何权利（权力）都不是绝对的，纠纷主体的自主权也不例外，它同样要受到一定的限制。这就是说纠纷主体的自主性是充分的，但不是绝对的。即纠纷主体在行使自主权的同时，不得对社会公共利益以及第三人的合法利益构成威胁或侵害，如果出现这种情形，则纠纷主体的自主权就会受到限制；如果这种威胁或侵害已经变为现实，那么，纠纷主体就应当对自己的行为所带来的后果承担相应的责任。例如，纠纷的一方因为放弃某种权利而给社会公共利益或国家利益造成危害的情形，在这种情形下，就应当有相应的监督制约机制加以纠正。

二、纠纷的性质和作用

（一）纠纷的性质

纠纷究竟属于一种什么性质的事物？对这一问题的思考，有助于我们厘清纠纷现象与其他社会现象的关系，从理性的高度认识纠纷，进而寻求对待纠纷的正确态度和方法。

虽然我们对纠纷司空见惯，但对纠纷的性质及其作用却未必持有一个正确的认识。长期以来，关于纠纷的性质问题，研究者要么采取了回避的态度，要么只是从感觉、印象或者是从某种宏观理论出发去寻求答案，而缺乏有针对性的分析论证。究其原因，主要有两点，一个原因是纠纷这种事物和各种社会现象的关系错综复杂，其发生的原因和表现方式经常处于不确定状态，因此要想把纠纷和与纠纷相关的其他事物严格区分开来十分困难；另一个原因是，由于纠纷和社会冲突之间存在的密切联系，使不少人在很多情况下把纠纷等同于社会冲突，沿用了社会冲突理论的路径，以致得出的结论和社会冲突理论得出的结论趋同，从而影响了对纠纷这种事物的特殊性的认识。例如，有学者试图从社会冲突的角度去认识纠纷，认为："冲突——即便是纯粹发生在私人间的冲突——都具有一定的反社会性"，而"广义的社会冲突只是学理阐释时所借用的一个抽象语言符号,而其实存形态是社会中的各种纷争”。[12] 显然,这种观点把“社会冲突”与“纠纷”看作同一类事物,只不过一个是抽象的理论概括,一个是具体的现实表现,但它们在“反社会性”这一点上是相同的,都是一种负面的社会现象。而有的学者干脆把“冲突”和“纠纷”相提并论,不作区分,并尽量从客观的角度做出评价,认为:“从宏观角度而言,在人类社会的发展中,冲突或纠纷的出现可能预示着新的利益调整的必要;在社会矛盾激化时,冲突和纠纷可能成为导致社会变革的重要动力;在社会的转型期,纠纷频发可能表明了传统社会规范和权威及诚信度的丧失以及新的秩序形成中博弈的艰难。而纠纷解决过程,可以使既存的权利义务和社会规范得到遵守,也可以成为确认新的权利和利益以及进行社会资源再分配的契机。总之,冲突和纠纷的发生具有一定的积极作用。”[13] 与上述两种观点不同的是,有的学者则采取了中间立场,认为:“纠纷对于社会是一种中性的存在,不能在纠纷与病态之间画等号,当然也不能在纠纷与进步之间画等号。人类的历史和现实表明,纠纷是人类社会的常态。”[14]

笔者认为,对于纠纷性质的认识应当综合考虑纠纷自身的产生依据、存在方式和纠纷所产生的社会效果,而不应以偏概全,仅从某一现象做出结论,也不能把它与相近事物作宏观上的简单归类。纠纷产生的原因是复杂的,表现方式也是多种多样的,它所产生的社会效果也是多方面的,所以,从不同的角度看,纠纷也就有了不同的性质。换言之,纠纷的性质是由多方面的要素所组成的一个多面体,而不是一个单一的概念。

首先,历史和常识都告诉我们,纠纷是人类社会不可避免的现象,而且,随着人类社会的发展,纠纷的形式和内容也会发生相应的变化,正所谓“没有矛盾就没有世界”,纠纷也具有类似的性质,所以,我们说纠纷是人类社会的共生现象,具有不可否认的客观性和必然性。其次,纠纷之所以会发生,是由于在社会主体之间出现了某种分歧、矛盾或者某种不协调因素,它会使社会关系处于扭曲、对立甚至是破裂的状态,从而影响正常的生产和生活秩序,因此,纠纷对社会秩序会起到破坏作用,属于一种消极现象。最后,纠纷不同于隐性的社会矛盾和冲突,它是矛盾或冲突外化的表现,或者说它是以主体的行为表现出来的

---

〔12〕 顾培东:《社会冲突与诉讼机制》,法律出版社 2004 年版,第 3、15 页。

〔13〕 范愉:《纠纷解决的理论与实践》,清华大学出版社 2007 年版,第 103 页。

〔14〕 何兵:《现代社会的纠纷解决》,法律出版社 2003 年版,第 5 页。

不协调现象,正因如此,它才可以通过法律得以解决,所以,纠纷这个概念与法律的联系十分紧密,属于法律范畴的概念。

根据以上理由,我们可以从以下三个方面理解纠纷的性质:第一,纠纷是人类社会的必然现象,具有必然性;第二,纠纷是一种消极现象,具有消极性;第三,纠纷与法律的联系十分紧密,具有法律的属性。在以上三重属性之间,必然性说明了纠纷与人类社会的密切关系。它是必然的、不可避免的,从这个意义上说,它是具有"合理性"的。因此,我们应当以一种平常心态去看待纠纷,而不必产生恐慌的或者厌恶的情绪,甚至对纠纷当事人形成某种偏见。消极性则说明纠纷会给人类社会带来负面影响,对正常的社会秩序造成破坏,所以,我们必须积极地应对纠纷,建立科学的纠纷解决机制以便及时地解决纠纷,而不能对其坐视不理;法律属性主要是强调纠纷与其他社会不协调现象的区别,纠纷不同于其他社会矛盾和冲突,是可以通过法律规范和法律程序予以解决的。进而言之,必然性是从历史的、宏观的角度定义纠纷,重在说明它是一种历史现象,应当用历史的眼光去看待纠纷;法律属性主要说明纠纷的社会范畴,目的是厘清纠纷与其他社会不协调现象的关系;与现实社会关联最为密切、影响最为直接的,是纠纷的消极性,消极性才是纠纷最为突出的性质或者主要性质。

应当说明的是,纠纷的性质与纠纷的特征具有相似之处,都是纠纷某一方面特点的表现,但特征是较为具体的和显性的特点,而性质则是较为抽象的隐蔽的特点,它们对纠纷的揭示程度和观察角度是有所不同的,所以,不可把二者混淆起来。

(二)纠纷作用的具体分析

事物的性质和事物的作用是密切相关的,研究某一事物的性质,目的在于正确认识某一事物的作用。"作用"是一个常用词,从性状上看,它应该是中性的,是指某事物所发生的客观影响或者效果。在纠纷和他事物的关系方面,有的学者使用"功能"或者"价值"这样的词,笔者认为这是不合适的。因为,功能或者价值虽然也是用来评判某事物的客观影响或者效果的,但它们一般都是从正面做出评价。纠纷现象是一种复杂的社会现象,它给社会所带来的影响和效果是多方面的,既有负面的也有正面的,所以,为了避免产生歧义,对于纠纷的影响和效果用"作用"一词较为合适。

从抽象的意义上说,纠纷的作用是指纠纷所带来的客观影响和效果,这种意义上的纠纷作用并不是一种价值判断,而是一种事实判断;至于这些影响和效果的具体内容也不能一概而论,还需做出具体的分析。从某事物的作用的分析范畴来说,一般应当涉及直接作用和间接作用、积极作用和消极作用,并且,这两对范畴经常会出现交叉重叠的现象。对于纠纷而言,同样存在这两对范畴意义上的作用。

纠纷的直接作用是由它的基本性质所决定的,鉴于纠纷的基本性质属于消极的事物,所以,纠纷的直接作用就是指它的消极作用;或者反过来说,纠纷的消极性、破坏性是它的直接作用的内容。从现实表现上看,纠纷的发生使当事人之间原本和谐的社会关系发生了逆向的改变,不仅使当事人相互之间出现了分歧、对立甚至是更为激烈的冲突,而且有可能影响到当事人的生活质量和工作效率。所以,对于纠纷,人们持有回避、抵制或者防备的态度,一旦纠纷发生,就会设法加以解决;应当说,这是由纠纷的消极性所引起的人们的合理反应。一般来说,纠纷的消极作用是有一定范围的,它一般直接作用于纠纷当事人,而对于当事人以外的人则不会发生直接影响。这就是为什么纠纷案件有"当事人"和"案外人"之分的原因。纠纷的解决对于纠纷当事人才具有法律上的意义,而案外人则一般持有"与我无关"的态度,并且,如果没有法律上的理由,案外人也不得参与到纠纷解决的程序中来。纠纷一般是一个相对封闭的系统,这就是它的相对性特征,对于社会秩序甚至公共利益而言,在特定当事人之间发生的纠纷一般也不会产生直接的影响。

纠纷的间接作用却有所不同,它有可能是消极的,也有可能是积极的;对纠纷的间接作用的判断既可以选择实际联系的角度,也可以选择普遍联系的角度,这里并没有一个确定的范围上的标准。事物的间接作用本身就是一个泛化的概念,只要是能够产生某种影响或者某种效果的事物,都可以纳入间接作用的范围;并且,间接作用并不因为事物本身的性质而受到严格的限制,一个积极的事物有可能导致消极的作用,一个消极的事物也可能产生积极的作用。就纠纷而言,同样存在积极的间接作用和消极的间接作用。从消极的间接作用看,纠纷虽然是当事人之间的"私事",但是,它也具有一定的社会性,轻者可能引起与纠纷当事人存在某种社会联系的"第三人"的不安甚至相关利益方面的损害,重者则有可能造成群体性的冲突与社会动荡。因此,从这个意义上说,对纠纷的处理或者解决不仅是为了消除纠纷当事人之间的矛盾,也是为了减少危及社会秩序的不安定因素。至于纠纷的积极作用，我们尽可以发挥自己的想象力，从各个不同的角度做出合理的推论。如有学者认为："我们今天看到的法律、伦理道德、宗教等各种文化现象，实际上都是人们为了'对付'纠纷而诞生的思想成果。"[15]但无论如何，应当认识到，纠纷的积极作用只是间接的作用，而间接作用是一个没有边际的主观想象领域，它或许有助于我们认识一个事物的两面性，但是，对于该事物的本质的把握以及制定相应的应对性措施而言并无实际的意义。

关于纠纷的作用，学者们也多有论及，但是，或许是受到社会学的影响，加之纠纷这一研究对象相关理论的薄弱，不少学者借助社会冲突论的理论框架和相关概念，致使对纠纷作用的描述表现出夸大其功能性或者价值性的倾向。在笔者看来，纠纷和社会冲突虽然联系密切，但毕竟属于不同性质的事物，在它们的作用的问题上还是不宜作简单的归类。美国学者科塞明确指出："对社会冲突有多种定义方式。就本书的目的而言，可以权且将冲突看作有关价值、对稀有地位的要求、权力和资源的斗争，在这种斗争中，对立双方的目的是要破坏以至伤害对方。"[16]正是从这个概念出发，科塞对齐美尔所提出的"冲突的群体保护功能与安全阀制度的重要性"的命题进行了阐述与发挥。[17]但是，这种"安全阀制度"也仅限于对社会群体之间的对立和斗争关系的缓解，和法律范畴的纠纷解决之间并无直接的联系。正如齐树洁教授所指出的："尽管科塞在其著作中声称社会冲突可以起到缓和社会矛盾的'安全阀'作用，但是，秩序永远都是法律的首要价值。在法律的眼中，任何对这种既定秩序的破坏，都是负面的。"[18]因此，对于纠纷作用的认识应当从纠纷本身的性质出发，从现存的社会关系和法律制度的角度去揭示纠纷的消极性和破坏性（当然，并不排除从间接角度认识纠纷的积极作用），唯其如此，才能形成对待纠纷的正确态度，从而有针对性地投入解决纠纷、预防纠纷的社会实践。

---

〔15〕　李刚主编：《人民调解概论》，中国检察出版社2004年版，第11页。

〔16〕　[美]L. 科塞：《社会冲突的功能》，孙立平等译，华夏出版社1989年版，前言。

〔17〕　[美]L. 科塞：《社会冲突的功能》，孙立平等译，华夏出版社1989年版，第24页。

〔18〕　沈恒斌主编：《多元化纠纷解决机制原理与实务》，厦门大学出版社2005年版，第34页。

第二节　纠纷的原因

一、关于纠纷原因的一般理论

世间万物都有原因,对原因的了解是为了掌握事物发展的规律,以便利用这些规律更好地认识事物和驾驭事物。研究纠纷的原因,对于正确地认识纠纷、及时地预防纠纷和有效地解决纠纷都具有十分重要的意义。了解纠纷的原因是认识纠纷的基本前提,如果不了解纠纷的原因,我们对纠纷现象的认识就只能是支离破碎的和表面化的,就不可能准确地把握纠纷的内在机理,对纠纷的认识无法上升到理性的高度,也就不能对症下药,及时地预防纠纷和有效地解决纠纷。

从以往的研究来看,关于纠纷的原因大致有三种不同的观点或者不同的研究角度。

第一种观点认为,纠纷的产生包括主观和客观两个方面的原因。主观原因主要是指纠纷主体通过纠纷所期望达到的意图和目的。当事人对其理由、力量的确信、所受到的损害等都属于主观原因的范畴。客观原因是指利益的冲突,这是纠纷产生的基本原因。[19]

第二种观点认为,纠纷产生的根本原因在于社会资源的稀缺性。这种观点源于马克斯·韦伯的理论。韦伯认为,在工业科层式社会中,最稀缺的资源——权力、财富与威望的分配极易产生变异和非连续性,出于种种原因,人们对于这些资源的控制难以达到均衡,这一不均衡就是导致纠纷的根源……在资源稀缺这一大前提下,人的理性有限与德性不足共同构成了纠纷产生的直接原因。[20]

第三种观点则是从心理学和伦理学的角度寻求纠纷的原因。从心理学的角度看,对稀有资源的竞争、心理暗示的影响、报复心理、信息沟通不良都可以导致纠纷的发生;从伦理学的角度看,虽然在历史上历来存在关于人性"善"

---

〔19〕 范愉:《纠纷解决的理论与实践》,清华大学出版社2007年版,第75页。

〔20〕 沈恒斌主编:《多元化纠纷解决机制原理与实务》,厦门大学出版社2005年版,第35~36页。

"恶"的不同观点,但是从本性上看,人都有追求利益的动机,甚至可以说,追求利益是一切纠纷的根本原因。[21]

以上这些观点有一个共同之处,就是试图揭示纠纷的最根本原因,有一种对纠纷的原因追根溯源的意味。对事物本源的追究是一种哲学方法,从这一点上说,这些观点当然具有合理性。纠纷属于一种社会现象,研究纠纷现象当然也必须遵循一定的哲学原理和方法。但是,更为重要的是,我们必须将哲学的原理运用到具体的实践中去,或者说应当利用哲学的武器去认识和了解纠纷现象,对具体的问题做具体分析,为纠纷的解决寻找依据和理由,而不是相反,将纠纷研究作为哲学问题来对待。例如,将纠纷的原因归结于社会资源的稀缺性,那么,如果社会资源达到了极大的丰富就不会有纠纷了吗?而社会资源的极大丰富的标准又是什么呢?有学者指出:"根据纠纷产生的根本原因——社会资源的稀缺性,则从根本上解决纠纷的方法就是增加社会资源的数量,使其能够满足人类的欲望,这与其说是解决纠纷,不如说是从根本上消灭纠纷。然而,这一点是很难做到的,即便通过各种途径可以增加资源的数量或者促使人们对它的使用更加高效,但是,资源的稀缺性是绝对存在的事实。"[22]也就是说,资源稀缺具有绝对性,希望通过增加资源的数量来消灭纠纷是不可能的,所以,把资源的稀缺作为纠纷的原因是不具有现实性的。

关于纠纷现实的原因,也是学界比较一致的观点是社会主体之间的利益关系。一般认为,利益关系是人和人之间的基本关系,纠纷发生的根本原因在于社会主体之间的利益冲突,所以,纠纷也可以被称为"利益的纷争"。在中国或者西方的历史上,不少思想家从人性的角度论证人与人之间的利益关系,认为人是"趋利性"动物,一切纷争都是因为人的"趋利避害"的本性引起的。中国古语有云:"天下熙熙,皆为利来,天下攘攘,皆为利往……亲朋道义因财失,父子情怀为利休。"[23]马克思也曾指出:"人们奋斗所争取的一切,都同他的利益有关。"[24]不可否认,利益关系或者社会资源的分配关系构成了社会关系的基本内容,并且,纠纷乃至于社会冲突的发生与利益关系存在密切的联系。利益这个概念具有很强的涵盖性,概括地说,一切对人有用的或者能够满足人的需

〔21〕 李刚主编:《人民调解概论》,中国检察出版社2004年版,第10~22页。

〔22〕 沈恒斌主编:《多元化纠纷解决机制原理与实务》,厦门大学出版社2005年版,第37页。

〔23〕 《史记·货殖列传》。

〔24〕 《马克思恩格斯全集》(第1卷),人民出版社1956年版,第82页。

要的事物都是利益。人的需求是多方面的,但大致来说包括物质方面的需求和精神方面的需求,能够满足人的物质需求的利益就是物质利益,能够满足人的精神需求的利益叫作精神利益。纠纷的发生和解决都可以从物质的或者精神的利益需求找到相应的依据和理由。但是,我们认为,寻找纠纷原因的目的在于预防纠纷和解决纠纷,因此,关于纠纷原因的理论不仅要有理论上的自足,更要有实践的意义和价值。

利益的冲突和纷争可以说是纠纷的根本原因,但还不能说是直接的原因,纠纷的直接原因有可能是因为利益的争执,也有可能是因为其他偶然的因素。有学者指出:"由于情感恩怨、利益归属及价值取向等因素的存在,人类社会从其产生的那一天开始,便伴随着各种不同的纠纷和冲突。"[25]还有的学者从综合性的角度阐述纠纷的原因,如"纠纷的原因,包括纠纷的主观原因和客观原因。主观原因主要是指纠纷主体通过纠纷所期望达到的意图和目的等。当事人对其理由、力量的确信、所受到的损害等都属于主观原因的范畴。纠纷的原因还取决于社会或共同体成员的生活方式和价值观。客观原因,即利益的冲突,是纠纷产生的基本原因。利益冲突首先与社会的物质生产资料和资源的分配方式及其结果直接相关。同时,纠纷的产生、形式及解决方式都与其所在的具体社会环境、时代、地域、传统习惯、风土人情等不可分离"。[26]笔者赞同这种判断,即纠纷的原因是复杂的、多元的,有时候是具有偶然性的,必须多方位地去认识纠纷,力求准确地把握纠纷的原因,才能为纠纷的预防和解决创造有利条件。

二、纠纷原因的具体分析

(一)价值观念与纠纷

价值观念是人类行为的基本根据,是社会成员用来评价是非善恶的基本准则。宏观意义上的价值观念可以反映不同的历史阶段、不同的民族国家的生活样式、思维方式和行为模式之间的差异。即使是在一个统一的社会,不同的团体、不同的人群,甚至不同的地域都可能存在各自不同的价值观念。尽管人们并不是十分在意,但源于价值观念的差异和冲突仍然时不时地在我们的周围显

[25] 李祖军:《民事诉讼目的论》,法律出版社2000年版,第24页。

[26] 范愉:《纠纷解决的理论与实践》,清华大学出版社2007年版,第75页。

现出来，特别是在社会转型的特殊时期，不同的价值观念之间的摩擦、冲突更是在所难免，在一定的情况下就可能引发纠纷，从而成为发生纠纷的原因。

在现实生活中，人们的生活习惯就极有可能是某种价值观念的反映。例如有的人喜欢饮酒，认为不喝个痛快就不够意思，有的人本来不善饮酒，但是为了迎合对方的“酒文化”，不得不放弃自己的原则，结果伤了脾胃，甚至危及性命。在现实生活中，因为酗酒而导致纠纷，或者引起家庭危机的案例时有耳闻。再如，有的人崇尚所谓的现代生活方式，从穿着打扮到日常行为都很有前卫风格，有的人对此却不屑一顾，结果因为生活观念不同而睚眦相对的也不在少数。当然，个人生活方式的不同一般不会引发纠纷，但它是一种潜在的引发纠纷的因素，特别是在人际关系比较紧密的家庭、集体生活中，磕磕碰碰总是难免。随着市场经济的发展，城乡差别已经在逐渐缩小，但是，由于历史的原因，城乡之间的文化隔膜依然存在。例如农村的婚嫁习俗和城里人的婚姻观念就存在较大差异，如果一个人在农村有婚约，而到了城市却要悔约，那么就很容易引发纠纷。类似这些冲突或纠纷实际上就是价值观念差异的表现。

价值观念的差异或冲突往往不是引发纠纷的直接原因，而是一种较为隐蔽的因素，纠纷的双方对于这种纠纷的原因往往是不自觉的，从而一般会将引起纠纷的责任归咎于对方，而甚少意识到双方的生活观、价值观的差异。对于此类纠纷，在解决和预防的方法上，关键是增强双方的互相理解，启发双方进行换位思考，互相尊重对方的价值观念和生活理念，以期实现多样性、多元化的价值观念的互相包容，和谐相处。

（二）制度缺陷与纠纷

制度是一个国家或一种社会的一系列规范、规则或标准序列的总称。从大处说有政治制度、法律制度、经济制度、税收制度，往小里说有工作制度、学习制度、财务制度、企业管理制度等。在现代社会，尤其是法制社会中，制度的触角无所不及，可以说制度就是社会的别称，没有制度就没有社会，人类的生产和生活就无法进行。但是，这里有两个问题必须注意，一个是制度的局限性，即制度并不是万能的，除了制度之外，风俗、习惯、传统、道德、伦理等对于社会秩序的形成和维护也是十分重要的因素。另一个是制度的滞后性，即制度总是在既有经验的基础上形成的，相对于不断发展变化的社会实践而言，制度总是具有保守的一面，有时甚至显得僵化和不尽合理。如果某项制度过于陈旧或者不合情理,我们当然可以依据一定的程序改变这一制度,从而实现制度的变革和创新。但是问题在于,在一项制度没有改变之前,作为社会的成员就要受到制度的约束,而在某项制度明显落后于社会实践之时,它还可能成为引发社会冲突的原因。例如,高考制度就存在一定的弊端。我国高校入学实行的是考试选拔制度,其目的在于提供一种"分数面前人人平等"的"程序正义"的可能性。然而,实践过程中这种"程序正义"并没有得到真正的实现,相反却表现出招生指标分配的地域歧视和录取结果的地区差异及城乡差异。"考生的户口比法律赋予他作为一个公民的平等的入学和升学权利更重要。"[27]不合理的高考制度导致社会公众的高度质疑,因被认定为"高考移民"取消高考报名资格而引发的考生对相关部门提起诉讼的案例时有耳闻。再如,我国的商品房预售制度也存在很多弊端,购房者没有看到房子却要支付房款,而银行在抵押物不存在的情况下就付出了贷款,结果因为开发商没有按期交房,或者一房多售,或者货不对版而引发纠纷。

制度本来是规范秩序的依据和准则,但是,由于制度本身的内在矛盾或者不合理性,却极易引发纠纷。因制度的缺陷引发的纠纷,在处理上也最为棘手,如果严格执行制度,那么纠纷就可能无法解决,因为制度或者明显不合理,或者过于原则,或者含混不清。在这种情况下,就存在一个需要从制度之外去寻求解决依据的问题,如正义原则、法律精神,甚至是传统的善良风俗,如果一味地强调严格恪守制度,则极易走向教条主义、机械主义,反而可能引起更大的矛盾和纠纷。当然,任何制度都有一个逐渐完善的过程,在现实情况下,对制度的维护和遵守依然是基本的社会准则,但是,我们只有正视制度本身的缺陷,才能对纠纷发生的原因做出正确的判断,从而合理地解决纠纷,同时也可以及时变革不合理的制度,避免制度内部的矛盾与冲突,以最大限度地实现制度的应有价值和功能。

(三)个体意识与纠纷

社会是由不同的个体组成的,法律上的个体可以是指一个组织、团体或者个人,但此处所说的个体仅限于个人,因为我们所说的个体意识是与个人的自由和权利相关的意识,而不是纯粹心理学意义上的意识范畴。心理学上的个体

---

〔27〕 房欲飞:《从罗尔斯的正义原则看我国高等教育制度的正义性》,载《高教探索》2006 年第 5 期。

意识主要是关于人类个体和外部世界的关系，是把个体意识作为一种心理现象看待的，但并不涉及这种个体意识的具体内容。[28] 行为是由意识支配的，只有把自由意识、权利意识等具体内容纳入个体意识之中，才能理解个体在社会变革和发展进程中的具体行为，也才能在纠纷发生的原因中发现个体意识的潜在作用。虽然人天生是群体性动物，但是，单独的个人因素却往往决定了一个事件的方向，对于纠纷而言这一规律尤其明显。纠纷的个体在很多情况下只是个人，或者个人的因素在其中发挥着决定性作用。

关于个体意识的发展过程，罗斯科·庞德有过一段精彩的描述："中世纪法律在亲属关系组织的社会中起着作用，法律的目的似乎是在这一社会中和谐一致地维护社会现状。自由竞争式的自我主张，在中世纪社会里，就像在希腊城邦的社会里一样，是不能立足的。在亲属组织的封建社会崩溃后很久，人们还可以见到这一类社会的理想继续存在。在16世纪以后，一种自由竞争式的独立个人的社会理想，随着近代经济秩序的发展而慢慢成长起来，并在法学思想和法律传统中代替了起源于古代并在中世纪建立起来的理想。这种较新的理想在19世纪得到了充分的发展。诚然，它的最大限度的个人自由的自我主张概念，被康德表述为我们后来所称的法律正义。"[29] 这种情形在中国也十分相似。在中国封建社会，家族关系是最基本的社会关系，"君、臣、父、子"的等级顺位是家族关系的基本结构，忠于君、孝于父是最基本的行为准则；妇女的地位尤其低微，"三从四德"完全限制了妇女的自主性。在这样一种亲属关系组织的社会中，个人的自由和独立几乎没有存在的空间。这种封建家族意识并没有随着封建社会的解体而完全消失，在公有制的计划经济体制下，由上至下的直线型统治模式为封建家族意识提供了合理的滋生环境。经济体制改革以后，随着社会主义市场经济体制的确立，单向性的社会统治模式理所当然地被抛弃，社会治理机制朝着民主和法治的方向发展。在这样的大背景下，家族式的等级观念受到了强烈冲击，个体意识逐渐被释放出来。并且在中国，由于个体自由受到长期的压制，作为一种补偿性的回馈方式，随着个体意识的加强，权利意识首先迫不及待地爆发出来。于是，"维权"成为最受社会关注的一种时髦理念。从电影明星到三轮车夫，从政府官员到普通公民，围绕着名誉权、财产权、劳动权、休息权乃至受教育的权利等，各种各样的纠纷先后涌现出来。有学者指出：利益

---

〔28〕 叶奕乾等：《普通心理学》，华东师范大学出版社1997年版，第76页。

〔29〕 [美]罗·庞德：《通过法律的社会控制》，沈宗灵、董世忠译，商务印书馆1984年版，第7~8页。

个别化对于商品经济发达和私法传统悠久的西方人来讲或许是不成问题的,但对于现有家族制度后有公有制度的中国人来讲,却是个大问题。没有个别化的利益,便没有个别化的利益要求和利益冲突。[30]

毫无疑问,个体意识的强化是社会的一种进步,虽然它也可能引发更多的社会矛盾和纠纷。马克思主义认为,个人的发展是历史的必然:"人们的社会历史始终只是他们的个体发展的历史,而不管他们是否意识到这一点。"[31]但是,按照马克思主义理论,个人的发展要经过从"依赖的个人"到"偶然的个人",再到"解放的个人"这样三个发展阶段。其中,"偶然的个人"是"以物的依赖为基础的人的独立性"阶段。在商品经济社会中,对物的依赖使个人的发展只具备表面的独立性,只有在产品经济社会才有可能使个人的价值完全实现。[32] 因此,当前阶段的个体意识仍然是不完善的个体意识,这种不完善性与商品经济下人"对物的依赖"有直接关系。英国资产阶级启蒙思想家霍布斯认为:"尽管人们的体力有强弱之分,思维有快慢之别,但是总的来说,人生而平等。由于人们能力的平等,在同时希望得到同样的东西时,如果不能同时实现愿望,人们就成为敌人。为了达到自己的目的,人们就设法控制他人,直至没有任何人能危及他。这样就产生了一切人反对一切人的战争。"[33]

除了这种为了满足对物的需求而发生矛盾和冲突的"共性"之外,人的个体差异也是引起纠纷的重要原因。心理学家认为,人的个体差异是由素质差异引起的,素质差异又分为三大类:气质差异、性格差异和智能差异。气质是一个古老的心理学问题。早在公元前5世纪,古希腊著名医生希波克拉特就提出了四种体液的气质学说。他认为人体内有四种体液:血液、黏液、黄胆汁和黑胆汁,四种体液的比例决定了机体的状态,同时把人的气质分为四种基本类型:多血质、胆汁质、黏液质和抑郁质,人的性格、脾气都和这些气质有关。意大利学者龙勃罗梭甚至提出了"天生犯罪人"的学说。且无论这些观点或者学说本身是否具有科学性,也无论人的本性如何,个体存在差异却是一个不争的事实,而这些差异在特定情况下也可能是引起纠纷的原因。在现实生活中,我们经常可以看到有的人为了些微小事或者仅仅因为话不投机就反目相向甚至大打出手,从

---

〔30〕 夏勇:《走向权利的时代》,中国政法大学出版社2000年版,第615页。

〔31〕 《马克思恩格斯选集》(第4卷),人民出版社1995年版,第532页。

〔32〕 林海燕:《论马克思主义理论视域中的个人发展》,载《哈尔滨学院学报》2008年第1期。

〔33〕 张乃根:《西方法哲学史纲》,中国政法大学出版社1997年版,第112页。

而引发纠纷。有的人将对他人的不满长期积郁在心,在"忍无可忍"时终于爆发,结果引发纠纷。

其实,人的个性并不是一成不变的,中国古代的《三字经》说得好:"人之初,性本善,性相近,习相远。"尽管人的天性都是"善"的,但是,后天养成的习惯和修养才是决定性的。明白了这个道理,也就为我们解决和预防纠纷带来了重要的启发,我们不仅需要法律的和道德的外力作用,而且需要心理学意义上的知识和方法,使人们树立正确的个体意识,同时,通过积极的心理疏导去及时解决纠纷和预防纠纷。

(四)情感纠葛与纠纷

人类不同于动物的一个重要分野就在于人是有理性和感情的,而动物则只有本能。尽管在某些政治家看来没有永恒的朋友,也没有永恒的敌人,只有永恒的利益,但是,感情和利益的较量却往往是以后者的失败而告终。被誉为美国"成人教育之父"的戴尔·卡耐基在《人性的弱点》中讲过这样一个故事:英国大政治家狄斯瑞利曾发誓:"我一生或许有过不少错误和愚行,可是我绝对不打算为爱情而结婚!"后来,在他三十五岁时,果然向一个名叫玛丽安的有钱的寡妇求婚,玛丽安已经是一位头发灰白的五十岁的老妇人。她知道他并不爱她,而是为了金钱而娶她。老寡妇只提出了一个要求:请他等她一年。她要给自己一个观察他的品格的机会。一年终了,她和他结婚了。让所有的人没有想到的是,他们结婚以后生活得很幸福,也十分恩爱,直到三十年以后玛丽安去世。谜底在他们之间的一次对话中被揭开。狄斯瑞利曾这样对玛丽安说:"你知道,我和你结婚只是为了你的钱?"玛丽安笑着回答:"是的,但如果你再一次向我求婚时,一定是为了爱我!"狄斯瑞利承认那是对的。[34] 在这个故事中,狄斯瑞利最初是为了利益而与玛丽安结婚,但最终他成为爱情的俘虏。这段婚姻佳话有力地证明了感情的价值。

在某些人看来,人和人之间只是互相利用的关系,即使是夫妻之间也不例外。这种看法是片面的。人和人之间的确存在利益关系,但是,利益关系并不是社会关系的全部。事实上,人的需求除了利益之外,还有感情的寄托,为了感情而舍弃利益甚至生命的感人事例并不少见;那种否认纯洁的人类感情,而将

〔34〕 [美]戴尔·卡耐基:《人性的弱点》,袁玲译,中国发展出版社2002年版,第六篇第二章。

利益覆盖于感情之上的人早已受到社会主流道德的唾弃,而被斥为"势利小人"。当然,因情感纠葛而发生的纠纷常常会牵扯到利益问题,但是,这种利益的处理已经不是纠纷的原因而是纠纷的结果,在这里,纠纷的原因和结果之间蕴含着纠纷和利益的互相错位关系,也就是说,先有纠纷而后才出现利益的问题。这也再一次证明了并非所有的纠纷都是由利益关系而引起的。

就某些纠纷而言,人的情感因素是不可忽视的。情感的纠葛不仅可以发生普通的纠纷,甚至可能导致残暴的肉体伤害,这已经是人所共知的一个事实。所以,对纠纷原因的分析,情感的纠葛应当成为一个独立的领域。对因情感纠葛而引起的纠纷,在处理上必须采取特殊的方法,最为常见的就是所谓"动之以情,晓之以理"的和风细雨的调解方式。但是,如果调解不成就应当果断地结束当事人之间的关系,以免引起更为严重的后果。至于此类纠纷的预防,则是一个十分复杂的综合性课题,类似卡耐基的教导会给我们带来许多有益的启示。

显而易见,因情感纠葛而产生的纠纷主要是指家庭纠纷,其中最为典型的就是夫妻之间的纠纷。家庭是组成社会的细胞,从某种意义上说也是社会的缩影,家庭关系的稳定与和谐对于社会良好秩序的形成具有十分重要的意义。因此,任何时代或社会对于家庭纠纷的处理都是十分慎重的。任何一个国家的立法中都有关于家庭关系的专门内容,在法院处理的民事纠纷里面,家庭纠纷亦占有很大的比例。对于家庭纠纷特别是婚姻纠纷而言,感情因素始终是一个必须着重考虑的因素。在是否应当解除婚姻关系的标准上,感情是否破裂始终是一个决定性前提。人的感情是一种很难进行量化分析的事物,它与人的性格、地位、学识和财富并不存在必然的联系。而且,感情一定是双向作用的结果,不是单方的意愿可以维系的。如果一对夫妻的一方坚决要求离婚,而另一方坚决不同意离婚,那么,解除他们的婚姻关系是唯一明智的选择。如果硬要维系这种关系,那么无异于在制造更为严重的冲突。当然,如果双方的态度都不是那么坚决,或者在某些因素的作用下有效地缓解了双方的对立,那么,就应当不失时机地进行说和,否则,在这种情况下解除他们的婚姻关系也是一种不负责任的表现。进而言之,在法律没有明文规定的情形下强行判决"不准离婚"实在是一种武断的做法,取缔这种做法或许是较为合理的。也就是说,只有在法律明文规定应当判决不准离婚的情况下才可以判决不准离婚,否则,就应当判决离婚,笔者称之为"法无明文规定即判离"原则。我国《婚姻法》第 34 条规定:"女方在怀孕期间、分娩后一年内或中止妊娠后六个月内,男方不得提出离婚",这就是法定不准离婚的情形，这可以视为法律对女性的特别保护。除此之外，法律并没有规定不准离婚的具体情形。而《婚姻法》第32条第1款明确规定："男女一方要求离婚的，可由有关部门进行调解或直接向人民法院提出离婚诉讼。人民法院审理离婚案件，应当进行调解；如感情确已破裂，调解无效，应准予离婚。"这一立法的精神十分清楚：离婚案件先行调解，调解无效则判离婚。由于有调解在先，所以，法律已经为和好的可能设置了程序保障，如果调解不成，也就意味着感情确已破裂，则判决离婚就应当是唯一的结果。但是，该条法律的第2款却具体列出了"调解无效，应准予离婚"的五种具体情形，结果就变成了"法有明文规定才判离"，这种立法逻辑明显自相矛盾，难免给司法实践造成混乱。从某种意义上说，不准离婚就意味着违背当事人的意愿，是对公民的感情支配权的严重侵犯。相反，在可能的情况下进行说和，如果经过适当的努力仍然未能说和，那么就应当判决离婚，这才是公权力的合理运用。

（五）疏于防范与纠纷

古人有云："防人之心不可无""防患于未然""千里之堤，溃于蚁穴"，都是在告诫人们要时时提高防范意识，加强防范措施，消灭一切可能的隐患，从而尽量减少或者杜绝负面事件的发生，以便预期的目标能够得以实现。由于认识能力和生产技能的限制，自然界以及人类社会总是存在各种各样的未知因素，给我们前进的道路上制造种种障碍，也就是我们常说的"风险"。可以说，在我们的生产活动和生活环境中，风险是无处不在的，如果对风险没有充分的估计和认识，就可能给我们带来意想不到的损失。

在日常生活中，纠纷在发生之前常常是有先兆的，或者是可以预见的，但是，人们往往忽视这些先兆，或者不愿意"往坏处想"，或者存在侥幸心理，结果遭受了本来可以避免的损失。大到地震、海啸、飞机坠毁，小到汽车碰撞、工伤事故、宠物伤人、日常消费，根据事后的调查研究，几乎都在发生之前就已经出现了种种征兆，然而，却被人们因为种种原因而忽视了。除了偶然发生的事件之外，即使是在预先有谋划的情况下，也会因为风险意识的淡薄或侥幸心理的干扰而造成不必要的损失。例如，一个企业在签订一个合同之前，往往不重视可行性研究和资信调查，对某些可疑的现象也没有引起足够的重视；在合同签订之后便以为万事大吉，即使是在合同履行过程中出现了某些不正常现象也不予及时处理，结果直至不利的情形发展到不可收拾的程度，才不得不下功夫去解决。这种现象比比皆是。

除了以上所说的风险意识淡薄和侥幸心理之外,对机会成本的错误估计也是一个重要原因。例如,聘请法律顾问或者咨询律师可以帮助我们规避法律风险,避免或者减少纠纷的发生。但是,这必然要花一笔咨询费,这是一笔现实的支出,而将来发生纠纷会花更多的钱只是一种可能性,或许可以避免。可是,人们并没有意识到,节约了这笔现实的咨询费的支出,只会增加成本,而不是减少了成本。因为,节约这笔支出的代价是潜在风险的增加,而潜在风险本身就是一种更大的隐形成本。这里的关键问题就在于对隐形成本的估计不足。对于各种安全设施或者防范措施的成本支出也是同一个道理。所以,对风险的预防或者防范永远是增加收益、能够带来长远利益的正确选择,这也就是在企业管理学中将风险管理作为必修课的重要原因。

总之,要想成就大的事业,永立于不败之地,就应当克服只注重眼前利益而缺乏长远打算的迂腐观念,做足预防和防范措施,为企业的良性发展创造有利条件。在合同履行的过程中也要处处设防,不放过任何有碍合同正常履行的蛛丝马迹,一旦发现不正常现象就要及时处理,将纠纷消灭于萌芽状态。而在日常生活中,必要的防范意识也是须臾不可松懈的,凡事三思而后行,不放过任何一个潜在的安全隐患,及时发现并认真对待各种不利因素,从而创造一个安宁、祥和的生活环境。

(六)行为差错与纠纷

纠纷的发生原因从理论上讲似乎显得十分深奥,其实在现实生活中有时只是一念之失,行为差错就是一种常见的引发纠纷的原因。行为差错是指主体并不是故意引发纠纷,而是由于某种原因而发生行为方面的失误导致纠纷的发生,也可以说是一种无心之失。这种现象无论是在企业经营活动中或者是人际交往过程中都是时常可见的。

企业是社会经济领域的主要角色,企业的主要目标就是实现营利的最大化,而要实现这个目标,就离不开各种形式的经营活动,所以,企业的经营活动是企业得以生存和发展的基本形态。企业经营有方就会给企业带来收益,企业经营不善就可能给企业造成损失。在现实生活当中,企业经营不善或经营失误的一个重要表现就是经常出现的经济纠纷,如果一个企业纠纷不断,官司缠身,那么,就说明这个企业的经营有问题,必然会影响到企业的正常发展。企业的经营活动所包含的内容十分广泛，广义上的经营包括企业的规划、方针、人事管理、资金调配、原材料采购、生产流程、市场营销等各个必要的环节，这些环节往往是互相牵制、互为前提的，某一个环节出现了问题，往往会引起连锁反应，从而造成经营的失误甚至失败。由企业经营失误所造成的纠纷也有很多表现形式，例如由于产品质量不合格或迟延交付产品而引起客户的索赔，由于资金运营不当而造成资金链的断裂从而引起债权人的追索，由于内部管理紊乱或重大事故的发生而导致劳资关系紧张等。企业经营失误往往是经营行为的差错引起的，并非企业经营者故意为之。引起行为差错的原因往往是由于经营者的粗心大意，或者对一些不合规范的小失误不以为然，结果导致严重的后果。俗话说“细微之处见精神”“勿以恶小而为之，勿以善小而不为”，只有减少行为的差错，才能提高企业的信誉度和整体形象，使企业良性发展。

在日常生活中，人际交往是不可避免的，而且大部分人在与他人交往过程中都会持有良好的愿望，但如果行为不当，就会造成事与愿违的结果。例如因一个不当的玩笑而引起对方反感，继而发生口角甚至斗殴；因为劝酒而致他人发生酒精中毒的悲剧；出于好心帮扶别人，却反而引火烧身，遭到对方误解甚至讹诈等。由这类情形而引发的纠纷屡见不鲜，从而给当事人造成不必要的烦恼和损失。为了防止此类情形的出现，一方面应当适当约束自己的言行，避免言行不当而伤及他人；另一方面要加强自我修养，增强自身的文化素质和应变能力，特别是要具备一些基本的法律知识，提高自我保护意识。

在因行为差错而引起的纠纷的解决过程中，有一种背反现象是不能不提的。在一般情况下，因行为差错引发纠纷的责任应当是由行为者自身承担的，因为根据过错责任原则，因过失行为造成他人损害的，也应当承担民事责任。但是，引起这种纠纷的主体却往往自觉或不自觉地将责任归咎于对方，很少有首先向内进行自我反省的。大部分的纠纷当事人在纠纷发生之后首先都会将谴责的目光投向对方，并且想方设法地寻找对方的过错，而少有首先进行自我检讨的。这种对待纠纷的态度至少导致两个可能的结果，一个结果是促使纠纷不断升级，使本来可以以较小的代价解决的问题发展到难以收拾的局面，最后不得不付出数倍的代价；另一个结果是不能及时总结经验教训，丧失了堵塞漏洞的最佳时机，使同样的情形再次出现。尤其是如果当某个纠纷的当事人虽然并不具备胜诉的理由，但是碰巧取得了“技术”上的成功而赢得了官司之时，就更加助长了这种对待纠纷的态度。但是，无论如何，假如确实是因为自己的经营不善或者行为差错而导致纠纷,但是又没有意识到或者不愿意正视这种导致纠纷的原因,那么,对于一个企业来说绝对不是一件幸事,而是形成了一个培育纠纷的温床;或许在某个特定的时间,当条件成熟时,就会引发更大的纠纷,造成更大的损失。所以对于一个企业经营者而言,认识到可能存在的经营失误的原因,对于及时总结经验教训,消除纠纷隐患,保证企业正常、健康地向前发展才是明智之举。

(七)主观恶意与纠纷

应当说,在一般情况下,人们所追求的是祥和、安定的社会秩序与生活状态,从而能够将全副精力投入具有积极意义和正面价值的活动中去。如果发生了纠纷,那么,就意味着这种祥和安定的氛围的破坏,陷于纠纷的当事者将不得不为了纠纷的解决而付出大量的时间和精力,甚至还有财富的折损。基于这样的一种愿望,绝大多数的社会个体在社会交往中的行为应当说都是善意的,尽管这种善意的交往也可能会由于种种原因而产生纠纷,但是,这种纠纷一般通过较为温和的"修复"手段就可以得到解决。然而,值得警惕的是,确实有那么一种行为,它不是出于一种善良的愿望而为之,而是从一开始就在追求一种不正当的利益或者蓄意攫取他人的合法权益,这种出于主观恶意而引发的纠纷对于社会或他人具有较大的危害性,在处理上也有一定的难度。

一般来说,因主观恶意而引起的纠纷不外乎两种表现,一种表现是明目张胆地违反有关的法律、法规或者规章制度,为了某种不正当的利益铤而走险或者"打擦边球";另一种表现则是以合法的形式掩盖非法的目的,这种行为往往具有令人迷惑的外观,从而使人在不知不觉中陷入圈套。更为严重的是,在这种主观恶意较为隐蔽的情况下,还有可能使行为人"意外地"获得了一种使其不正当的目的看起来正当化的契机,从而随着"纠纷的解决"使其达到了本来并不容易达到的目的,恶意行为者"利用法律"达到了其按照常规不易达到的目的,最终使法律成为实现其非法目的的"帮凶"。例如,虽然法律规定了因欺诈或胁迫行为而订立的合同属于无效合同,但问题在于,对欺诈与胁迫行为的判断却并非易事。欺诈者或胁迫者往往会以合法的形式制造某些假象,使其看起来具有合法性;并且,对于纠纷,人们一般习惯于先入为主地认为双方都有责任,所谓"一个巴掌拍不响"。因此,纠纷的解决者也习惯于对纠纷的双方"平等对待",以一种"各责五十大板"的惯性思维去处理纠纷。在这种情形下,不仅正义得不到伸张，反而可能助长了恶意行为。的确，对于纠纷解决者来说，识别行为人是否有主观恶意是十分不易的，但是，我们最起码应当具有这样一种警惕，即主观恶意也是引起纠纷的一个可能的原因；并且，对于这类纠纷的处理，应当果断地对非法行为做出必要的惩罚，旗帜鲜明地保护受害人的合法权益，以体现法律维护社会正义的功能。所以，纠纷的解决并非仅仅是为了"平息"当事人之间的争议或者冲突，追求一团和气的处理结果，在必要的时候它还应当表现出刚性的一面，以体现法律的权威性，维护社会的正常秩序。

（八）意外事件与纠纷

所谓意外事件，按照通俗的理解，是指主体的意志以外的原因导致的结果。或者说，导致意外事件的原因是主体不能预见或者难以预见的，并且这种结果是主体不欲看到的结果。人们一般将意外事件和不可抗力等同看待，其实，这两者是有重大区别的。按照我国《民法通则》的解释，"不可抗力"是指不能预见、不能避免并不能克服的客观情况，也就是说，它是一种和主体的意志完全无关的客观事件，对于因不可抗力引起的损害，一般情况下主体不承担民事责任，除非法律有明确的规定。而意外事件虽然可以说成"意志以外的原因"，但是这里不能排除望文生义之嫌，因为"意志"本身就是一个多义的概念。对不同的主体而言，意志可能具有不同的含义，完全没有预见也不可能预见的情形属于意志以外，应当预见而由于各种原因没有预见或难以预见的情形也应当属于意志以外。在这两种情形当中，前者相当于不可抗力，而后者就与不可抗力相去甚远了。正因如此，在国家的正式立法中一般不采用"意外事件"这个概念，而只采用不可抗力的概念。事实上，在现实生活中，由于主体对某种情况应当预见而没有预见或者难以预见从而引发纠纷的情形是大量存在的。例如，饲养的动物挣断了锁链而将他人咬伤，疾驶的汽车因刹车失灵而发生车祸，虽然从主体的角度看属于意外事件，但其民事责任却是在所难免的。

综上，纠纷是一种纷繁复杂的社会现象，之所以如此，是因为引起纠纷的原因是多种多样的：每一种纠纷都有自己的原因，而看起来相同的纠纷却可能有不同的原因；一种纠纷的形成可能有多种原因，而一种原因也可能引起多种纠纷；纠纷的原因并非一成不变，纠纷现象也会随之呈现出不同的面貌。因此，对纠纷原因的研究除了对"终极原因"的追究之外，还应当对其现实的原因进行具体的分析，而对于纠纷的解决和预防而言，后者可能更具有紧迫性和实践性的意义。

第三节 纠纷的类型

一、关于纠纷类型的一般理论

就像所有社会学科的研究对象一样,对于纠纷的研究,无论从哪个角度出发,都不能不重视纠纷的表现形式,而纠纷的表现形式和它的内在本质及其特征相比较而言是更难以把握的。因为,纠纷作为一种普遍存在的社会现象,社会主体并不缺乏对它的一般意义上的感性认识,而依靠这些一般意义上的感性认识,通过人的抽象思维能力的综合分析与抽象概括,基本上可以把握它的本质及其特征。正因如此,我们几乎可以通过并不复杂的理论上的想象力轻而易举地给出诸如"纠纷是什么"这样的命题。我们甚至可以根据个人的不同理解和研究角度对纠纷的特征进行抽象的概括。然而,对于一种具体的社会现象而言,特别是对于一种需要具体有效的措施和制度对其发挥作用的社会现象而言,仅有这种抽象的概括是远远不够的。虽然社会主体对于纠纷并不缺乏一般意义上的感性认识,但是,要想将这些零散的、偶然性的素材系统地、不带任何偏见地归纳起来却并非易事。而从纠纷解决的角度来说,如果不能系统地、客观地了解纠纷的表现形式,就无法深入了解纠纷的内在规律,也就无法有针对性地形成解决纠纷的措施和制度。

纠纷的表现形式,或者形式意义上的纠纷,无非就是纠纷的不同类型及其具体的表现。纠纷的表现形式是多种多样的,然而,其中最为根本的问题仍然是纠纷的类型问题。纠纷的类型是研究纠纷问题的基本范畴,只有将纠纷进行科学的分类并对各种纠纷的具体表现进行必要的分析才能更加准确地识别纠纷。

由于研究方法的不同或者理论视角的不同,对于纠纷类型的认识也就不同,其中较为常见的方法是首先确定划分纠纷的不同标准,然后根据这些标准来确定纠纷的类型。例如,我们可以以纠纷涉及主体的数量为标准,将纠纷分为双边纠纷和多边纠纷;以纠纷涉及主体的性质为标准,将纠纷分为个人与个人之间的纠纷、个人与单位之间的纠纷和单位与单位之间的纠纷;以纠纷涉及一方的人数为标准,将纠纷分为一般性纠纷和群体性纠纷;以纠纷涉及的法律部门为标准,将纠纷分为民事纠纷、行政纠纷和刑事纠纷(一般指自诉案件);以纠纷涉及的法律的具体内容为标准,将纠纷大致划分为婚姻家庭纠纷、生产经营性纠纷、财产性纠纷、侵权性纠纷;以纠纷的历史渊源为标准,将纠纷分为传统型纠纷和现代型纠纷。[35]

另外,还有更为细致的纠纷划分标准和类型。例如,从性质上划分,纠纷可以分为人民内部矛盾纠纷和敌我矛盾纠纷;从主体上划分,纠纷可以分为平等民事主体之间的纠纷和非平等民事主体之间的纠纷;从内容上划分,可以分为民事、刑事、行政三大类型;从解决方式划分,纠纷可以分为依靠诉讼途径解决的纠纷和诉讼外方式解决的纠纷;从涉及的对象及影响范围划分,纠纷可以分为群体性纠纷和非群体性纠纷;从产生的时代背景不同,纠纷可以分为传统型纠纷和现代型纠纷。而现代型纠纷又被分为多达 14 种类型的纠纷。[36]

至于纠纷在实践领域的分类就更为纷繁多样,如从大类上将纠纷划分为经济纠纷、民事纠纷、合同纠纷、涉外纠纷等;从纠纷的具体内容上将纠纷分为金融纠纷、房地产纠纷、知识产权纠纷、著作权纠纷、名誉权纠纷、产品质量纠纷、婚姻家庭纠纷、遗产继承纠纷等;如果纠纷涉及合同关系,则又从合同的内容来划分纠纷,如合作合同纠纷、借款合同纠纷、购销合同纠纷、运输合同纠纷、保险合同纠纷、保管合同纠纷、委托合同纠纷、加工承揽合同纠纷等。这样的划分虽然看起来不具有严格的体系和明确的界限,但是,从实践的角度来看却具有更为切合实际和更为实用的特点。

以上这些对于纠纷的分类,可以说从不同角度揭示了纠纷的不同特点和表现形式,对于认识纠纷提供了必要的理论素材。但是,对于纠纷的这些分类还存在一些值得商榷之处。例如,将纠纷分为民事纠纷、刑事纠纷和行政纠纷。这种划分标准的依据是法律部门的划分方法。但是,“刑事纠纷”和“行政纠纷”仅仅是这两个法律部门当中的一个组成部分,甚至不是具有典型意义的组成部分。刑事案件从其基本特征上看属于公法调整的范畴,不具有纠纷的属性,行政案件也是如此,所以“调解”在这两类案件中的适用是受到一定限制的。例如,我国《行政诉讼法》第 60 条规定:“人民法院审理行政案件,不适用调解。但是,行政赔偿、补偿以及行政机关行使法律、法规规定的自由裁量权的案件可以调解。”我国《刑事诉讼法》也规定,在刑事自诉案件中,告诉才处理的案件和

---

〔35〕 李刚主编:《人民调解概论》,中国检察出版社 2004 年版,第 2 ~6 页。

〔36〕 沈恒斌主编:《多元化纠纷解决机制原理与实务》,厦门大学出版社 2005 年版,第 5 ~6 页。

被害人有证据证明的轻微刑事案件才可以适用调解。再如,从纠纷的性质来划分纠纷,将纠纷划分为人民内部矛盾纠纷和敌我矛盾纠纷。这种带有政治色彩的标准只有在特定的历史时期才具有典型性,而一般意义上的纠纷是不具有这种属性的。特别是敌我矛盾,属于人类社会最具有对抗性的矛盾,这种矛盾显然不属于纠纷领域的矛盾,所以不能称之为纠纷。

理论概括的价值在于合理的抽象,如果理论的概括与被概括的对象同样复杂,甚至比研究对象更为复杂,那么就失去了理论概括的价值和意义。基于这样的原理,对于纠纷这种复杂的社会现象进行理论的概括,至少应当遵循以下几个原则。

第一,这种概括必须具有典型性。典型性是指被概括的对象应当符合纠纷本身的特征,客观上确实属于纠纷的范畴。当然,作为一种和某些相近似的社会现象联系密切的现象,纠纷与非纠纷现象甚至类纠纷现象有时并不是那么泾渭分明,但是,如果过多地考虑这些不确定因素,就无法从理论上进行深化。因此,从理论研究的需要对研究对象进行筛选不仅是必要的而且是符合人类思维规律的。至于那些类似纠纷的现象或者可以作为纠纷的特例对待,或者可以在其具有普遍意义并且达到一定量的积累之后作为纠纷的特殊种类来处理,如刑事性质的纠纷和行政性质的纠纷。

第二,这种概括必须考虑目的性。研究纠纷现象的目的各不相同,其中之一是为了解决纠纷,此外还有心理学的、社会学的以及文化研究和艺术创作的目的等。如果为分类而分类,不考虑分类的目的性,那么对纠纷的分类就失去了现实的意义。对于纠纷的解决而言,作为研究纠纷现象的目的性,就要考虑纠纷解决机制的可利用性,如果某种关于纠纷的分类在纠纷解决机制的可利用性上出现了排斥性因素,那么,这种分类就不是纠纷解决意义上的分类。

第三,这种概括必须具有普遍性。普遍性是对被概括对象的涵盖力而言。这就要求纠纷的类型能够涵盖绝大部分纠纷现象,而且力求避免多重标准。可以说,纠纷现象的复杂程度是难以估量的,就像"人不可能两次踏进同一条河流"那样,世界上也没有完全相同的两个纠纷。因此,为纠纷现象设置多重分类标准,对于纠纷的认识并没有太大的帮助,而且不利于认识纠纷的规律。但是,这并不等于不可以对纠纷进行分类,问题在于,在对纠纷进行分类时必须处理好普遍性和多重标准的关系。如何处理好二者的关系是一个极其复杂的问题,其中有一个简单的方法,就是结合上述的两个原则来做出回答,即典型性、目的性和普遍性的结合。简言之,将典型性、目的性和普遍性结合起来,并在此前提下对纠纷现象进行分类,才可达到较为理想的结果。在这一方面,民事诉讼理论中对诉的种类的划分就是一个很好的范例。民事诉讼案件种类繁多,如果从每一种案件的具体内容划分,那么我们所面对的将是繁琐不堪的不同层次的概念和标准的堆积。鉴于民事诉讼是一种目的性很强的活动,而且诉讼主体是平等的民事主体,每一个诉都有自己明确的目的,因此,诉的分类理论紧紧抓住了这个特点,最后抽象出了诉的三个种类,即确认之诉、给付之诉和变更之诉(也称为形成之诉)。简单的三个种类而不是通过设立多重标准便将繁杂不堪的诉讼案件做出分类,其理论上的概括性和科学性堪称完美,世界上绝大多数的民事诉讼法教科书对这种分类法的采纳本身就是一个明证。

基于以上的原则,我们尝试从五个方面来划分纠纷的类型,即侵权型纠纷、违约型纠纷、违法型纠纷、误判型纠纷和家事型纠纷。

二、纠纷的基本类型

(一)侵权型纠纷

这种纠纷的表现形式是一方的正当权益客观上受到另一方的非法侵害,被侵害方因此而受到了不应有的损失,被侵害的对象可以是人身权益也可以是财产权益,侵害方主观上是否有过错不在考虑之列。进一步说,被侵害方的正当权益由于受到了损害而丧失或减损了在正常情况下所拥有的价值,而这种损害和侵害方的行为存在因果关系(直接的或间接的),侵害方的侵害行为可能是故意的也可能是过失的,甚至是没有过错的,并且其侵害行为不一定在事实上给自己带来额外的利益。简言之,侵权型纠纷的权益损害和侵害行为都是单向性的,被侵害方属于“无辜者”,而侵害方的行为则是造成被侵害方权益损害的全部原因。这种纠纷在日常生活中的出现率比较高,而且对于当事人自身所造成的影响和社会影响都是较为严重的。例如典型的人身权损害纠纷、消费者权益损害纠纷、专利侵权纠纷以及肇事方负担完全责任的交通事故纠纷等。由于这类纠纷的单向性责任特性,在处理上就应当以侧重保护被侵害一方的利益为宗旨,侵害方不仅应当补偿被侵害方因此而受到的所有有形损失,并且应当对被侵害方因此而受到的无形损害做出补偿。总之,侵害方为其侵权行为所付出的代价应当是“合理范围内的最大限度”的代价,而被侵害方因此而获得的补偿相应地也是“合理范围内的最大限度”的补偿。尽管如此,经验告诉我们,在此类纠纷当中,被侵害方所受到的损害也往往是很难被“恢复原状”的,而侵害方由于为此付出的代价堪称“惨重”,其实际受到的损失也往往会大于因其侵权行为而获得的利益(侵权者有时甚至没有获得任何利益),所以,这种纠纷的最终结果往往是“两败俱伤”。例如,名誉侵权纠纷中被侵害者由于侵害行为所造成的影响,其声誉或者形象受到严重损害,社会评价明显降低,即使侵害方赔礼道歉、消除影响,也难以将受害方的名誉完全恢复到被侵害以前的状态,有的损害甚至永远都无法恢复。而作为侵害方,损害他人名誉的行为往往不能为其带来任何利益,或者侵害方所获得的利益与其付出的代价相比往往是微不足道的。基于以上的原因,在实际解决此类纠纷时,不仅应当责令侵害方依法赔礼道歉、消除影响,而且还应当要求其做出带有惩罚性的经济赔偿,以期减少无辜者所受到的损害。对于有些侵权纠纷,出于实际的考虑,采取多种手段促使双方达成和解应当是最佳结果,在双方都可能受到实际损害的情况下,最好是尽量降低损害,在可能的情况下达到最低限度的平衡。

(二)违约型纠纷

违约型纠纷的特点在于纠纷的双方有约在先,而一方由于故意的或者过失的原因违反了双方的约定,从而给对方造成了一定的损害。当然,违约型纠纷不一定是单方违约造成的,也可能是双方都有违约,但是,为了研究上的需要,这里假定为单方的违约。违约型纠纷多见于基于合同关系而产生的纠纷,因为所谓违约就是违反事先的约定,而事先的约定多表现为合同约定。由于这个原因,违约型纠纷属于一种预期的纠纷,纠纷的双方对于违约的程度、违约的方式甚至违约赔偿的范围和标准都可能有约在先。另外,违约型纠纷的双方当事人之间往往存在某种互惠性的合作关系,相对于因违约而产生的纠纷而言,双方的合作关系的维系可能具有更高的价值。因此,此类纠纷应当属于较为容易解决的纠纷,即主要根据双方事先的约定或者法律的规定,兼顾双方合作关系的走向,尽量采取双方合意的方式来解决纠纷。根据我国《合同法》的规定,对于违约型纠纷的处理原则是“实际损失补偿”原则,如《合同法》第 107 条规定的“违约责任”是指“继续履行、采取补救措施或者赔偿损失”的责任。《合同法》第 114 条甚至规定了违约金可以根据实际损失增加或者减少的内容:“约定的违约金低于造成的损失的,当事人可以请求人民法院或者仲裁机构予以增加;约定的违约金过分高于造成的损失的,当事人可以请求人民法院或者仲裁机构予以适当减少。”这种规定的精神就在于将双方当事人之间的利益关系限定在一个合理的范围内，以尽量保持双方的利益平衡关系，避免因过于悬殊的违约代价而造成社会经济秩序的紊乱。但是，违约型纠纷在一定的情况下可能和侵权型纠纷存在竞合关系，即一种纠纷可以表现为违约纠纷，也可以表现为侵权纠纷。例如因交通事故造成乘客受伤而引起的纠纷，将乘客与运输者之间看成合同关系，运输者负有将乘客安全送达目的地的义务，如果未能尽到这一义务，可以说运输者具有违约的行为；然而，仅仅从违约行为考虑可能并不足以弥补乘客因交通事故所受到的伤害，因此，在这种情况下就要考虑侵权的因素，从而为正确适用法律解决纠纷创造必要的条件，以保证为受害人提供合理的法律救济。

（三）违法型纠纷

所谓违法型纠纷，是指引起纠纷的原因是当事人的违法行为，或者说当事人的行为是被法律所禁止的，因这种被法律禁止的行为而引起的纠纷就是违法型纠纷。违法型纠纷的责任人可能是一方当事人，也可能是双方当事人，既可能是一方的行为违法，也可能是双方的行为都违法。在违法型纠纷的认识上，有一个重要的界限应当区分清楚，这就是纠纷的性质和当事人的行为之间的关系。违法型纠纷的性质的判断标准是一种客观标准，而不是主观标准，这个客观标准就是法律规范。即纠纷主体的行为是不是违法行为是根据法律规范做出判断，而不是根据当事人的主观认识做出判断。如果当事人的行为客观上是违法的，尽管当事人主观上并没有违法的故意，这种行为仍然属于违法行为。在这一点上，违法型纠纷和侵权型纠纷是有区别的。从广义上说，侵权型纠纷的结果虽然也具有违法性，例如侵犯了他人的合法权益，但是，从其行为本身来看却不一定是违法的，某种合法的行为也有可能造成对他人的侵权。鉴于违法型纠纷的判断标准是依据法律规范，在处理原则上也应当以法律的规定为依据，即何种行为是违法行为，对于这些违法行为所导致的纠纷应当如何处理，都应当有法律的依据。例如，根据我国《合同法》第52条的规定，有下列情形之一的，合同无效：(1)一方以欺诈、胁迫的手段订立合同，损害国家利益；(2)恶意串通，损害国家、集体或者第三人利益；(3)以合法形式掩盖非法目的；(4)损害社会公共利益；(5)违反法律、行政法规的强制性规定。从民法理论上来说，基于这些行为所形成的利益属于不受法律保护的利益，以此形成的民事合同属于无效的民事合同。当事人不仅对因此而造成的他人的损害应当承担赔偿责任,而且后果严重的还应当受到法律的惩罚。需要注意的是,此处的违法型纠纷的"违法性"是指那些被法律明令禁止的行为,不能从这里的违法性行为推导出所有民事行为都必须是"法无规定不可为"的结论。恰恰相反,根据私法"意思自治"的原则,只要是法律没有明令禁止的都应该是可以自由从事的行为,即私权领域的"法无禁止即许可"的理念。

(四)误判型纠纷

在现实生活中,人的判断力并不总是十分理性的,在信息总量不够充分或者接受了误导性信息的情况下,发生误会或者误解的情形并不罕见。如果是无关大局的误解,一般不会对当事人双方的利益格局造成实质性影响,例如对合同中的某个词语的含义有不同的理解,而这个词语并不会影响整个条款的意思。但是,如果误解的程度使整个条款的意思发生了改变,那么就有可能产生纠纷。在民法理论上,这种情形被称为"重大误解"。根据我国《合同法》第54条规定,因重大误解订立的合同,当事人一方有权请求人民法院或者仲裁机构予以变更或者撤销。误判型纠纷虽然是由误解而引起,但是,这种误解却有可能造成一方当事人实质上的损害。因此,误判型纠纷仍然可能存在需要行为人承担责任和赔偿他人损害的问题。一般来说,构成重大误解的原因是产生误解的一方错误地理解了对方提供的信息,责任似乎在于产生误解的一方;但是,这种误解和对方提供的信息也可能存在直接关系,也就是说它可能是由于对方的信息不全面或者不准确而造成的。其微妙之处在于,误解者和被误解的对方往往会各执一词,都认为自己是无辜的,而且从主观上看,双方都是善意的,不存在恶意欺诈的行为,否则就可能属于违法性纠纷了。需要说明的是,误判型纠纷作为纠纷的一种类型,并不仅仅限于合同法上的重大误解一种情形,在人们的日常生活和经济交往过程中,发生误会或者误解的情形是比较常见的。而误会或者误解的双方一般都不存在恶意。鉴于这样的情形,在处理误判型纠纷时,最为关键的就是对造成误会或者误解的原因进行细致的分析和判断,如果在证据充分、事实清楚的基础上明确了双方的责任,那么,在当事人之间达成解决纠纷的合意应该是比较易于实现的。

(五)家事型纠纷

家事型纠纷是一种特殊类型的纠纷,其之所以特殊,是因为此类纠纷的主体之间存在亲情或者血缘关系,这种关系的存在使家事型纠纷总是掺杂着情感的因素,相比之下,财产利益关系或许倒是次要的。或者说,家事型纠纷往往是由情感的变化而引起的,即使出现财产利益纷争也是由于情感的变化所引起的。情感是一种难以量化的无形的事物,情感的质量如何主要是当事人的一种主观感受,很难从客观表现上准确地分清责任。例如在离婚案件中,一般的标准是感情是否破裂,但是,在一方认为感情已经破裂而另一方认为感情没有破裂并且双方都缺乏有力旁证的情形下,任何轻率的判断都有可能造成难以挽回的不良后果。正是基于这个原因,在离婚案件的处理上,各国的法律几乎都持十分审慎的态度。例如,几乎各国的法律都规定对于离婚案件实行调解前置的制度。而调解的过程实际上就是一个由当事人自主解决纠纷的过程,既然是自主地解决自己的纠纷,那么,对于纠纷处理的结果也应当是当事人最容易接受的结果。如果当事人最终还是不能自主地解决纠纷,一定要进入诉讼程序,那么,在诉讼的过程中,法律也要求审判者在任何可能的情况下不失时机地采取非判决的方式来解决此类纠纷。例如日本专门制定了《家事审判法》,其第 1 条便明确规定:“本法以个人尊严和男女实质上的平等为基本,以维持家庭和睦和健全亲属共同生活作为宗旨。”其第 18 条更是明确规定了此类案件的“调停前置主义”原则。我国《婚姻法》第 32 条也明确规定:“人民法院审理离婚案件,应当进行调解。”因此,对于家事型纠纷来说,最好的解决方式就是由当事人自主解决。即使最终不得不由法院做出判决,也应当是在已经穷尽了各种可能的非判决方式,并且无论是在审判者或者是在当事人看来都只能是一种结果的情形下所产生的自然而然的结果。

第二章　纠纷解决理论概述

第一节　纠纷解决的概念和标准

一、纠纷解决的概念和意义

纠纷与纠纷解决是两个紧密联系的概念。纠纷是对社会存在的特定现象的静态描述，对纠纷的研究应当着眼于对其性质、发生原因、表现形式和基本特征的认识；纠纷解决则属于社会实践层面，它是社会主体应对纠纷的一系列方法、手段及其运作过程和实际效果的总称。纠纷的解决所涉及的问题十分广泛，包括对纠纷解决的基本概念和意义的理解、纠纷解决的方式、纠纷解决的标准、纠纷解决机制等一系列必须回答的问题。

虽然从一般意义上说，纠纷解决的含义基本上都可以被意会，但事实上，这个名词具有多重含义，可以做出多种解释。我们可以从目的性的角度看待纠纷的解决，把纠纷的解决当作一种目的，无论是诉讼也好，非诉讼也好，都是实现这一目的的手段；我们还可以从实证的角度去研究纠纷解决的过程和效果，进而全方位地考察纠纷解决的方法和机制；此外，从价值论的角度研究纠纷的解决，探讨纠纷的解决和维护正常的社会秩序之间的关系也是一种很有意义的理论视角。

范愉教授对纠纷解决这个概念曾做出定义："纠纷解决（dispute resolution），是指在纠纷发生后，特定的解纷主体依据一定的规则和手段，消除冲突状态、对损害进行救济、恢复秩序的活动。"[1] 显然，这个定义是着眼于解决纠纷的目的，即"消除冲突状态、对损害进行救济、恢复秩序"，应当说，这种表述揭示了纠纷解决这一概念的基本内涵，符合纠纷解决的主要特征。但是，笔者认为，

---

[1] 范愉：《纠纷解决的理论与实践》，清华大学出版社2007年版，第71页。

第一,纠纷解决除了一定的目的性要求之外,还应当包含纠纷解决的过程和解决的结果状态这两个方面的内容,因此应当从纠纷解决的目的、过程和结果状态三个层次来界定纠纷解决的概念。第二,纠纷解决的目的、过程和结果状态这三个层次的概念相互之间并不存在互相包容的关系,它们分别具备各自的特定内涵。但是,这三个层次都属于纠纷解决的总范畴,所以,它们又存在一定的逻辑关系。第三,纠纷解决这个词组是由两个单词所组成的,即“纠纷”和“解决”。其中,“纠纷”这个词有特定的含义,所以应当单独做出定义;而“解决”这个词是一个多义词,对纠纷解决的定义主要就是对“解决”做出定义,因此,“纠纷解决”这个词组的含义应当着重于对“解决”的定义。鉴于以上的考虑,笔者对纠纷解决概念分别做出以下三个层次上的定义。

第一,从目的性来说,纠纷解决是指纠纷主体或者在第三者参与下通过一定的方式化解矛盾、消除纷争、维护正常的社会秩序的活动。在这里,化解矛盾、消除纷争是直接目的,而维护正常的社会秩序是间接目的。这里的“社会秩序”包括生活秩序、生产秩序、学习秩序、工作秩序等具体范畴的社会交往和主体行为的规范性和正当性,也包括社会公平和正义这样的抽象意义上的价值判断。这样,既说明了纠纷解决的现实性意义也照顾了纠纷解决的总体目标。纠纷解决的目的性对于相关的理论研究和实践活动都具有重要意义,在进行纠纷解决的理论研究或从事纠纷解决的实践活动中,首先要考虑的就是纠纷解决的目的,它决定了纠纷解决的基本方向。这里之所以没有将纠纷解决所依据的原则或规范作为概念的基本元素,是因为原则或规范是包含在一定的方式之中的。也就是说,原则或规范是具体的纠纷解决方式的必备要素,没有必要在纠纷解决的概念中加以强调。

第二,从过程性来说,纠纷解决是指纠纷主体为了化解矛盾或消除纷争而自行协商或者在第三者参与下进行调解、仲裁或诉讼的过程。这个层次上的定义着眼于纠纷解决的过程性,这个过程具体表现为纠纷解决的各种方法和手段的运行过程,这些方法和手段的总称就是纠纷解决机制。因此,纠纷解决的过程性概念对于纠纷解决机制及其运行方式而言具有重要意义,它所关注的是具体的纠纷通过什么样的方法或手段加以解决才能够带来预期的效果,以及各种纠纷解决机制自身如何不断完善,如何配置更为合理等问题。由于纠纷解决的具体方法和手段所针对的是纠纷解决的直接目的,也就是化解矛盾、消除纷争,所以其间接目的“维护正常的社会秩序”在这里并非必要的概念元素。

第三,从结果状态来说,纠纷解决是指一项矛盾或者纷争通过不同的方法或者手段被化解或者消除的实际结果或者状态。纠纷解决的结果状态所着重揭示的是纠纷被化解或者消除的实际表现形态,它反映了纠纷解决的程度、评价标准和实际效果,而这些表现形态与纠纷解决的具体方法或者手段之间存在密切关系。例如,对于调解而言,一般认为,只要在当事人之间达成了合意,签订了调解协议,那么就算达到了目的,但细究起来,如果这个协议没有被适当地履行,则还不能说调解就是成功的。但是,对于诉讼而言,只要法院做出了判决,也就意味着纠纷的解决,至于判决的内容有没有实现则另当别论,因此之故,判决的强制执行程序并不是严格意义上的民事诉讼程序。最好的方式当然是当事人之间的和解,它可以达到纠纷解决的最佳效果。从结果状态的角度考虑纠纷解决,就要考虑纠纷解决的评价标准,包括主观性标准和客观性标准;同时,也需要对纠纷解决的具体方式做出效益性和功能性的评价。因此,它对于纠纷解决的具体实践具有重要意义。

以上对纠纷解决概念的三种层次上的定义是以纠纷解决这一概念在不同的语境所表现出来的不同含义为依据的,也就是说,纠纷解决这一概念有多重含义,全面认识纠纷解决的概念就不能偏废任何一个含义。当然,我们还可以从更高位阶上来定义纠纷解决的概念。根据定义的内涵越窄其外延越广的原理,我们还可以尝试将纠纷解决的三个层次上的概念做出一个总的概括,例如纠纷解决就是特定的主体通过一定的方法或手段在一定意义上化解矛盾、消除纷争、维护正常的社会秩序的情形。显然,这样的定义在内涵上较为含糊,而外延上也过于宽泛,还是难以使人理解纠纷解决的准确含义。因此,对于纠纷解决的概念,还是应当结合具体的话语环境,针对具体的问题指向,分别从不同的层次做出相对明确的表述为妥。

纠纷与纠纷解决这两个概念总是如影随形,密不可分,那么,纠纷为什么应当解决?这个看似简单的问题,其实是一个牵涉包括政治、法律、经济、文化和人类历史等广泛学科领域在内的具有普遍意义的课题。纠纷解决的意义和目的性意义上的纠纷解决关系密切。从一般意义上说,纠纷解决的目的就在于化解矛盾、消除纷争,维护正常的社会秩序。在这里,“化解矛盾、消除纷争”可以看作纠纷解决的直接意义或现实意义,而“维护正常的社会秩序”则是纠纷解决的间接意义和终极意义。这也就说明了化解矛盾和消除纷争对于维护正常社会秩序的重要性。化解矛盾、消除纷争和维护正常的社会秩序是一种逻辑递进关系，只有及时地化解了社会矛盾，有效地消除了社会成员之间的纷争，才有可能实现社会秩序的和谐、稳定。对良好的社会秩序的需求是人的天性使然。美国法学家博登海默认为，人类对秩序的需求源于两种欲望或冲动：第一，人具有重复在过去被认为是令人满意的经验或安排的先见取向；第二，人倾向于对受瞬时兴致、任性和专横力量控制的情形做出逆反反应，而追求一种权利义务对等的合理稳定的控制关系。〔2〕那么，什么又是正常的社会秩序呢？社会秩序是否“正常”，在不同的时代有不同的衡量标准。在封建社会，“纲常伦理”就是正常的社会秩序；而在现代社会，正常的社会秩序必然是法律统辖之下的社会秩序，也可称为法律秩序，以法律为秩序之源的社会就是法治社会。从这个意义上说，纠纷解决的终极意义就在于法律秩序的形成和维护。纠纷的解决意味着法律的实际作用的发挥，同时，它对于培养人们的法律意识，保持良好、有序、安定、和谐的社会秩序都具有十分重要的作用。只有从这个高度去认识纠纷解决的意义才能够在纠纷解决的实践中把握正确的方向，以积极的态度和自觉的行动去实现纠纷解决的真正价值。

二、纠纷解决的标准

如前所述，纠纷的解决有三个层面的基本含义，即目的性、过程性和结果状态。其中，目的性与纠纷解决的意义密切相关，过程性揭示了纠纷解决机制的构造样式和运行方式，而结果状态则是纠纷解决的实际结果所呈现的一定形态，它反映了纠纷解决的程度、和实际效果。纠纷解决的目的性和过程性是不具有可评价性的，因为它们不是纠纷解决的最终结果，作为评价标准来说，只能是对结果所做出的评判。当然，对纠纷解决的结果做出评价，并不等于可以完全不顾纠纷解决的目的和过程。从一定意义上说，纠纷解决的标准与纠纷解决的目标或者目的是一致的。这是因为，标准必须建立在目标或者目的的基础之上，如果实现了预定的目标或者目的，那么，就可以说达到了某种预定的标准，否则，就可以说没有达到这个标准。而纠纷解决目的的实现又有赖于纠纷解决过程的合理性和科学性，因此，纠纷解决的过程也在一定程度上影响着纠纷解决的结果。

从学术界对于纠纷解决的研究范式来看，大多数学者并没有建立起纠纷解

---

〔2〕［美］E. 博登海默：《法理学：法律哲学与法律方法》，邓正来译，中国政法大学出版社1999年版，第226页。

决的标准这样一种概念,也就是说,不是从客观的外部标准的角度去看待纠纷的解决,而只是从目的或者目标的主观性角度去看待纠纷的解决。这种视角所带来的问题是,由于主观性所固有的概念元素上的局限性缺陷,很难从全局把握纠纷解决的目标,从而可能会使思维受到相应的限制,以至于看不到通过纠纷的解决所应当达到的一种更高的目标境界。并且,受这种主观性思维的影响,在纠纷解决的方式和解决纠纷所应当依据的规范方面也极易陷入实用主义。例如,有学者认为调解这种纠纷解决的方式所要达到的"基本目标""就是要通过调解的方式,达到定分止争的目的",为了实现这一目标,在以调解方式解决纠纷时需要满足一个基本要求,即解决一个纠纷或者争议的"底线"。[3]固然,任何一种纠纷的解决目的首先都在于定分止争,但是,所谓定分止争无非是在当事人之间寻求一个利益的平衡点,拿调解来说,这个利益的平衡点极有可能就是对纠纷的"底线"的满足。然而,以是否实现了定分止争,或者从方法的角度来说是否实现了对纠纷"底线"的满足,似乎还不足以说明纠纷解决的全部目的,因为这里并没有涉及通过纠纷解决所要实现的客观效果问题。

笔者认为,纠纷解决目标的确立不仅应当考虑纠纷解决本身的主观性效果,而且应当考虑客观的社会性效果,这两个方面效果的统一才是真正意义上的纠纷的解决。而为了说明纠纷解决的主观性效果和客观性效果以及二者的统一,就需要引入外部的判断标准,这就是纠纷解决的标准所赖以建立的基本理由。进而言之,纠纷解决的标准所要解决的问题是,一个纠纷在何种程度上的解决才算是真正意义上的解决。下面将从纠纷解决的主观性标准和客观性标准两个方面做出具体分析。

(一)纠纷解决的主观性标准

纠纷解决的主观性标准是指纠纷当事人和纠纷解决者从各自的主观角度对纠纷的解决所持的标准。也就是说,从主体上看,纠纷解决的主观性标准涉及当事人和纠纷解决者两个方面的主体,这两个方面的主体从各自的角度和立场出发,对纠纷的解决所持的标准是有所区别的,但是,它们都属于主观性的标准,主观性这一点属于它们的共性。

在纠纷当事人看来,纠纷的解决属于私人范畴的事情,因此,只要满足了自

---

[3] 李刚主编:《人民调解概论》,中国检察出版社2004年版,第258页。

己的某种要求或者期望，纠纷就算是解决了。这里包括当事人预期利益或者愿望的全部实现、部分实现，或者全部放弃。当然，预期利益或者愿望的全部实现是当事人意义上的纠纷解决的最佳结果，部分的实现或者是放弃一般都意味着出于无奈而做出的让步。但无论如何，作为纠纷当事人而言，自主地处分自己的权利，不仅是当事人自己的希望，而且是法律所确定的一项原则。正因如此，在纠纷的解决中，处分权始终被认为是当事人所拥有的一项基本权利。

而在纠纷的解决者的角度，一方面，对当事人的愿望的充分尊重是其必须遵循的一项原则，尽管这种尊重有时只是具备形式上的意义，并不能对纠纷解决者构成实质上的约束，纠纷的解决者在特定情况下也拥有做出最后决定的权力；另一方面，纠纷的解决在纠纷的解决者那里更多地表现为一种程序的完成。也就是说，在纠纷解决者看来，一个纠纷是否得到了解决，和一个案件是否办理完毕是同一个意义上的问题。如果一个案件已经办理完毕，例如法官对一个案件做出了判决，仲裁庭对一个案件做出了裁决，那么就意味着这个案件（纠纷）已经了结了，这个纠纷也就算是解决了。至于当事人对这个判决或裁决的感受如何，这个纠纷在实质意义上是否得到了解决，作为纠纷解决者是不会也不可能做出一个符合实际情形的判断的。在这里用得上“案结事了”这样一种表述。案件办结就意味着纠纷已经解决，而无论与这个纠纷相关的事项处于一种什么样的实际状态。

由上可见，纠纷当事人与纠纷解决者在纠纷解决的判断标准上是存在较大差异的。纠纷当事人所关注的是对自身利益的维护，用这一标准去衡量，如果纠纷解决的结果对其自身利益是有利的，那么，他就会认为这个结果是可以接受的，否则，他就会认为这个结果不公平。鉴于纠纷当事人至少是互相对立的“两造”，所以，一般来说，很难得到一个让双方都感到满意的结果。因此，如果仅仅从当事人的角度去衡量，纠纷的解决就永远是一种不可能完成的任务，也就是说不可能从根本上得到一种绝对公平的结果。好在作为纠纷的解决者，也就是解决纠纷的第三者的存在使这个难题获得了化解的可能。因为，在纠纷的解决者那里并不存在自己的纠纷利益，因此，他应当可以做到完全公平地对待双方当事人；再者，纠纷的解决者所持的纠纷解决标准并不是以一方当事人的利益能否实现作为依据，而是以一个案件（纠纷）的程序上的了结或者社会公认的标准作为依据，所以，对于纠纷当事人而言，他们没有理由不服从这种结果。

根据以上的分析，纠纷解决的主观性标准无论是在纠纷当事人还是在纠纷解决者,都不可能出现一种完全理想化的确立依据,或者说,从主观性标准来说,我们只有可能建立一种相对合理的纠纷解决标准,而不可能建立一种绝对化的标准。这可以说是纠纷解决的主观性标准的一个基本特征。这个特征向我们昭示:纠纷当事人对纠纷解决结果无论是接受或者是不接受,都应当看作一种常态,因为这种对纠纷解决结果的反应属于纠纷当事人的主观性标准的范畴,属于可以理解的范畴。而对于纠纷的解决者,我们不应当苛求他做出一个绝对公正的裁决,由于判断标准的不同,对于公正与否也存在不同的理解和认识,但是,只要纠纷解决者的裁决符合他所认为的"结案标准"的依据,那么就应当说,这个裁决是一个公正的裁决。

(二)纠纷解决的客观性标准

如前所述,纠纷不仅是私权性的,而且具有社会属性,即主观上的私权性和客观上的社会性。因此,纠纷的解决除了主观性标准之外,还应当具有客观性标准或曰社会性标准。

所谓纠纷解决的客观性标准,是指对纠纷解决结果的社会性评价。这里涉及社会性评价的原因、评价的方式和评价的依据。

首先,纠纷的解决之所以存在社会性评价,是由以下两个原因决定的:一是社会环境对纠纷的解决发生一定的影响;二是纠纷的解决具有社会示范效应。一是纠纷的发生是社会矛盾的一种表现形态。从表面上看,纠纷一般是发生在相对的当事人之间,但细究起来,相对的当事人之间之所以会发生纠纷,可能与某些社会因素之间存在密切关系。例如,医患纠纷,从纠纷的个案看来是某一个病人和某一个医生或者医院之间的纠纷,但是,这种纠纷可能和某种医疗制度之间存在密切关系,而这个医疗制度所涉及的主体却不限于纠纷的双方,它还涉及制度的制定者、执行者以及在执行这些制度的过程中存在的各种相关因素。再如,由于飞机航班的延误可能会造成乘客与航空公司之间的纠纷,但是,造成这一纠纷的原因有可能并不是航空公司的过错,而是由于机场调度方面的原因。二是纠纷的解决虽然是在纠纷主体之间发生直接的赔偿或者给付行为,但它的示范效应是不容忽视的;特别是对于那些具有相同性或者相似性的纠纷、已经发生的纠纷或者是可能发生的潜在纠纷。一个纠纷的解决足以影响一大批类似的纠纷当事人的仿效、反思、比较,从而决定自己是否采取以及采取什么样的行动去解决纠纷。根据法国社会学家莱翁·狄骥的社会连带主义学说,社会主体之间都存在各种各样的连带关系,因此,不存在孤立的社会个体,"孤立的个人是没有权利的",[4]同样的原因,也不存在孤立的纠纷和纠纷的解决。这就是纠纷解决的客观性标准的存在依据。

其次,社会对于纠纷解决的评价方式,有公开的评价和和隐蔽的评价。公开的评价如社会舆论、专家评议,隐蔽的评价,则是指社会个体对纠纷解决的结果所产生的不具有明显表面特征的情绪和心理反应。例如,一个纠纷的解决是严格遵循法律规定的,或者是体现了社会公认的实质公正的标准,那么,舆论就会做出正面的评价,否则,可能会引起舆论的负面评价。而情绪和心理的反应则是社会个体对纠纷解决结果的内心感受和价值评判,这种内心感受和价值评判可能不具有明显的表面特征,但是,它对于社会个体的价值观念和行为方式的影响是客观存在的。假如一个纠纷解决的结果不被社会认可,那么它就可能会对社会价值取向乃至于社会风气的形成发生潜在的不利影响。正如培根所说的:"一次不公正的判决犹如污染了水源。"

最后,是对纠纷解决的社会评价的依据。评价的依据也就是评价的标准,这是对纠纷解决的社会性评价的最为关键的部分。在纠纷的解决标准问题上,存在形式正义和实质正义的争论,也存在合法律性与合道德性的区别。应当说,为纠纷的解决设定一个统一适用的客观性标准是相当困难的,但是,并非没有可能。纠纷解决的评价依据和社会正义的标准密切相关,而社会正义观与社会价值观念又存在密切联系。因此,一个社会的价值观念决定了纠纷解决的评价标准。

在现代社会,无论是什么样的政治制度,法律秩序的构建都是一个基本的命题。在法律秩序面前,社会制度的性质已经退居次要的地位。因此,纠纷的解决标准应当以法律秩序的构建和维护作为基本价值取向。当然,法律秩序可以被赋予不同的内涵。从社会性质看,在现代社会有资本主义的法律秩序和社会主义的法律秩序这两种基本的法律秩序;从法律的形态看,就更复杂一些了,大陆法系和英美法系就有很大区别,政教合一的国家与政教分离的国家、三权分立的国家与议行合一的国家也有很大区别。另外,对于法律秩序的理解,不同的学派之间也存在很大的区别,如法社会学与分析主义法学就有很大区别。但无论如何,法律秩序对于这些区别而言存在共性,这就是以公认的正义标准

---

[4] 谷春德主编:《西方法律思想史》,中国人民大学出版社2000年版,第262页。

作为基本内涵。无论是现代社会还是后现代社会,可以预见的是,法律秩序的构建将是人类的共同理想,因为只有法律秩序才能充分体现人类的共同愿望,并代表着人类社会发展的基本方向。所以,纠纷解决的标准不能单看当事人的满意程度(事实上很难做到当事人双方都满意),也不能试图抛开法律而强调统一的社会道德或传统习惯,而是看它是否有利于法律秩序的维护:在有法律明确规定的情形下,必须依照法律的规定;在法律规定不够明确的情形下,需要根据法律的原则和基本精神;在法律规定过时或者明显不合理的情形下,就要依靠社会正义的理念做出判断,这就是纠纷解决的客观性标准。

所以,纠纷解决的客观性标准归根结底是建立在法律秩序基础之上的,有利于法律秩序建构和维护的纠纷解决就是合理的、正义的,否则就是不合理的、非正义的。从这个意义上说,纠纷的解决应当着眼于以法律的规范或者精神去“解决”纠纷,而不仅仅是着眼于当事人的权利或者是利益的实现程度或者是当事人的满意程度。唯有树立这样的观念,才能将纠纷的解决纳入社会法治建设的轨道,使其朝着建设文明、有序的法治社会的方向发展。

第二节　纠纷解决方式

一、纠纷解决方式的含义

纠纷的解决主要是一种社会实践活动,由于这种社会实践活动必须在一定的制度规范下进行,所以需要研究纠纷解决的机制,但是,纠纷解决机制并不等于具体的纠纷解决实践活动,如果没有具体的实践活动,纠纷解决机制的功能仍然无法实现。所以,纠纷解决的方式就显得十分重要,它是具体落实纠纷解决的目标和发挥纠纷解决机制功能的必要环节。

通常情况下,相对于纠纷解决机制而言,纠纷解决方式这种提法是较为普遍的,而且与纠纷解决具体实践的联系较为密切。例如,在发生纠纷以后,人们通常会考虑通过何种方式去解决纠纷,而不会考虑纠纷解决机制的构造和功能。在某些场合,纠纷解决方式与纠纷解决机制这两个概念是可以互相替换的,但是,这种意义上的纠纷解决方式主要是对各种纠纷解决机制的外部显性特征的一种直观描述,例如,“诉讼方式”“调解方式”“仲裁方式”等,至于它们各自的内部结构、相互关系及运行过程如何并不属于主要的考虑因素。这就是纠纷解决方式的第一重含义。换言之,纠纷解决方式的第一重含义是指与纠纷解决机制相对应的个别性的制度安排,如诉讼制度、调解制度、仲裁制度等,这种意义上的纠纷解决方式与纠纷解决机制这一概念所包含的制度模式的内容具有相通之处。

纠纷解决方式的第二重含义则是指解决纠纷的具体技术和方法。对于纠纷的解决而言,建立各种必要的制度无疑是十分重要的,其中包括法律的完善和各种纠纷解决机制的运作程序的设计。但是,同时必须看到,纠纷的解决不是一般的社会运作过程,它不仅需要制度,更需要运行这些制度的技术。其原因在于,其一,制度是静态的,而纠纷解决的实践是动态的,相对于制度而言,纠纷解决的实践过程甚至更为重要;其二,纠纷的解决是解决矛盾外化使之归于均衡的过程,并不是一个简单的是非判定和利益分配问题,而制度本身只是设定了一个尺度,并不具有恢复矛盾均衡状态的功能。而要弥补制度的这种不足,人的主观作用就显得十分重要。日本学者棚濑孝雄在这个问题上有过具体的表述,他指出:"'制度'这一概念,通常被用来表示种种内在联系着的社会规则给人们的相互作用以一定的方向性并使之定型化。所以,纠纷解决的制度就是关于什么样的纠纷应该如何被解决的实体和程序上的规范体系……但是这里也有一个重要的不足,即由于这种研究角度把注意力集中在给社会相互作用过程以方向性并将其定型化的种种规范、制度及其抽象化上,结果往往容易忽略现实中使这些规范、制度运作的个人。"〔5〕关于纠纷解决的制度与过程的关系,棚濑孝雄"从制度分析到过程分析"的方法可以作为很好的借鉴。所以,纠纷的解决除了存在各种不同的制度(机制)之外,还存在这些制度如何运行的问题,也就是纠纷解决的具体过程如何进行操作的问题。从这个意义上说,纠纷解决的方式除了上述第一重含义之外还有另一重含义,即解决纠纷的具体技术和方法。

技术和方法从理论上说可以形成一定的规范性操作规程,如经过细致论证的技术规范和操作流程。但是,从本质上说,技术和方法应当属于经验层面的范畴,即使是规范性的操作规程也是经验性的总结,正因如此,属于操作规程或者流程范畴的设计或者安排一般都会表现出特别细致甚至繁琐的特点,例如一

---

〔5〕［日］棚濑孝雄:《纠纷的解决与审判制度》,王亚新译,中国政法大学出版社2004年版,第4~5页。

个具体的肢体动作或者细化到分秒的时间安排。但是,对于纠纷解决这种复杂的社会实践而言,奢望对其具体的运作过程制定出某种技术规范或操作流程显然是不现实的,因为纠纷的复杂性和多样性决定了纠纷的解决不可能像生产工业产品那样设计出一条标准化的生产线,它更多地表现为社会生活经验的不断积累和总结。例如,调解这种纠纷的解决方式其实就是一种经验的运用,其中有些经验甚至属于生活常识的范畴。与调解的方式相对而言,诉讼的方式则属于比较规范的纠纷解决方式,它有系统而具体的运作程序,其"技术规范"是比较完备的。但即便是诉讼,在程序运行的过程中也并不是单纯的机械式操作。一个好的法官绝不会机械地运用法律去解决纠纷,因为他知道,法律并不能提供所有解决纠纷的手段,他必须在充分理解法律的基础上,将自己变成法律的化身,从而能动地运用法律去解决纠纷,正是在这个意义上,美国大法官霍姆斯才提出了"法律的精髓在于经验而不在于逻辑"的著名论断。美国著名法社会学家唐·布莱克从社会学角度详细说明了这个问题,他强调指出:"无论是谁,要想涉足法律领域而又不了解如何从社会学角度评估案件的强项和弱项,都是不可取的。如果法学院不开设这门课程,将会使学生对在实际中如何去运用法律这样的宝贵知识一无所知。"[6]唐·布莱克所强调的"运用法律",实际上就是指法律运行中的社会性因素,他称之为"案件的社会结构因素",包括当事人的社会地位、法官的个性和倾向以及第三方的影响等。

解决纠纷的技术和方法可以有多种不同的诠释,但一般来说应当包括以下几个方面:

1. 对纠纷的性质、类别及其强度的认识。只有对纠纷具备了全面、透彻的认识,才有可能看菜下饭、量体裁衣,从而有针对性地选择解决纠纷的方法。现实中的纠纷很难做出细致而全面的分类,但是,至少存在如本书前面所阐述的如侵权型、违约型、违法型、误判型、家事型等类型的纠纷。这些不同类型的纠纷应该以不同的方式去解决,以达到纠纷解决的主、客观两方面均衡一致的目的,避免片面化和简单化的倾向。

2. 对当事人诉求的依据和真实意图的把握。纠纷的解决从某种意义上说就是针对当事人的诉求做出支持或者否定的过程,当事人的诉求所依据的事实是什么?他试图达到一个什么样的目的?只有对此有了充分的把握才能做到

---

〔6〕［美］唐·布莱克:《社会学视野中的司法》,郭兴华等译,［美］麦宜生审校,法律出版社2002年版,第28页。

心中有数。在大多数情况下，人们容易形成“纠纷无对错”的定式思维，如俗语所谓“一个巴掌拍不响”，认为纠纷的双方各有责任。其实，恶意的诉讼行为在现实中并不少见，而那种纯粹因为受到他人恶意侵害而被迫提起诉讼的情形也不是没有可能。因此，从纠纷解决的目的性以及相应技术和方法的运用上来说，对待这两种不同的情形应当做出不同的处理。

3. 对纠纷的产生背景包括当事人所处的社会环境、心理状态的了解。纠纷往往不是孤立的，了解了纠纷产生的背景，才有可能使纠纷得到真正意义上的解决。在传统的纠纷解决理论中，往往不加分别地强调纠纷当事人的平等性，实际上，纠纷当事人的社会地位的差异是客观存在的，而法律对于不同社会地位的当事人也存在不可否认的“差别待遇”，从社会学的角度看，承认这种差异的存在对于案件的正确处理有重要意义。正如唐·布莱克所言：“在现代社会占统治地位的法理学模式将差别待遇视为异常现象，一种应被纠正的对道德的背离行为……没有人会抛开社会差异去观察法律体系。差别待遇是无所不在的。这是法律的自然行为的一个方面，就像鸟儿飞翔、鱼儿游泳一样自然。”〔7〕但是，承认差别待遇的存在并不等于认可这种差别待遇，而是为了实现真正意义上的平等和公平。

4. 对法律规范和法律精神的充分理解。现代意义上的纠纷解决必然和法律制度关系密切，法律为我们提供了最终的参照标准和行动准则，因此，对法律的充分理解是解决纠纷的必要前提。这里包括法律的规范和法律的精神。因为，法律规范往往是一般情况的参照标准，针对一个具体的纠纷，往往难以对号入座，但是，法律的原则和精神为我们提供了广阔的空间；所以，在没有具体法律规定可以适用的情况下，依据法律原则和精神对纠纷做出判定是司法实践中常见的情形。正因如此，赋予法官自由裁量权就成为必要。

5. 对场所、态度和时机的把握。人是感性的动物，生活经验告诉我们，在一定情形下，“一念之差”往往可以决定事情的成败。纠纷的双方当事人往往表现得不够理性，意气用事的情况是经常存在的。因此，在纠纷解决的过程中，促使当事人恢复应有的理性是一项必需的功课。为了达到这一目的，纠纷的解决者就应当努力创造一些看起来与纠纷本身的关系不那么密切的外部条件，例如一个合适的场所、一种温和的气氛以及一个恰当的时机。在这一方面，美国的法

---

〔7〕［美］唐·布莱克：《社会学视野中的司法》，郭兴华等译，［美］麦宜生审校，法律出版社2002年版，第18页。

学院开设的ADR课程对他们的学生做出了十分具体而周详的训练。例如在调解实务的训练中,他们要求调解人成为一个“有技巧的倾听者”,在“富于同情心的倾听”过程中,还要与当事人进行言辞上的和非言辞的(如眼神、面部表情和形体姿势)交流,以营造一种互相理解和信任的气氛。这样一些“技巧”的运用可以为纠纷的解决创造十分有利的条件。[8]

二、纠纷解决方式的选择

前述表明,纠纷解决方式是一个多义的概念,是纠纷解决的具体制度和技术方法的总称。研究纠纷解决方式的目的无非是让不同的纠纷获得相应的救济途径,以便更好地解决纠纷。这就存在一个通过什么样的方式解决纠纷最为妥当的问题,或者说纠纷应当如何解决?这个问题具有思辨性和实践性的双重性质。从思辨的角度看,它需要从理论上证明相应的纠纷解决方式的可行性与合理性;从实践的角度看,它需要确定运用何种制度、方法和技术实现纠纷实际解决的目的。而无论是从思辨的还是从实践的角度看,集中到一点还是一个纠纷解决方式的选择问题。换言之,要回答纠纷如何解决的问题,必然要涉及纠纷解决方式的选择问题,只有选择适当的方式,才有可能使纠纷得到彻底的解决。

(一)纠纷解决方式的可选择性

纠纷解决方式的选择与纠纷本身的基本特征有密切关系,即纠纷在主观上的私权性和客观上的社会性。纠纷当事人对于通过何种方式解决纠纷拥有自主的选择权,这是由纠纷的私权性质所决定的,他可以选择与对方直接谈判实现和解,也可以选择有第三方参与的调解、仲裁,还可以选择诉讼。但是,正如私权利的行使并非没有任何边界一样,这种“自主选择权”也是要受到一定制约的。首先,当事人的选择权要受到社会供给的纠纷解决方式的制约,他不可能超越现实去寻求一种不被社会接受的纠纷解决方式;其次,在某种特定的纠纷解决方式中,还要受到法律规定的程序性规范的制约。而作为纠纷的解决者而言,他也拥有解决纠纷方式的选择权,这种选择权的依据同样来自纠纷的私权性和社会性的特点。一方面,纠纷解决者要受到当事人的程序处分权的制约,

---

〔8〕[美]斯蒂芬·B.戈尔德堡等:《纠纷解决——谈判、调解、和其他机制》,蔡彦敏、曾宇、刘晶晶译,中国政法大学出版社2004年版,第118页。

他不可以利用自己的特殊地位和权力去随意干涉当事人对纠纷解决方式的选择;另一方面,他还应当受到法律的约束,不仅要考虑纠纷解决的主观性效果而且还要考虑到它的社会性效果,特别是不能违反法律的强制性规定。例如,虽然调解方式是受到鼓励的,但是,如果当事人坚持不愿意调解,或者调解的内容违反了法律的规定,那么,就不能一意孤行地反复调解。因此,相对来说,纠纷解决者所拥有的选择权只能是一种有限制的选择权,需要受到当事人的自主权和法律规定的双重限制,从“权力制约”理论的角度看,这种限制是合理的也是有必要的。

(二)纠纷解决方式的优化选择

既然纠纷解决方式可以被选择,那么就存在需要确定纠纷的最优解决方案的问题。选择本身就意味着优化,为了优化的目的才会进行选择。事实上,在纠纷发生以后,当事人一般都会遇到如何才能使纠纷得到最好的解决的问题,那种遇到纠纷就难以寻找出路或者只有单一的解决方式可供选择的情形,如果不是因为一个社会的纠纷解决机制不够健全,就是因为纠纷当事人的优化选择意识比较淡薄,其结果必然会使纠纷的解决陷入难以自拔的泥沼。而对于纠纷的解决者来说,如果缺乏优化选择意识,则极有可能造成纠纷长期得不到解决,导致案件积压,或者纠纷解决的效果不尽如人意。那么,究竟选择什么样的方式解决纠纷才能达到最优化的效果?一般来说,有两个方面的因素是必须要考虑的,即解决纠纷的终极目的及其机会成本。这里所说的终极目的,在当事人的角度和在纠纷解决者的角度可能存在较大的差异,当事人的目的意识大多取决于其自身利益的追求,而纠纷解决者的目的意识则应当是带有全局性和客观性因素的。至于机会成本,则是指在面临多种选择时,就应当估算做出其中一种选择可能会造成的损失和收益的大小,当然,这就需要充分估计各种可能的变数,甚至要经过反复的比较,最后才能确定一个最佳的方案。

选择是主体根据一定的前提条件或者为满足某种需要通过对待选方案进行横向比较从而确定一个最佳方案的过程。因此,纠纷解决方式的选择机制就应当包括待选方案、选择条件和选择主体这样三个要素,其中,待选方案就是各种纠纷解决方式,选择条件是指纠纷的表现形态,选择主体则包括纠纷当事人和纠纷的解决者。

首先,从待选方案看,纠纷解决方式的选择是围绕着和解、调解、仲裁与诉讼经过慎重的比较和多方面因素的衡量之后加以确定的。其中,和解主要是在当事人之间通过直接的协商或谈判使纠纷得到解决;调解则是在第三者参与下,通过第三者的说服、规劝或者斡旋使纠纷得到解决;而仲裁与诉讼这两种解决方式具有第三方裁判的共性,所以我们可以在第三方裁判这个意义上将这两种纠纷解决方式看作同一类方式。当然,在仲裁与诉讼方式中,还存在通过调解解决纠纷的可能性,但是,这种情形下的调解与作为纠纷解决的基本方式之一的调解具有不同的属性,是不可以混淆的。

其次,从选择条件看,纠纷的表现形态一般有三种情形:第一种情形是事实争议不大,且不存在实现权利的障碍的情形;第二种情形是事实争议不大,但却存在实现权利的障碍的情形;第三种情形是事实争议较大的情形。在第三种情形下,是否存在实现权利的障碍已经不是矛盾的主要方面,因为,事实争议较大本身就是一种现实的障碍,因此,可以不考虑是否存在实现权利的障碍问题。而在纠纷的解决过程中,作为纠纷的解决者所要考虑的选择条件则主要取决于纠纷的表现形态是否存在违反法律的情形。

最后,从选择主体看,包括纠纷的当事人和纠纷的解决者两种主体。纠纷当事人对纠纷解决方式的选择一般是在纠纷发生以后、进入纠纷解决程序以前所进行的,当然,在合同关系中也存在预先约定纠纷解决方式的情形。而作为纠纷的解决者,尽管只有有限的选择权,但还是可以对纠纷解决方式的选择大有作为。一般来说,如果事实相对清楚,则调解的可能性较大;如果事实争议较大,则调解的可能性较小,这个规律还是可以适用的。另外,纠纷当事人和纠纷解决者的选择角度是有差异的。纠纷当事人一般会从利益最大化的角度选择纠纷的解决方式,而纠纷解决者除了对当事人利益上的考量之外,还需要考虑社会效果和法律秩序问题。因此,对纠纷解决者而言,在事实争议不大,且与法律秩序不存在冲突的情况下,应当尽可能地进行调解,只有在调解无效的情况下才做出裁判;对于事实争议虽然不大,但是与法律秩序存在冲突的纠纷,以及事实争议较大的纠纷,则不宜强调调解,而应当依法及时做出裁判。

(三)纠纷解决方式的选择顺序

纠纷解决方式的选择虽然存在优化方案或最佳方案的问题,但是并不等于只能选择一个唯一的方案,随着纠纷解决过程的发展,在不同的纠纷解决方式之间进行二次选择或者适时替换也不是没有可能。在纠纷解决机制的程序设计中,只要尚未发展到司法最终裁判的程度,就总是存在纠纷解决方式的可能的选择机会,这种设计充分体现了法律对当事人在纠纷解决上的自主权的尊重。

从理论上说,综合考虑纠纷解决方式的各种要素,最佳的方案是经过协商或谈判的和解,调解次之,仲裁又次,最后的方案才是诉讼。但是,在具体实践中,这种理论上的顺序往往是被打乱的,而且,没有事实证明哪一种顺序是最为合理的顺序。一般的做法是根据具体的纠纷解决表现形态首先做出一种选择,即确定一种首选方案,当这种首选方案难以奏效时再实施第二种方案、第三种方案,直至纠纷的最终解决。对于事实争议不大,且不存在实现权利的障碍的纠纷,当事人首先应当选择和解的方式,即由当事人直接进行交涉,从而争取以最小的成本获得纠纷的迅速解决,在和解存在障碍的情况下还可以选择调解,仲裁或诉讼一般不宜优先考虑;对于事实争议不大,但是存在实现权利的障碍的纠纷,和解一般是比较困难的,就应当首先选择调解的方式,调解不成,就应当及时提起仲裁或者诉讼;但是,对于事实争议较大的纠纷,和解或者调解都可能是徒然无效的劳动,在这种情况下,则应当考虑首选仲裁或者诉讼,由拥有司法权力的第三者做出裁判,这样才能保证及时有效地解决纠纷。

在仲裁或者诉讼程序中,纠纷解决者所拥有的选择权只是在调解与裁判之间进行权衡。对于事实争议不大,且选择调解方式不存在抵触法律的因素的纠纷,首选方案应当是调解,或者说最好是以调解的方式解决纠纷;而在事实争议虽然不大,但选择调解方式可能存在抵触法律的因素的纠纷,或者是事实争议较大的纠纷,则不宜选择调解方式,而应当及时地做出裁判。

如表1、表2所示:

表1 当事人选择纠纷解决方式的顺序

纠纷表现形态	首选方案	次选方案	保守方案
事实争议不大, 且不存在实现权利的障碍	和解	调解	仲裁或诉讼
事实争议不大, 但存在实现权利的障碍	调解	仲裁或诉讼	和解
事实争议较大	仲裁或诉讼	调解	和解

表2　纠纷解决者选择纠纷解决方式的顺序

纠纷表现形态	首选方案	次选方案
事实争议不大,且不存在抵触法律的因素	调解	裁判
事实争议不大,但存在抵触法律的因素	裁判	调解
事实争议较大	裁判	调解

第三章　纠纷解决机制

第一节　纠纷解决机制的概念和组织架构

一、纠纷解决机制的概念

纠纷的解决是一项既十分宏大又复杂细致的社会工程，它需要通过一定的制度、方法和具体的运作体系才能具体实施，而所有这些制度、方法和运作体系按照一定的规律和逻辑关系组合到一起就构成了纠纷解决的机制。所以，纠纷解决机制是一个综合性的概念，既要认识它的内部构造，还要关注它的外部关系；既要有总体性的把握，还要有局部性的分析；既要坚持理论上的系统性和科学性，也要顾及它在实践中的具体效用。

“机制”这个概念在理论研究和社会实践中有广泛的用途。机制的本义是指机器的构造和工作原理，例如发动机的机制、透视仪的机制、计算机的机制等。由于这个概念包含了事物的结构、功能和动态原理，是对特定事物的内部组织和外在效用的一种全方位的抽象和概括，所以在社会科学领域也得到了广泛的应用，用来泛指某种事物的系统性结构以及各组成部分之间的相互关系和运行规律，如市场机制、金融机制、管理机制、奖惩机制等。和“机制”这个概念较为接近的是“制度”这个概念，但“制度”是指一定的规范或准则，一般是在静态的意义上使用；而“机制”则不仅包括规范和准则，也包括特定规范和准则的具体运行过程。所以，“机制”这个概念具有静态的和动态的双重含义。纠纷解决机制这个概念是对纠纷解决过程中涉及的各种事物和现象在理论上的高度抽象和概括，它不仅体现了纠纷解决这种事物在制度性规范性上的要求，而且也说明纠纷解决是一个动态的过程，在这个过程中必然涉及各组成部分之间的相互关系和运作原理。

在纠纷解决的相关研究中，纠纷解决机制这一概念被广泛使用，但其指向却有所不同,并没有一个统一的严格的定义。例如,有学者将纠纷解决机制表述为:"社会各种纠纷解决方式、制度的总合或体系。"[1]有学者则认为:"纠纷解决机制,是指争议当事人用以化解和处理纠纷的手段和方法。"[2]显然,前者比较强调纠纷解决机制的制度性特征,而后者比较偏重纠纷解决机制的具体运作过程的特点。而在这一概念的具体表述中,纠纷解决机制也常常被称为纠纷解决方式。如"传统的纠纷解决方式又可以划分为自力救济、社会救济和公力救济……历史发展到今天,这三类解决纠纷的机制已经发展得比较成熟,而且是并存着的,这些解决纠纷的机制共同组成了一个多元化的纠纷解决体系"。[3] 由此可见,"机制"和"方式"这两个词在表达纠纷解决的制度构造或者运行原理时经常是混用的;不仅如此,具体的纠纷解决方式有时又被称为纠纷解决机制。如诉讼的方式也被称为诉讼机制,调解、仲裁也有相同的情形。甚至"机制""方式""方法""手段""途径"这几个词经常被随意代换。

笔者认为,科学研究的一个重要前提就是概念的明确性和确定性,如果概念不明确或者不确定,就难免引起语意上的混乱,从而影响科学研究的有序进行和深入开展。上述用语不确定的主要原因就是纠纷解决机制这个概念没有一个统一的界定。虽然上述几个词语的意思相近,但在不同的场合其所强调的含义还是有所不同的。一般意义上,"机制"所强调的是总体性的制度构造以及各组成部分之间的相互关系和运行原理,所以,如果是指事物本身的总体性构造则可以用机制来进行概括;而"方式""方法"侧重于事物的外部特征,如诉讼的方式和仲裁的方式从外观上比较就有较大的区别。另外,"方式""方法"还比较强调事物运作的过程和操作上的技术性因素,而"手段"和"途径"具有主体的选择性意味,不大强调事物的本身特征或者内在规律。从以上的分析看,如果是对纠纷解决这种事物进行"本体性"研究,即纠纷解决的内在制度构造和运行原理,那么,使用"机制"一词比较恰当;如果是从纠纷解决的外部表征上进行比较以便决定取舍,则使用"方式"或"方法"比较合适。因此,纠纷解决机制这个概念可以被定义为:关于纠纷解决的制度性构造及其运行原理的总称。这个定义包括三个层面的内容:第一是强调纠纷解决机制的制度特性,表达了机

---

[1] 范愉主编:《ADR 原理与实务》,厦门大学出版社 2002 年版,第 47 页。

[2] 徐昕主编:《纠纷解决与社会和谐》,法律出版社 2006 年版,第 68 页。

[3] 李刚主编:《人民调解概论》,中国检察出版社 2004 年版,第 23 页。

制和制度之间的密切关系,这是从抽象的意义上对纠纷解决机制的产生依据所进行的概括;第二是说明纠纷解决机制的组合性特点,即它不是一种单一的制度,而是由具有不同职能和作用的"构件"(制度)所组成的一种协调统一的组合体,而这些制度相互之间也存在制约、协作与配合的关系;第三是揭示纠纷解决机制的动态特征,即对它的具体运行过程,以及在运行过程中的方法、措施和技术要求的描述。

以上对纠纷解决机制的定义主要还是从抽象的意义上界定这一概念的含义,但不容否认的是,这一概念中包含的"制度""方式""方法"相互之间又是相对独立的,它们分别具有自成一体的运行体系和表现方式,而且与纠纷解决的具体实践密切相关,因此,它们也应当被看作各自独立的纠纷解决机制。如诉讼制度(方式)可以被称为诉讼机制,仲裁制度(方式)也可以被称为仲裁机制,以此类推。这样一来,我们就有了两种意义上的纠纷解决机制概念,即抽象的纠纷解决机制和具体的纠纷解决机制,鉴于后者具有显著的实务运作特性,所以我们可以称之为纠纷解决的"功能性机制"。因此,抽象的纠纷解决机制包括所有的关于纠纷解决的制度性构造及其运行原理,而和解机制、调解机制、仲裁机制、诉讼机制这些具体的纠纷解决机制则属于功能性的纠纷解决机制,在它们内部也分别存在特定的制度性构造及其运行原理。此外,我们还可以从位阶关系上来区分不同意义上的纠纷解决机制,如果把对纠纷解决机制的抽象概括看作第一位阶的纠纷解决机制,下面还可以有第二位阶、第三位阶的机制。如诉讼机制作为第二位阶的机制,下面还有管辖机制、立案机制、审理机制、裁判机制、强制执行机制等。因此,纠纷解决机制这一概念是一个立体性的多方位概念,有时是指宏观上综合性的纠纷解决的制度、方式和方法,有时也可以是指具体的功能性的纠纷解决制度类型,甚至是纠纷解决具体运作过程中的某个环节(也可以视为微观的制度)。为正确看待这种现象,关键还是要把握机制与制度之间的关系:一种机制的形成固然离不开相关的制度,但仅有好的制度却不一定能形成好的机制,只有通过具体的方法和措施能动地将制度落实到实践中,才有可能形成一种健康有效的机制;另外,某种制度本身就可能是一个可以独立运作的机制,关键是看这种制度与相关实践之间是否存在密切联系而且具有自成一体的运行体系。

二、纠纷解决机制的组织架构

纠纷解决机制和纠纷解决的相关制度的关系十分密切,而相关制度的建构是循着特定的规律和秩序形成的,其中从事纠纷解决活动的主体和被用来解决纠纷的具体方式是必须考虑的重要因素,因为只有通过主体的活动才能开展纠纷解决的具体工作,而主体的活动也必须借助于特定的方式才能进行。纠纷解决的主体和特定的纠纷解决方式总是相对而成的,或者说,特定的纠纷解决方式是通过特定的主体来实现的。例如和解这种方式的主体就是纠纷当事人自己,而诉讼的方式则是由法院(法官)主持的。从事纠纷解决的主体和特定的纠纷解决方式的结合构成了纠纷解决的组织架构,从而形成了纠纷解决的基本制度类型。

在现代社会,随着人们对法治秩序预期的日益强盛,纠纷的解决既不再是纯粹的民间性事务,也不是单纯的政府职责,而是一项全方位的社会性工程,因此,一个完整的纠纷解决机制的组织架构体系不仅包括国家的职能机关,也包括传统的民间组织,还包括纠纷当事人。一般来说,按照纠纷解决机制这一概念的位阶关系,纠纷解决机制的组织架构体系是由具体的功能性机制所组成的,包括诉讼机制、仲裁机制、调解机制与和解机制。如图1所示:

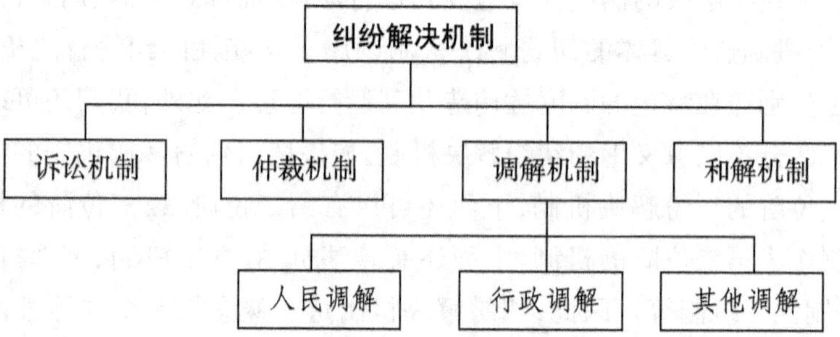

图1　纠纷解决机制的组织架构

由图1可见,如果暂不考虑纠纷解决的功能性机制的制约或协作关系,那么可以说它们相互之间只具有相对的独立性,可以自成一体地独立运作,从这个意义上说,它们是一种并列的关系。事实上,诉讼机制、仲裁机制、调解机制、和解机制相互之间均不存在隶属关系,而且,在相关的制度规范中也是要求它们各自独立运作的,但这并不排除在特定情形下它们相互之间的监督、制约或者协作关系。另外,在这几种功能性机制中,调解机制属于特别活跃的机制,有人民调解机制、行政调解机制和其他调解机制。其他调解机制可以理解为除了人民调解委员会和行政性调解机构之外的所有调解机制,包括公民个人的调解、律师机构的调解、社会团体的调解以及行业性、专业性调解组织的调解等。

鉴于诉讼调解和仲裁调解应当属于诉讼机制和仲裁机制的组成部分,故此这两种调解不作为调解机制的下位概念。

纠纷解决机制的组织架构只是说明了功能性的纠纷解决机制有哪些基本的组成部分,至于这些组成部分之间的相互关系及其运作方式,还需作进一步深入研究。这里先就它们的主要特征做一简要说明。

(一)诉讼机制

诉讼是最正式和最权威的纠纷解决方式,在整个纠纷解决机制中,诉讼机制处于龙头地位,它对于仲裁、调解以及和解均具有引导性和示范性意义。诉讼是由国家审判机关依据国家有关法律规定所进行的解决纠纷的活动,所以,诉讼具有严格的规范性和适法性。同时,诉讼是解决纠纷的终极手段,不存在可以否决诉讼最终决定的其他机制(再审程序属于诉讼机制的内部制度,虽然再审的启动可以因检察院的抗诉而发生,但还是以法院的再审判决作为最终决定)。因此,诉讼机制在所有纠纷解决机制当中最能体现法律规范性,同时也是完全自足的一种机制。

(二)仲裁机制

仲裁机制是纠纷解决机制当中较为特殊的一种机制,它既有独立性的一面,又有制约性的一面;它的本质属性是民间性的,但又有部分司法属性。所以,仲裁也被称为"准司法性"的纠纷解决机制。仲裁程序的提起依据是当事人之间的仲裁协议,而且仲裁员的确定和仲裁程序的选择都充分体现了当事人的意愿。但是,仲裁裁决由仲裁庭独立做出,并且是"一裁终局";负有义务的一方如果不履行仲裁裁决,权利人可以申请法院强制执行;如果当事人认为仲裁程序违反了事先约定的仲裁规则或者法律的强制性规定,还有权向法院申请撤销仲裁裁决或者不予执行仲裁裁决。这些制度充分说明了法律对仲裁的有限度的干预和制约,因此,仲裁机制并非是完全自足的纠纷解决机制,它不得不在民间性和司法性之间寻求自身的机制平衡。然而,也正是由于仲裁所具有的这种特性,才使它拥有了更多的灵活性和当事人自主性的特质。

(三)调解机制

调解机制、仲裁机制和诉讼机制均是由第三者主持的纠纷解决机制,只不过调解和仲裁属于社会性纠纷解决机制,而诉讼则是公权性质的纠纷解决机制。在调解机制中,当事人拥有更大的自主权,从调解方式的选择到调解协议的达成,均须顾及当事人的意愿。在这一过程中甚至没有固定的程式,其显得更为灵活,更讲求实际的效用。通过调解解决纠纷,往往可以显示出惊人的实效性:时间和财力被大大节约,而纠纷解决的彻底性却无可比拟。但是,鉴于调解仍然是由第三者主持的,第三者的说服、劝导和调解技术的发挥往往起着关键的作用,所以,对调解中的第三者即调解人的地位绝不可忽视;另外,虽然当事人在调解机制中拥有更大的自主权,包括程序选择权和实体权利的处分权,但是,这种自主权仍然不可超越法律的底线,不可损害公共利益和他人合法权益,从某种意义上说,正是由于法律的制约和保障才使调解具备了更有利于解决纠纷的特性。

(四)和解机制

从理论上说,和解机制是一种纯粹由当事人驾驭的纠纷解决机制,它应该没有第三者的参与,完全是当事人之间的自行交涉。但是,严格说来,和解机制的这种特性其实是过于理想化了。在和解机制中,虽然纠纷的解决主要是当事人自行交涉的结果,但是,外界的影响往往发挥着不可忽视的作用。如果说当事人之间的矛盾并没有表面化,即没有形成典型意义上的纠纷,那么,和解机制所针对的对象就不存在了。因此,在纠纷确已形成的前提下,和解实际上是在“第三种力量”的作用下所产生的结果。所谓“第三种力量”可以理解成第三者的适当参与,如上述其他三种纠纷解决机制中的和解,以及隐蔽的第三者的影响。当然,也存在完全没有第三者参与的和解,但是,这种和解仍然离不开一般社会准则如道德规范和法律规范的参照和影响。因此,对于和解应当严格区别其机制性特征和方式(制度)性特征:从机制性特征来说,它是当事人意志和社会外界影响相互作用的结果,从方式(制度)性特征来看,可以说它是当事人之间的直接交涉。

第二节　非诉讼纠纷解决机制

一、非诉讼纠纷解决机制的概念

非诉讼纠纷解决机制也称诉讼外纠纷解决机制，是对诉讼机制以外的其他纠纷解决机制的统称，包括仲裁机制、调解机制、和解机制等。因此，非诉讼纠纷解决机制是一个集合性概念，而不是单指某一种纠纷解决机制。与诉讼机制相对而言，非诉讼纠纷解决机制这个概念的基本特征就是"非诉讼"，即不走诉讼程序，而是通过其他方式解决纠纷。但应当明确，"非诉讼"不等于和诉讼没有任何关系，更不等于排斥诉讼机制，从某种意义上说，正因为有诉讼机制的存在，非诉讼机制的价值和功能才能得到充分的体现。因此，诉讼机制与非诉讼机制不是互斥的、对立的关系，而是协调统一，互相促进的关系。比较而言，非诉讼机制和诉讼机制有如下几点区别：

1. 是否有公权力的介入不同。诉讼机制的基本特征是通过国家司法机关运用司法权解决纠纷，而司法权是一种公权力，所以，诉讼机制具有公权属性，是公权力介入私权纠纷的典型表现。公权力是具有强制性的，虽然在诉讼活动中当事人也拥有一定的诉讼权利，但是，诉讼的指挥权和最终决定权属于法院，法院的审判权是不容挑战和藐视的，所以，诉讼机制也是一种纠纷强制解决的机制。当然，从诉权理论的角度而言，对诉讼机制的利用是当事人的权利，根据"不告不理"原则，只有当事人发起诉讼，才会有诉讼的开展，法院不可以主动介入当事人的纠纷。但是，这种诉讼发动的方式并不能改变诉讼机制的公权属性，一旦诉讼被发动，就意味着法律程序的开始，一切诉讼的活动都必须在法官的指挥下严格依法进行。而非诉讼机制是无须公权力介入的，甚至国家以立法的形式限制司法权的介入，例如对有仲裁协议的纠纷，当事人应当申请仲裁，而不能向法院起诉。从最终决定权的角度看，仲裁与诉讼似乎有相似之处，但仲裁的最终决定权是当事人赋予的权力，是建立于当事人权利让渡的基础之上，而不是建立于公权力的基础之上。调解更是如此，调解员并不代表官方，更不拥有公权力，所以，他不能决定调解协议的最终方案，他只是在当事人之间进行沟通、斡旋，并通过当事人的合意解决纠纷。我国《人民调解法》规定"基层人民法院对人民调解委员会调解民间纠纷进行业务指导”(第5条第3款),在实践中,调解机构也可能会邀请法官出席调解现场,对调解活动加以指导和协助,但这种做法显然不具有诉讼的属性,所以,并不属于公权力介入的情形。因此,有没有公权力的介入是诉讼机制与非诉讼机制的分水岭,也是它们之间的主要区别。

2. 是否有严格的法律程序不同。诉讼机制是根据诉讼程序的法律规定而有序运行的,严格的程序性是诉讼机制的重要特征之一,其在立法上的表现就是以《民事诉讼法》为基本法的一系列程序性法律规范。法律程序的重要性已经被大量的理论和实践所证明,从程序的基本功能来说就是保证司法结论的正当性和权威性,所以,民间俗称“打官司就是打程序”,“程序正义”“程序公正”也被奉为诉讼机制的核心理念。但是,这种理念犹如一把双刃剑,在维护法律尊严和司法权威的同时,却有可能掩盖了事实上的错误,甚至导致实质正义的偏离。尽管如此,从严格的程序换取正义毕竟是诉讼机制得以立足的基本要求,设计精致的法律程序对公正的司法总是一种有力的保障,这也是诉讼程序法律规范如此繁杂且细致的根本原因。比较而言,非诉讼机制虽然也有一定的程序规范,但是第一,这种程序规范可能只是原则性的或者框架性的规范,远不如诉讼机制程序规范的严格与精细;第二,非诉讼机制的程序规范可以在一定程度上体现当事人的意志,即当事人可以为他们认为适当的程序做出安排或设计。例如,在仲裁当中,“仲裁规则”本质上就是当事人意志的体现,尽管这种体现可能是当事人对仲裁委员会预制的仲裁规则的认可或接受。

3. 当事人自主性的表现程度不同。当事人在纠纷解决上的自主性在不同的纠纷解决机制中有不同程度的表现。从理论上讲,当事人的自主性是“私法自治”原则的基本要求,纠纷是否需要解决、如何解决都应当尊重当事人的选择权和决定权,当事人自主性表现程度的高低决定着纠纷解决的效果和质量。正因如此,无论是诉讼机制还是非诉讼机制,都力图最大限度地体现当事人的自主权,目的都是使纠纷的解决达到最为理想的效果。但是,现实总是难如人愿。除了完全没有外力干预的和解机制之外,在其他机制当中,当事人的自主性总会受到不同程度的阻碍或干扰,其中有的是公开的,有的则是比较隐蔽的。诉讼机制中虽然也规定了当事人的诉讼权利,甚至理论上也有“当事人主义”诉讼模式的主张,但审判权的国家独占性是不容置辩的,诉讼程序由法律规定,最终裁判由法官做出,当事人在诉讼中事实上的角色是“接受审判”,而不是这种审判的主导者。比较而言，非诉讼机制则要宽容得多，不仅在纠纷解决的方式上可以由当事人自主地决定，而且在程序的具体样式和运作上都有比较灵活的表现。在非诉讼机制的环境中，当事人不必“对簿公堂”，正襟危坐，而是在一种平和、友善的气氛中开展富于理性的对话，他们可以和程序的主持者（仲裁员、调解人）“平起平坐”，甚至与对方当事人握手言和。随着社会的进步，人们的自主意识和自觉意识都在不断地提高，纠纷解决的“自治”需求也在不断增强，正确看待这种现象，最大限度地开拓和完善社会自治模式，对于社会矛盾和纠纷的化解将是一种十分有效的途径。

4. 最终结果的效力保障不同。诉讼机制基于国家权力的背景，对于当事人合法权益的确定与实现具有制度上的强力保障。作为国家司法机关，法院拥有实现其确定裁判的公力资源和强制手段，而非诉讼机制基于当事人的自主安排，虽然有可能轻易达成和解，但在最终权益的实现方面难免缺乏保障。但是，一方面，纠纷的解决重在“解决”，作为诉讼机制可以着眼于确定裁判的形成，只要做出确定裁判，就意味着纠纷解决了，如有必要才进入执行程序；而作为非诉讼机制，则是着眼于权利人权益的实际获得，只有达到这一目的才能说纠纷得到了解决。换言之，由于诉讼裁判的强制性（往往是调解无效才做出裁判），债务人对这一结果往往持有抗拒的心理，因此就有可能造成对确定裁判不积极履行的后果，而非诉讼当中形成的结果一般是经过当事人充分协商的，在结果履行的可能性与现实性上事先已经有了充足的估计和准备，因此，其自觉履行的基础也比较牢靠。另一方面也要看到，从法律制度的层面来说，非诉讼机制所形成的最终结果的效力保障问题也有一定的制度安排，如有必要，非诉讼机制的最终结果也会借助于法律的保障得以实现。

二、诉讼机制与非诉讼机制的关系

非诉讼纠纷解决机制是和诉讼机制相对而言的。从理论研究的角度看，这种关于纠纷解决机制的划分确有必要，它反映了纠纷解决的方法和制度在基本性质上的区分，便于理论研究的基本范畴的确定，但从实践层面看，这两种机制之间的关系并非是对立状态；相反，它们总是以不同的方式紧密地联系在一起，从而为纠纷的解决形成一个具有内在统一性和协调性的网络体系，使纠纷的解决更加切合实际需要和更加富有成效。一般而言，可以从以下几个方面看待诉讼机制与非诉讼机制之间的关系：

1. 诉讼机制对非诉讼机制具有示范和引导的作用。纠纷解决的基本目标是化解矛盾、消除纷争,维护正常的社会秩序,而现代社会的社会秩序是以法律作为参照依据和评价尺度的,因此可以说纠纷解决的终极目的是构建和维护法律秩序。因此,纠纷的解决与法律制度的关系十分密切,包括纠纷解决的最终结果是否符合法律的要求,也包括在纠纷的解决过程中是否正确地适用了法律的规范,切实贯彻了法律的精神。“无论你是否意识到这一点,法律和法律制度在现代社会中总是无所不在的……我们可以实事求是地说,法律(或法律制度)至少潜在地影响到我们生活的每个方面。”[4]人们在日常生活中固然需要法律的指引和规制,在发生了纠纷和解决纠纷的时候,也同样需要法律的评判与保障。毫无疑问,在贯彻实施法律的层面,诉讼机制是最为规范也是最为彻底的。而作为非诉讼机制,人们往往错误地认为它们可以无视法律的存在,或者不顾法律的制约而仅凭“风俗习惯”便可以轻而易举地解决纠纷,但实际的情形并非如此。无论是仲裁机制、调解机制,甚或是当事人之间直接的和解机制,在遵循或适用法律这一点上都是自然而为且努力践行的;作为仲裁员或调解人,他们会以一个法律专家的形象出现在当事人面前,他们会以法院的类似裁判作为参照或者借鉴,从而为非诉讼的方式创造可能的条件,即使他们不是直接地引用法律规范去解决当事人之间的争议,法律的“阴影”[5]也是无处不在的。

2. 诉讼机制对非诉讼机制具有监督和保障的功能。坦率地讲,非诉讼机制作为“非正式”的纠纷解决方式,与严格的诉讼机制相比,难免存在刚性不足而柔性有余的问题,它们在解决纠纷的方法、手段和可利用的资源方面都具有一定的局限性,甚至对“正式”的法律制度天然地存在一种若即若离的暧昧态度。但是,现代社会的法律制度越来越具有涵盖性与包容性,非诉讼机制虽然具有相对独立存在的价值,却也不能完全脱离法律制度的轨道。一方面,诉讼机制为非诉讼机制可能存在的疏漏和偏差提供了权威的救济方法,从而发挥着对非诉讼机制的监督作用,避免因其适法性的不足而损害当事人的合法权益或危及社会公共利益;另一方面,诉讼机制也通过其特有的资源优势为非诉讼机制提

〔4〕 [美]劳伦斯·M.弗里德曼:《法治、现代化和司法制度》,载宋冰编:《程序、正义与现代化——外国法学家在华演讲录》,中国政法大学出版社1998年版,第97~98页。

〔5〕 有日本学者认为,在诉讼外纠纷解决中,审判的信息化是一种重要的“媒介”,当事人在“审判阴影”下的交涉往往会促使合意的达成。从当事人的角度看,通过这种媒介取得了正义的实现,而从社会的角度看,则意味着实现了法律的统治。参见[日]小岛武司、伊藤真编:《诉讼外纠纷解决法》,丁婕译,中国政法大学出版社2005年版,第15页。

供了必要的支持和保障,以保证非诉讼机制的正常运行。例如,仲裁活动可以向法院申请财产保全,仲裁裁决可以向法院申请强制执行,对方当事人则可以依法向法院申请不予执行;经人民调解达成的调解协议,当事人可以共同向法院申请调解书的司法确认,以保证其能够得到顺利的执行等。所以,在现代社会,非诉讼机制的存在及其价值与功能的充分发挥,既有传统文化和民间习惯的因素,又有法律制度和诉讼机制的作用,诉讼机制的潜在性影响和制度性的监督与保障是非诉讼机制正常运行的必要条件。

3. 诉讼机制与非诉讼机制之间存在互为补充、相互促进的关系。社会矛盾与纠纷是一种及其复杂而且从出现频率、数量和类型上都难以把控的现象,诉讼机制作为国家司法功能的一种主要方式,对社会矛盾和纠纷的解决具有无可争议的权威性和效能保证,但是,诉讼机制赖以存在的司法资源毕竟要受到社会发展程度和人类认识能力的限制,即司法资源的稀缺具有"绝对性",〔6〕永远无法满足现实的需求。非诉讼机制固然具有自身的传统优势,而且在一般情形下无须依赖国家司法资源,可以低成本、高效益地使矛盾纠纷得以化解,但是,非诉讼机制的"非正式"性却往往与人们的规范化要求和效能性预期相悖,特别是在矛盾纠纷强度较高的情况下,非诉讼机制也可能受到先天性能力不足的限制。因此可以说,诉讼机制与非诉讼机制各有自己的优势和长处,也各自存在一定的不足和局限,只有取长补短、互为补充,才能在纠纷的解决中最大限度地发挥各自的作用。同时,诉讼机制和非诉讼机制本身都有一个不断改进和完善的动机,不可能停留在一个水平上止步不前,诉讼机制对调解方法的吸收和调解机制的规范化发展就是很好的说明:"调解是最典型的非正式解纷方式,具有反程序的外观,但是实际上,它在程序法的发展中发挥了相当大的作用,并且包含着自身程序化的契机。"〔7〕所以,诉讼机制和非诉讼机制又是互为借鉴、互相促进的,由此也推动了国家法制的不断发展。

〔6〕 李琦:《冲突解决的理想性状和目标——对司法正义的一种理解》,载《法律科学》(西北政法学院学报)2005年第1期。

〔7〕 季卫东:《法治秩序的建构》,中国政法大学出版社1999年版,第29页。

第三节 多元化纠纷解决机制

一、多元化纠纷解决机制的概念

多元化纠纷解决机制这一命题有一个从理论证明到实践应用的过程,即它是对客观存在的事物从理论上做出解释、论证并进行必要的改造与完善。虽然,纠纷的解决方法本来就是多样性的存在,但这种存在并不等于机制层面的概念,作为一种系统性和整体性的机制,它必然具有某些特有的属性和特定的功能,而多元化纠纷解决机制究竟具有什么样的属性和功能,在理论上并没有一个清晰的说明。但是,自这个命题出现以来,理论界和实务界的关注度便与日俱增,特别是在实务界,各种冠以"多元化"的纠纷解决实践日益高涨,且不断推陈出新。这种现象至少说明,诉讼机制和非诉讼机制作为纠纷解决的传统方法已经难以适应现实社会的需求,人们希望以更加有效的方式进一步提高纠纷解决的效能和质量。从这个意义上说,多元化纠纷解决机制的出现,对纠纷解决的实践探索和理论发展无疑是具有积极意义的,对多元化纠纷解决机制相关理论的研究也就成为纠纷解决理论研究的内容之一。

大体上说,关于多元化纠纷解决机制主要有三种不同的理解:第一种观点认为,多元化纠纷解决机制是指各种不同性质、功能和形式的纠纷解决方式(包括诉讼与非诉讼两大类型)相互协调互补,共同构成的纠纷解决和社会治理系统。[8] 这种观点将多元化机制看作一个系统,这个系统是不同性质、功能和形式的纠纷解决方式的组合,而其基本的要素则是"诉讼"和"非诉讼"两大类型的纠纷解决机制。应当说,这是一种较为严谨的关于多元化机制的观点,它界定了多元化机制的组织结构,并着力于勾画多元化机制的基本内涵和表现形式。但是,这一表述并没有直接揭示多元化机制的运行方式和功能定位,而运行方式和功能定位是反映一种机制或系统的独特性的基本要素。第二种观点认为,多元化纠纷解决机制主要是指"非诉讼纠纷解决程序",它既包括法院的调解,也包括人民调解和仲裁等多种其他解决纠纷的方式,此外,多元化纠纷解

---

〔8〕 范愉等:《多元化纠纷解决机制与和谐社会的构建》,经济科学出版社2011年版,第35页。

决机制还着力于探讨各种纠纷解决方式之间的衔接机制。[9] 这种观点将诉讼机制排除于多元化机制之外，[10]将多元化的基本组织结构限于非诉讼即调解和仲裁的范围。这显然是一种较为保守的观点，但是，较之于前一种观点，它至少明确指出多元化纠纷解决机制是指“非诉讼纠纷解决程序”。然而，“非诉讼纠纷解决程序”和“非诉讼纠纷解决机制”具有高度相似性，鉴于非诉讼纠纷解决机制已经是一个广为人知的概念，是否有必要以“多元化纠纷解决机制”取而代之，还是值得存疑的。第三种观点认为，在多元化纠纷解决机制中，法院处于中心地位，但多元化纠纷解决机制是一个系统工程，需要在总体上协调、控制、监督、评估这一机制的领导机构，因此，应该建立以政法委或者人大常委会为领导的，包括中央和地方在内的自上而下的“多元化”协调机制或者联动工作机制，以便协调法院、基层政府和人民调解组织之间的关系。[11] 这种观点较之于前两种观点具有更为开阔的视野，从而将所有有利于纠纷解决的组织和机构都纳入多元化的框架之中，但其单向性的组织结构模式似乎使这一机制蒙上了浓重的行政化色彩。

尽管上述几种观点在多元化纠纷解决机制的构成方式或组织结构上有所不同，但是在系统化这一点上具有一致性，即都认为多元化纠纷解决机制是由多种具有纠纷解决职能的机构、组织或方式方法共同构成的一个系统。这就说明，多元化纠纷解决机制是一个泛义上的集合性概念，实质上是指纠纷解决的综合性方法体系或运作方式，而不是一种严格意义上的具有特定属性和功能的“机制”。用以支撑多元化纠纷解决机制的基本要素依然是诉讼机制和非诉讼机制。因此，对多元化纠纷解决机制这一概念的认识应当突破固有的纠纷解决机制框架，而从纠纷解决的系统化运作和实质性效果的角度去把握其精神实质。

多元化纠纷解决机制作为一个综合性系统，其主要的目的就在于实质性地而不是形式化地解决纠纷，只有从这一目的出发，才能真正实现多元化纠纷解决机制的价值，也才能合理地构建多元化纠纷解决机制。所谓纠纷的实质性解决，也可称为纠纷的一次性彻底解决，它不是着眼于纠纷解决的规范化过程，而是致力于纠纷本身的实质意义上的化解。鉴于纠纷本身的复杂性、多样性和动

---

〔9〕 黄斌、刘正：《论多元化纠纷解决机制的现状、困境与出路》，载《法律适用》2007 年第 11 期。

〔10〕 准确地说是将诉讼机制中的“判决”方法排除出去，不认为“判决”属于多元化范畴。

〔11〕 吴春雷、杜文雅：《多元化纠纷解决机制的主体研究》，载《前沿》2011 年第 13 期。

态性特征,通过动员社会各种力量来形成一种多元化机制,针对不同性质和特点的纠纷采取相应的方法和措施,对于纠纷的实质性解决无疑是一种理想的方案。换言之,从"多元化"的理念出发,只要是有利于纠纷的实质性解决,在不违反国家政治制度和法治原则的前提下,应当最大限度地发挥各种社会性机能包括个人的积极作用,从而为纠纷的解决创造一种高效的、良性的且富有活力的社会环境。此外,多元化纠纷解决机制毕竟是由多种机构和组织组成的一个综合性系统,而这个系统的运行又不可能以一个整体的面貌出现,这就涉及整体和部分之间的关系;正确处理这个关系,是多元化机制得以实际发挥作用的关键之举。鉴于纠纷解决的职能性机构和组织各有不同的权能属性和功能定位,并且受到管辖制度、运行程序和效力强度的制约,从不同的角度看,其"多元化"的目标和需求取向也是不同的,因此,多元化机制不可能是一种各种机构和组织简单相加的组合模式,也不是一种单向性的层级隶属关系,而是多种具有纠纷解决职能的机构和组织之间按照一定的规则相互衔接、互相配合的状态。

综上,我们给多元化纠纷解决机制的定义是:多种具有纠纷解决职能的机构和组织之间按照一定的规则相互衔接、互相配合而形成的一种促使纠纷实质性解决的综合性系统。这个定义包含多元化纠纷解决机制的构成主体、运行方式和功能定位等基本要素,为多元化纠纷解决机制勾画了一个大致清晰的轮廓。至于其中未具体说明的规则体系,正是在构建多元化机制的过程中所要努力解决的问题。

二、多元化纠纷解决机制的实践模式

多元化纠纷解决机制的构建与司法机关的大力推动密切相关,同时也是借助于调解机制的不断完善而逐渐深化的。2002 年 9 月,最高人民法院发布了《关于审理涉及人民调解协议的民事案件的若干规定》,由此将人民调解这一传统的调解机制推向了一个新的发展阶段。2004 年 8 月,最高人民法院发布《关于人民法院民事调解工作若干问题的规定》,进一步明确了"邀请调解""委托调解""委派调解"等法院调解模式。2005 年 10 月,最高人民法院发布《人民法院第二个五年改革纲要(2004—2008)》,十分明确地传达出司法机关对民事调解工作高度重视的态度和构建多元化纠纷解决机制的精神。与此同时,在民事司法实务中，一度消沉的调解方式再度“复兴”，而且呈现出十分迅猛的发展势头。〔12〕 2009年7月，最高人民法院发布了《关于建立健全诉讼与非诉讼相衔接的矛盾纠纷解决机制的若干意见》，其中不仅强调人民法院、行政机关、社会组织、企事业单位以及其他各方面力量的相互配合、相互协调和全面发展，而且提出紧紧依靠党委领导，积极争取政府支持，鼓励社会各界参与，充分发挥司法推动作用的运作模式。这种思想和理念可以说已经是较为完整的关于多元化纠纷解决机制运作模式的表达。

中共十八大以来，全面深化改革成为我国政治、经济和社会发展的主旋律，就司法改革领域而言，十八届三中、四中全会的召开更是做出了全面的部署，发挥了直接的推动和引领作用。十八届四中全会《关于全面推进依法治国若干重大问题的决定》明确提出要“健全社会矛盾纠纷预防化解机制，完善调解、仲裁、行政裁决、行政复议、诉讼等有机衔接、相互协调的多元化纠纷解决机制”。此后，最高人民法院及时跟进，接连发布了一系列与多元化纠纷解决机制改革密切相关的司法文件，其中，《关于人民法院进一步深化多元化纠纷解决机制改革的意见》（法发〔2016〕14号，以下简称《多元化机制改革意见》）是一个十分重要的司法文件，它对多元化纠纷解决机制改革的指导思想、目标、任务和具体工作方案做出了全面的部署，同时也表达了民事司法改革的基本方向和基本理念。多元化纠纷解决机制改革的进一步深化表明我国民事司法改革进入了一个新的历史时期，同时也是多元化纠纷解决机制全面正式化的一个标志。

多元化纠纷解决机制作为一种综合性系统，不可能以一种整体的面貌运用于具体的纠纷解决活动，它需要各种具有纠纷解决职能的机构和组织根据解决纠纷的不同需求按照一定的规则形成相互衔接、互相配合的格局，从不同的角度为纠纷的实质性解决提供有利条件，这样才能将多元化纠纷解决机制落到实处。因此，实践中的多元化纠纷解决机制可以呈现出多姿多彩的组合方式和运作模式。根据相关司法文件的要求并结合我国各地的具体实践，多元化纠纷解决机制目前主要表现为以下几种模式：

（一）诉调对接

从字面含义看，诉调对接就是“诉讼”与“调解”的对接，但它实际上有狭义

---

〔12〕 吴英姿：《大调解的功能及限度——纠纷解决的制度供给与社会自治》，载《中外法学》2008年第2期。

和广义的两种理解。狭义的诉调对接是指对具体案件的处理方式,可以理解为诉讼调解方式与其他调解方式的对接,或者法院的审判方式与调解方式的对接;广义的诉调对接则不限于对具体案件的处理方式,也可以是指司法机关(法院)和其他具有纠纷解决职能的机构和组织之间的协调、配合关系,在这种情形下,“诉”就是司法机关或者法院的代称,而“调”则是所有具有调解职能的社会机构和组织甚至特定人员的代称。在诉调对接的模式中,法院可以居于主导性地位,但在特定情形下,法院也可能仅仅发挥着指导或协助作用。“对接”的含义不能仅仅理解为由法院发动的单向行动,而是一种双向互动的运作机制。实践中的“诉前调解”“先行调解”“特邀调解”“委派调解”,甚至各种有地方特色的诉调对接工作机制都可以看作诉调对接模式的具体表现。〔13〕 诉调对接的基本宗旨就是在法院的主导或协助下通过调解的方式使纠纷得到最终解决,所以,调解是诉调对接模式的主要方式,而调解协议的司法确认制度则为诉调对接模式提供了有力的法律保障。〔14〕 诉调对接模式进一步体现了“诉讼”与“调解”之间的密切关系,生动地阐释了民事纠纷解决的应有理念,对纠纷的实质性解决具有重要意义。根据《多元化机制改革意见》的精神,诉调对接是多元化纠纷解决机制的具体体现,要通过诉调对接平台将调解、仲裁、公证等机构或者组织引入法院的工作体系,从而实现司法机关和相关社会机构和组织之间的有机结合,为纠纷的解决方式提供更多的可选方案。除了调解、仲裁、公证等职能性机构和组织之外,还要加强和综治组织、行政机关的对接,并支持工会、妇联、共青团、法学会等组织参与纠纷解决。法院负责诉调对接平台的机构是诉讼服务中心,因此,诉讼服务中心可以视为法院的一个综合性司法协调机构,它也是我国民事司法走向多元化的一个重要象征。

---

〔13〕 例如上海浦东法院的“法院附设调解”模式,甘肃定西法院的“人民调解协议诉前司法确认机制”,陕西丹凤法院的“协助调解法官”模式等。参见百晓锋:《诉调对接实践形态》,载赵旭东主编:《诉调对接的理论探索》,法律出版社2015年版,第57页。

〔14〕 根据我国《人民调解法》第33条规定:“经人民调解委员会调解达成调解协议后,双方当事人可以自调解协议生效之日起三十日内共同向人民法院申请司法确认。”最高人民法院《关于人民法院民事调解工作若干问题的规定》第3条规定:“人民法院可以邀请与当事人有特定关系或者与案件有一定联系的企业事业单位、社会团体或者其他组织,和具有专门知识、特定社会经验、与当事人有特定关系并有利于促成调解的个人协助调解工作。经各方当事人同意,人民法院可以委托前款规定的单位或者个人对案件进行调解,达成调解协议后,人民法院应当依法予以确认。”因此,在司法实践中,人民法院对调解协议的司法确认不限于人民调解协议的范围。

(二)三调联动

三调联动是指人民调解、行政调解和司法调解三个部门之间互相协助、相互配合,通过调解方式解决纠纷的一种联合式工作机制。人民调解、行政调解和司法调解由于主管部门的不同分别具有不同的职能、权限和工作机制,以往的基本原则是各司其职、互不干涉,但在多元化纠纷解决机制理念指导下,这些部门之间的壁垒被逐渐冲破,形成了一种互相协作的关系。事实证明,各种不同职能的机构和组织之间互相协作、紧密配合,有利于形成一种组合优势,从而多管齐下,尽最大可能为纠纷的实质性解决创造有利条件。但是,三调联动只是一种笼统的说法,在具体的实践中,并非总是由三个部门联合行动的。有学者认为,三调联动机制大约有四种情形:(1)人民调解与行政调解联动,包括公安机关调解与人民调解联动(警调联动)和司法所调解与人民调解联动;(2)人民调解与司法调解联动(诉调联动),包括人民调解协议的司法确认、诉讼外法院与人民调解机构共同调解、诉前的委派调解和共同调解、诉讼中的法院委托调解、诉后的执行和解或调解中的人民调解机构参与调解;(3)行政调解与司法调解联动;(4)人民调解、行政调解、司法调解"三合一"联动。[15] 其实,从严格意义上说,由于行政机关具有直接的社会管理职能属性,人民调解与行政调解的结合是顺理成章的,但司法机关限于司法程序规则的制约,并不能随意参与属于民间自治和行政管理的社会性事务,所谓司法机关与人民调解组织的"联动",主要是依据法律规定对人民调解进行业务上的指导,即协助人民调解组织的调解工作;[16]至于法院对人民调解协议的司法确认,应属于法院独立行使司法职权的范围,而不是准确意义上的调解"联动"行为。法院在审理案件的过程中的委派调解、委托调解、邀请调解等方式,实际上属于"诉调对接"模式的表现,也不是严格意义上的"联动"行为。人民法院作为国家审判机关,应当严守自身的独立性和谦抑性,它可以依法支持、指导、协助非司法机构和组织的调解工作,但不宜过度参与,更不能实际替代社会性调解机构和组织的调解职能。另外,根据最高人民法院的相关司法解释和《多元化机制改革意见》,商事调解组织和行业性、专业性调解组织的调解也在"联动"的范围之内,因此,实践中的联合调解工作机制可能是"两两联动",也可能是"三合一联动"甚至更多形式

---

〔15〕 陈会林:《官民互动解纷传统与"三调联动"机制建设》,载《学习与探索》2016 年第 1 期。

〔16〕 我国《人民调解法》第 5 条规定:"基层人民法院对人民调解委员会调解民间纠纷进行业务指导。"

的联动,应以有利于纠纷的解决为原则,视具体情况选择适当的联动方式。

(三)多方协作

多方协作在实践中也称多方联动,是指除调解机构之外,党政机关、人民团体、群众社团、企事业单位等参与纠纷解决活动,协助调解机构解决纠纷的情形。在现代社会,个人的价值或利益大多是通过特定组织的支持和帮助而体现出来,在涉及法律的事务中或纠纷解决的过程中,组织的作用同样不可忽视。“缺乏组织的支持,这是个人在其法律生活中可能遭受的最大的不利因素之一——很可能是不利中的大不利。”[17]一方面,个人所在的组织——包括特定的团体或企事业单位——可以成为其依靠的力量,为其提供一定的物质或道义的支持;另一方面,因为二者之间的依附或管理关系的存在,也可以较为顺利地建立起信任关系和必要的说服条件。这两个互为表里的因素对纠纷的解决具有十分重要的意义。在我国,党和政府的崇高威信和强有力领导是各项工作顺利开展的重要保证,最高人民法院《多元化机制改革意见》中提出的“党政主导、综治协调、多元共治”就是一项很有特色而且符合我国实际的原则。在纠纷解决实践中,主动争取党委、人大、政府的支持不仅有利于各方面关系的协调合作,而且也是在国家和社会治理中体现党的领导、发挥政府职能的应有之义。人大代表、政协委员、专家学者、律师、专业技术人员、基层组织负责人、社区工作者、网格管理员、“五老人员”(老党员、老干部、老教师、老知识分子、老政法干警)等这些拥有一定社会地位、专业知识或丰富实践经验的人员也是化解矛盾和纠纷的宝贵资源,充分发挥他们的作用,协助调处矛盾纠纷,极有可能产生事半功倍的效果。因此,调解机构在调处矛盾和纠纷的过程中,除了内部精心运作之外,还应当充分利用各种优势资源,通过多方协作,促使矛盾纠纷所涉及的具体问题得到及时的实质性的解决。事实上,从全国各地的实践来看,多方协作已经成为调解机构调处矛盾和纠纷的常态性工作机制,这也是构建多元化纠纷解决机制的一个重要举措。

(四)多级调解

顾名思义,多级调解就是通过提升调解机构的“级别”,逐步加大调解力度,

---

〔17〕［美］唐·布莱克:《社会学视野中的司法》,郭兴华等译,法律出版社2002年版,第46页。

促使矛盾和纠纷得以化解的情形。如果说“三调联动”属于不同性质的调解机构的横向联合模式,那么多级调解就是上下级调解机构之间的纵向督促关系。通常意义上,调解机构相互之间并不存在上下级的隶属关系,调解协议的确定完全取决于当事人之间的合意,也不存在“上诉”的问题,但是,“多级调解”这一概念客观上产生了“审级”效应,进一步增强了当事人的信任度,从程序意义上为纠纷的调解解决提供了保障。所谓调解机构的级别实际上是比照政府机关的建制而言的。在我国,设于村民委员会、居民委员会、企事业单位的人民调解委员会属于群众性组织,原无级别之分,但与此同时,在某些政府机关如乡镇、区县甚至市一级政府机关,也设立了专门负责调解工作的职能机构(一般称为“调解中心”),在基层政府的派出机构如街道、司法所设立调解中心的做法更是普遍存在。因此,仅就调解工作的性质而言,实践中形成了事实上的级别差异:设于村委会、居委会(社区)、企事业单位的人民调解委员会可视为最基层的调解组织,街道、司法所可视为高一级的调解机构,往上还有乡镇、区县直至市一级调解机构。经人民调解委员会调解而未能解决的纠纷,还可以逐级往上由高一级的调解机构介入调解,由此便形成了多级调解的格局。鉴于人民调解委员会属于群众性组织,而街道、司法所等机构的调解属于政府行为,因此,多级调解也可以看作人民调解与行政调解互相衔接或联动的模式。由于政府机关所拥有的行政管理职能及其广泛的社会资源,加之人民调解组织与政府职能机关之间的密切联系,多级调解模式往往可以产生优势互补、多管齐下,集中力量彻底化解矛盾纠纷的良好效果。

第四章　替代性纠纷解决机制（ADR）

第一节　ADR 机制的概念和类型

一、ADR 机制的概念

ADR，是英文"Alternative Dispute Resolution"的简称。"ADR"一词，既可以根据其字面意义译为"替代性（或选择性、代替性）纠纷解决方式"，也可以根据其实质意义译为"审判外（诉讼外或判决外）纠纷解决方式""非诉讼纠纷解决方式""法院外纠纷解决方式"等。[1]此处选用"替代性纠纷解决机制"，"替代"是相对于"诉讼"而言，寻求的是诉讼外的纠纷解决方法对法院审判活动的替代作用。

替代性纠纷解决机制的首次应用是 20 世纪 30 年代在美国的劳动争议解决，美国是现代 ADR 的主要实践地。尽管替代性纠纷解决机制这个概念从其产生至今已经有 70 余年的历史，但是对于替代性纠纷解决机制具体包括哪些解决纠纷的方式，理论界仍然没有形成统一的观点。

美国第九上诉法院法官弗来彻认为，ADR 统称为不经过正式的审判程序而解决纠纷的办法，调解、仲裁和谈判是美国最常使用的 ADR 方法。英国学者亨利·布朗认为，ADR 系指任何作为诉讼替代性措施的程序，它通常涉及一个中立的第三人的介入和帮助。除非有第三人介入，谈判本身不是 ADR；只有在谈判失败时，ADR 才开始启用。他以有否第三人介入作为识别 ADR 的重要标准。[2]日本学者棚濑孝雄对审判外纠纷处理机关所作的定义根据三个基准：处理的是个人或私人团体间的纠纷（对行政处分不服而向上一级机关要求复议的

---

〔1〕　范愉：《纠纷解决的理论与实践》，清华大学出版社 2007 年版，第 183 页。

〔2〕　范愉主编：《ADR 原理与实务》，厦门大学出版社 2002 年版，第 93 页。

情况除外),以处理纠纷为第一任务(行政机关执行公务中附带性的纠纷处理和第三者临时介入纠纷的情况除外),是第三者进行的处理(当事者一方的内部机关作为代理处理纠纷的情况除外)。[3]

ADR的定义,大致可以分为广义说和狭义说两种观点。狭义说将替代性纠纷解决方式限定在“非诉讼非仲裁的纠纷解决方式”范围内,广义说则不仅包括狭义的替代性纠纷解决方式,还包括仲裁及行政机关的准司法纠纷解决程序。两者的分歧在于替代性纠纷解决机制是否包括仲裁和行政机关的准司法纠纷解决程序,抛开分歧不谈,两者在很大程度上是存在相同之处的:首先,对替代性纠纷解决机制的基本内涵的认识是一致的,都限定为非诉讼的纠纷解决方法;其次,都认为替代性纠纷解决方式的体系是一个处于发展变化之中的动态的体系,人们在解决纠纷的过程中,不断创新替代性纠纷解决的各种方法。

因此,相比而言,笔者更倾向于使用广义说所指的替代性纠纷解决方式,即替代性纠纷解决机制是指各国普遍存在的、诉讼制度以外的非诉讼纠纷解决程序或机制的总称。

作为替代性纠纷解决机制,ADR机制具有以下不同于法院诉讼机制的特点:

(一)替代性

替代性纠纷解决方式的各种具体形式都是对法院审判或诉讼方式的替代,相对于通过到法院起诉而得到的裁判文书,处于这一最后阶段之前的任何纠纷解决方式都可称为替代性纠纷解决方式,谈判、调解和仲裁是比较典型的替代性纠纷解决方式。有一些替代性纠纷解决方式是以私力救济当事人的权利的,如谈判。但更多的替代性纠纷解决方式是以法律规定和社会规范的存在为基础来解决纠纷的,尤其是法院主持的替代性纠纷解决方式,体现的是一种国家的参与。替代性纠纷解决方式具有替代性,并不意味着它可以完全取代诉讼,相反,只有以诉讼作为解决纠纷的最后保障,才能更好地发挥替代性纠纷解决方式解决纠纷的作用。

(二)自主性

采用ADR方式的当事人具有高度的自主性,当事人是通过协商自愿的方

---

[3]　[日]棚濑孝雄:《纠纷的解决与审判制度》,王亚新译,中国政法大学出版社2004年版,第74页。

式解决争议的。当事人既可以自行决定解决纠纷的程序规则,也可以选择有关提供ADR服务的机构所提供的程序规则,而且解决纠纷的程序结果是否有约束力的决定权也在于当事人。[4] ADR是非传统的和非对抗性的解决争议方法,它使许多民事案件在陷入法院审判的对抗性制度之前获得解决,便于在当事人之间形成融洽的气氛,减少对抗与诉累,当事人所受压力较小。

(三)共融性

ADR种类繁多,程序灵活,几乎没有固定模式,当事人可视其纠纷的具体情况来选择合适的解决纠纷的形式与程序。在使用ADR解决纠纷的过程中,各种ADR机制相互融合,互为补充。[5] 如我国国际经济贸易仲裁委员会的仲裁规则、国际商会(ICC)的仲裁规则都有在仲裁中进行调解的规定,美国公众援助中心(Center of Public Sources,CPR)提供的ADR示范程序中的两步争议解决程序:调解/微型审判—仲裁/诉讼;三步争议解决程序:谈判—调解/微型审判—仲裁/诉讼,就表明了ADR各种机制的共融性。

最后,ADR并不是一个封闭的体系,而是一个开放的、不断发展的体系。随着社会生活的发展,纠纷种类的增多,人们将会发明创造越来越多的ADR方式。

二、ADR机制的类型

在当代世界范围内,美国、英国、德国、日本、韩国、澳大利亚等国都存在ADR制度,形式和名称各不相同,而且种类繁多,依据不同的划分标准,可以分为不同的类型。

(一)根据ADR程序的启动主体不同

其可以分为合意性ADR、强制性ADR、半强制性ADR。

合意性ADR是指当事人双方合意决定通过ADR程序解决纠纷,既可以通过事先的约定,如仲裁协议或者合同中的仲裁条款,对纠纷解决方式达成合意,也可以在纠纷发生后协商选择某种ADR方式来解决纠纷。合意性ADR是替代性纠纷解决机制的最重要的基本形式,也最符合替代性纠纷解决方式的宗旨

---

〔4〕 袁泉、郭玉军:《ADR——西方盛行的解决民商事争议的热门制度》,载《法学评论》1999年第1期。
〔5〕 韩德培主编:《国际私法问题专论》,武汉大学出版社2004年版,第478页。

和价值。

强制性ADR,指根据法律规定或者法院的决定,把ADR设定为解决某类纠纷的前置条件,如劳动纠纷的处理,但是此处的"强制"仅限于参加的强制,而不是指当事人必须接受处理的结果,也不意味着剥夺当事人的诉权。

半强制性ADR,指ADR机关或组织根据一方当事人的申请即可进行纠纷处理,但一般并不是诉讼的必经阶段,当事人可以直接提起诉讼,主要指现代特定类型的纠纷解决,如消费者纠纷和产品责任纠纷的处理。

(二)根据ADR机构在纠纷解决过程中的作用不同

可以把ADR程序分为指导性和中立性两种不同导向。其中,指导性ADR为当事人提供最接近法院判决的法律意见,中立性ADR则为当事人提供一种对话的渠道。当事人可以根据其目的是追求自主协商,抑或是最大限度地获取接近判决的信息,而决定选择哪一种ADR形式。

(三)根据ADR程序处理结果的效力不同

其可以分为有拘束力的ADR和无拘束力的ADR。有拘束力的ADR是指经调解或者仲裁等程序达成的当事人之间的协议或者做出的决定具有可强制执行的效力。如果一方当事人不自觉履行,对方当事人可向法院申请强制执行,并产生既判力。无拘束力的ADR是指经过ADR程序形成的结果不具有可强制执行的效力,大多数ADR属于此类。上述协议如果经过特定的认证程序,如法官的审核、确认或公证机关的公证后,也可获得拘束力。

(四)根据主持ADR程序的主体的不同

其可分为行政ADR、民间ADR和司法ADR。[6]

行政ADR,是指国家的行政机关或准行政机关所设或附设的纠纷解决机构。它的设置主要是出于特定类型纠纷的处理需要,借助政府主管部门的行政权力和专家的权威,将特定类型的纠纷从司法管辖中分流出来,有效地减轻了法院的压力。同时,由于行政性纠纷解决机关具有一定的权威性和专门性,在解决特定纠纷中既可提高效率和效益,又可借助专家的力量得到较审判更为合

---

〔6〕 范愉:《非诉讼纠纷解决机制研究》,中国人民大学出版社2000年版,第152~154页。

理的解决结果,在解决现代新型纠纷方面取得了良好的效果。

民间ADR,既包括民间自发成立的纠纷解决组织,也包括由政府或司法机关组织或援助的民间纠纷解决机构,如日本的交通事故纷争处理中心和美国的邻里司法中心。民间ADR与法院之间有时存在间接的指导关系,但一般与诉讼程序不存在直接的衔接,有关国家为保证民间性ADR处理结果的效力,往往采取司法审查的方式或者是在法律上赋予双方当事人达成的合意以契约性效力,来保证纠纷的圆满解决。

司法ADR,又称法院附设ADR,是指以法院为主持机构或者受法院指导,但与诉讼程序截然不同的具有准司法性质的诉讼外纠纷解决程序,其程序一般由专门的程序法或法院规则加以规定。

法院附设ADR的准司法性质可以从两个角度来分析:首先,与传统诉讼程序相比,法院附设ADR不具有完整的司法性质。这主要表现在以下三个方面:第一,对于传统的审判程序而言,法官必须严格按照实体法和程序法认定事实,做出裁判。而法院附设ADR程序从本质上说属于合意解决纠纷的机制,解决纠纷的根据可以是当事人自主选择的地方习惯和行业惯例或其他社会规范,而不需要必须遵从法律规范,同时解决纠纷的程序简便快捷、灵活多样。[7]第二,主持传统审判程序的是法官或陪审团。在法院附设ADR程序中,无论是促进双方和解的中立人还是做出评价性判断或假定性裁决的"法官",通常都是来自法院法官行列之外的律师、退休法官、相关行业专家或法院的辅助人员。而且在法院附设ADR程序进行中,法官通常不直接介入双方交涉的过程。第三,传统审判程序的判决裁定生效后具有终局性,这是司法最终解决原则的要求。但通过法院附设ADR程序获得的调解结果、仲裁裁决通常是非约束性的,或者法院附设ADR程序只是为当事人提供了评价性判断或参考性意见,当事人可以拒绝接受并要求法院重新审理。

其次,与法院外ADR相比,法院附设ADR又具有一定的司法性质,这主要表现在以下两方面:第一,法院对于法院附设ADR程序的管理和监督。根据美国1998年《替代性纠纷解决机制法》,每个联邦法院应当指派在ADR程序方面富有经验的雇员或一位司法官员来执行、管理、监督和评价法院的ADR程序,他们还负责招收、考察和培训在法院附设ADR程序中充当中立人和仲裁人的

---

[7] 杨严炎:《美国的司法ADR》,载《政治与法律》2002年第6期。

律师。第二,法院附设ADR程序与法院的诉讼程序有一种制度上的联系,在某些法定条件下,可被作为诉讼程序的前置阶段,日本的调停制度、诉讼和解制度,美国的法院附设调解、法院附设仲裁、简易陪审团审判、早期中立评估等都属于法院附设ADR。法院附设ADR实际上是国家将一部分司法权附条件地委托给ADR机构行使,同时保留法院对他们的司法审查权。在此意义上,它们也就构成了司法系统的组成部分,作为一种直接辅助民事诉讼程序的替代性纠纷解决方式,既节约了司法资源,提高了司法效率,又不偏离法治的轨道,成为诉讼程序的有益补充,与诉讼程序相辅相成,共同承担着解决纠纷的司法职能。

因此,法院附设ADR是一种有一定公共权力参与的纠纷解决方式,但这种公共权力的参与程度相较于审判而言又是不完全的,所以从本质上讲法院附设ADR是一种具有准司法性质的程序。[8]近年来,国外的法院附设ADR发展迅猛,已成为各国民事司法制度不可或缺的组成部分。

第二节　域外ADR制度的考察

一、美国

在美国,替代性纠纷解决被定义为"并非由法官主持裁判而是由一个中立的第三人参与协助解决发生争执的纠纷的任何步骤和程序"。[9]美国被称为现代ADR的策源地和主要实践地,是现代ADR最积极的推动者。在当今美国社会,无论是立法者、行政执法者还是司法机关,都在积极地推动ADR的利用和发展。尽管如此,ADR在美国的发展同样经历了一个从被否定、在法律的夹缝中生存,到被肯定、大规模推行的过程。

替代性纠纷解决机制在每一种文化中都有其历史渊源,但美国联邦法院系统接受替代性纠纷解决机制还是在1925年通过《联邦仲裁法案》之后。在该法案颁布之前,法院对ADR一直持排斥态度,法院要么拒绝执行其决定,要么把

---

〔8〕刘亚玲:《司法ADR与我国法院非诉讼纠纷解决机制的构建》,载《诉讼法论丛》(第10卷),法律出版社2005年版,第382页。

〔9〕[美]史蒂文·苏本、玛格瑞特·伍:《美国民事诉讼的真谛》,蔡彦敏、徐卉译,法律出版社2002年版,第205页。

合同中的仲裁条款看作可任意取消的。[10]在20世纪60年代,"全部诉讼领域均已敞开大门",[11]案件数量不断高涨,各种复杂、新型、巨额案件不断涌现,美国出现了所谓的"诉讼爆炸现象"。

到了20世纪70年代,美国法院对ADR的态度发生了重要变化,密歇根东区联邦地区法院首先采用法院附设调解程序,宾夕法尼亚东部地方法院率先开始采用法院附设仲裁程序。1983年,《联邦民事诉讼规则》第16条进行修订,首次把和解确定为审前会议的目的,进而把审前会议的重点从单纯的开庭审理的准备转移到了法官对审前会议准备阶段的管理,使法院的ADR实践具有了明确的公共政策指南和法律依据。由此,各州纷纷通过立法推动ADR的发展和利用,仅1989年就制定了34个与ADR有关的州法律,提出的法案更是超过140件。与此同时,地方法院附设的ADR开始大量出现,不少法院甚至自行创建了许多独特的法院附设ADR。1990年的《民事司法改革法》以联邦议会立法的形式对改革民事诉讼程序和推广ADR做出了明确的规定,堪称美国ADR发展史上的重要里程碑。该法令要求美国所有的联邦地区法院制定改革计划,即减少费用及延迟计划,各法院都把ADR的利用作为改革的重要组成部分。同时,确定了5个地区法院作为实验法院和10个先导法院作为民事司法制度改革的试点,要求其中13个法院采用ADR,从而开始在全国的联邦法院范围内大规模地推广应用法院附设ADR。1998年美国国会通过了《替代性纠纷解决机制法》,该法强制每个地区法院设置并实施根据地方规则确定的替代性纠纷解决项目,并且鼓励和促进使用这样的项目,使法院附设ADR项目的发展有了很大的动力。

概览美国的替代性纠纷解决方式,与民事诉讼制度相衔接的替代性纠纷解决方式(法院附设ADR)可以分为两大类:基本的替代性纠纷解决方式和混合的替代性纠纷解决方式。

(一)基本的替代性纠纷解决方式

基本的替代性纠纷解决方式包括法院附设的调解和仲裁,作为比较典型的法院附设ADR,在目前美国各级法院的使用率比较高。具体而言:

---

〔10〕 宋冰编:《程序、正义与现代化——外国法学家在华演讲录》,中国政法大学出版社1998年版,第420页。

〔11〕 汤维建:《美国民事司法制度与民事诉讼程序》,中国法制出版社2001年版,第15页。

1. 法院附设调解

调解作为私人的、自愿的并且是非正式的程序,目的是由当事人选择一个中立的第三方协助纠纷人达成一个互相可以接受的协议。调解程序的魅力就在于,它给当事人提供了充分“讲述他们自己故事”的机会,并在不受正式法院程序的压制下探究当事人各自的利益所在。自1971年密歇根东部地区制定规则授权法院在某些案件中适用调解程序以来,主要有4个联邦地区法院采用法院附设调解程序,它们分别是:密歇根东区法院、华盛顿东区法院、华盛顿西区法院和肯萨斯地区法院。根据案件性质的不同,美国的法院附设调解可以分为强制调解和非强制调解。一般而言,婚姻纠纷、邻里纠纷、小额或者简单纠纷及其解决必须借助其他已经设立的ADR机构及专家的专门性纠纷,法院可以把调解规定为诉讼的前置程序。其他类型的案件,当事人双方可以自愿提出调解,或者由法庭提议调解但允许当事人在特定时间内拒绝该提议,也就是非强制调解。法院通常在证据开示进入尾声时指令案件进行调解,因为在此时,通过证据开示程序当事人及其律师已大致了解自己在诉讼中的优势和劣势,较有可能做出妥协。法院会委派专门负责调解工作的秘书来协助当事人选定三名调解员,在某些情况下,也可以选定一名调解员主持调解。调解员一般由受过专门训练并经法院认可的律师担任,有时也可以由其他法官或者是治安法官担任。

在正式调解之前,调解员和双方律师必须收到有关损害及责任的材料,未能按期提供这些材料的一方将被处以罚款。双方当事人必须出席调解会议,调解团或调解员的作用是听取律师对主要事实和法律问题所做的简短陈述。调解所运用的证据规则不如诉讼证据规则严格,证人无须出庭作证,无须进行严格的举证与质证,而是可以由调解员审慎地认定证据。在调解审理后,调解员分别与各方当事人的律师进行私下会谈,以期发现双方都能接受的调解方案。然后,由调解员进行评估并做出调解方案,如果双方当事人同意,经法院审查批准,调解员可以做出正式裁定,该裁定具有拘束力。如果当事人未表示同意也未在一定期限(一般为30日或40日)内提出异议,该调解决定也具有拘束力,从而成为强制执行的依据。如果一方当事人在调解决定做出后30日或40日内提出异议,则该案件将由法庭重新审理。法官重新审理案件时,双方当事人不得以任何方式向法官透露调解决定的内容。为了敦促当事人接受调解决定,减轻法院负担,一些地区法院还规定通过重新审判,原告未取得与调解结果相比超出50%的赔偿,或被告所支付的赔偿未低于调解决定10%的,则将给予一定的经济制裁。[12]

与诉讼的强对抗性有可能造成双方关系破裂相比,法院附设调解因其是双方在友好的基础上进行交流协商而达成相互可接受的解决方案,有助于双方维系彼此关系的链条并促进日后合作持续稳健的发展,较之诉讼结果的一方赢而另一方必定输的僵硬性,以双方圆满的协商为基础并以双方同意为前提的调解则可能形成双方受益的局面,还会使双方发现在诉讼程序中永远也不可能实现的创造性的争议解决方案。同时,法院附设调解还具有增强双方自治、阻止不必要的诉讼等多种优势,并由此而使其成为美国诉讼外纠纷解决方式中运用最为广泛的一种法院附设ADR,作用不可低估。

2. 法院附设仲裁

仲裁是一个长期使用的纠纷解决方式,主要用于劳动争议和集体谈判领域。仲裁是在双方当事人的同意下,由各方向一个具有决策权威的中立第三人或者由中立第三人组成的裁判庭提出自己立场的程序。一个中立的仲裁庭通常由一个或者三个中立人组成,他们一般是纠纷事项方面的专家。1951年,宾夕法尼亚州根据立法决定将一定数额以下的事件由法院强制性地付诸仲裁处理,作为法院附设仲裁的开始,而且该州的仲裁多为强制型,每年处理的案件多达35000件。到了1993年,已经有至少21个州设立了这种程序。美国众议院通过了在所有联邦地区法院扩大实行强制法院附设仲裁的法案,但在律师协会的反对下,未获得参议院通过,因此,法院附设仲裁在美国仍属于实践中的制度。

在美国,起诉到法院的要求赔偿金钱损失的案件,如果数额在一定金额以下(各州规定有所不同,范围在75000美元至150000美元),且没有非金钱赔偿的其他重要请求,则均应适用法院附设仲裁。如果某一案件主要涉及的是法律问题而非事实问题,或者由于案件代表了新型的法律或者事实问题,或者从性质上说不适合仲裁,通常也不适用法院附设仲裁,例如代表人诉讼、刑事诉讼、请求衡平法上的强制宣告性救济的诉讼、有关家庭法和遗嘱问题的诉讼及不动产诉讼等。

仲裁员通常由当地资深律师担任,一名律师为了成为一名合格的仲裁员,

---

〔12〕 乔钢梁:《美国法律的调解和仲裁制度》,载《政法论坛》1995年第3期。

必须先在法院实习,经法院主审法官认定他有能力主持仲裁审理工作,并且需要加入律师协会五年以上。案件通常在仲裁员被任命后的短期内进行审理,在进行仲裁审理前要进行证据开示程序。仲裁审理依然需要适用基本的证据规则,但不如正式审判那么严格,而且在仲裁程序中,举证被限制在较小范围内,一方当事人向仲裁员的陈述只要通过其律师进行即可,任何一方当事人不能因为要求证人出庭而单方要求延长分配给该方当事人的时间。

法院附设仲裁的裁决在审理后的一段时间内做出,仲裁庭不得在裁决中写明发现的事实、法律结论或者其他观点,也不可写明仲裁庭是否一致同意。如果原被告双方在裁决做出后 30 日内没有要求重新审判,则该裁决具有终局性效力,不得上诉。如果一方当事人要求重新审判,则已结束的仲裁不干扰或者影响案件的重新审判。为了尽量避免经过仲裁的案件又重新审判,造成纠纷解决成本的增加,法院一般要求申请重新审判的当事人必须缴纳与之前仲裁审理费用相当的保证金。如果申请重新审判的当事人取得比仲裁裁决更有利的判决,则返还其支付的保证金,否则予以没收。

法院附设仲裁让当事人在注意力高度集中的仲裁员面前提出所有的证据和争点,听审程序则提供了一个理想的机会让其评价案件的优势及劣势,从而减少当事人和法院在时间及金钱上的耗费,而且能使律师更多地注意案件本身,这都为当事人达成双方均可接受的和解协议、快速解决纠纷奠定了基础。

(二)混合的替代性纠纷解决方式

混合的替代性纠纷解决方式综合了传统替代性纠纷解决方式和法院附设 ADR 的特点,是一种介于谈判与仲裁之间的替代性纠纷解决方式,主要包括简易陪审团审判和早期中立评估。

1. 简易陪审团审判

简易陪审团审判是联邦法院法官托马斯・兰姆布若斯发明的,作为一种促进早期和解的方法,简易陪审团审理程序主要运用于双方当事人分歧很大、和解谈判已经陷入僵局、正式审判即将开始的场合,现在已经有许多州法院和联邦法院通过法院规则正式采用了这种程序。在简易陪审团程序中,法官处于核心地位,程序的后期实际上转换为法官的职权式简易程序,法官可以在最后做出裁定,但没有强制执行效力。简易陪审团的性质和功能属于评价性 ADR,不同于传统调解的中立性和解促成方式,既保障了当事人接受陪审的宪法权利,又通过向当事人预测评价法院判决的结果,促使其做出决断。由于简易陪审团审判减少了对抗程序并且不公开进行,深受广大当事人的欢迎。

2. 早期中立评估

早期中立评估是由加利福尼亚州北部地区法院创建的,是一个用于鼓励各方当事人面对面对话并评估各自诉讼立场的秘密程序,目的是通过在诉讼的早期阶段为当事人提供关于案件的现实评价以促进和解。这种程序的创新之处在于它优先考虑纠纷解决的快捷性,而且程序的顺利进行极大地依赖于中立者的信誉和能力,如果当事人确信中立者是公正和广见博识之人,则和解的可能性就会增加。中立者的评价或者建议只具有参考性,这些评价或者建议在任何时候均不能以任何方式为法官知晓或者被征求意见。如果当事人未通过早期中立评估程序达成和解,案件则按原定计划进行正式审判。从该制度的实践来看,进入早期中立评估程序的案件大多是合同纠纷、人身侵权纠纷、反垄断纠纷等。

现在,美国的各级法院中都会使用某些形式的替代性纠纷解决方法,而且不经审判就得到解决的案件比例在增长。根据一项研究表明,1980~1993 年,在联邦法院提起的民事案件中平均仅有 4% 的案件进入审判,34% 的案件不经审判即告终结,55% 的案件被撤销或者和解,7% 的案件被移送或者发回。1999 年,向联邦法院起诉的全部民事案件中仅有 2.3% 的案件进入审判。可以看出,法院附设 ADR 已经成为美国民事诉讼中不可缺少的部分。

二、英国

英国历来存在以司法诉讼为中心的多元化纠纷解决机制,普通法院以外的非诉讼程序和行政法院起着重要作用。然而,与美国大力支持发展 ADR 相比,英国在民事司法改革前,ADR 并未受到足够的重视,无论官方、半官方还是民间机构,对 ADR 的支持力度都相当有限。就法律服务阶层而言,长期以来,英国律师对 ADR 不屑一顾,认为它是美国社会特有的一种现象。与此同时,英国的立法者和法院似乎也不赞成 ADR。但是,随着诉讼费用高昂、诉讼迟延等问题的日益突出,人们逐渐把视线转向了诉讼外,试图寻找一种替代性的纠纷解决方式。

鉴于民事诉讼制度存在的诸多缺陷,在 20 世纪 90 年代,英国启动了以"接近正义"为主题的民事司法改革,ADR 受到了其领导者沃尔夫勋爵的极力推崇。这项改革的内容主要涉及以下几个方面:统一高等法院和郡法院的诉讼规则;为加强法院对诉讼的控制,重点推行案件管理制度;通过完善早期卸除程序,严格控制诉讼费用;鼓励当事人采用 ADR 解决纠纷。由此可见,促进 ADR 实践是英国民事司法改革的一项重要内容。

其实,在民事司法改革之前,英国的商事法院一直在推动 ADR 的运作,确认一些被认为适宜 ADR 解决的案件类型。1994 年,商事法院首次在《诉讼实务告示》中要求律师提醒当事人考虑使用 ADR,并且要求在所有案件中法律顾问应当做到和客户及其他当事人共同考虑试图通过调解、调停或者其他方法解决特定纠纷的可能性,确保向当事人全面告知解决特定纠纷的最有效的办法。但该告示仅仅规定律师负有与其客户和其他当事人考虑采取 ADR 的强制性义务,而并未规定当事人在法院程序中负有采取 ADR 的义务。1995 年商事法院发布了新的《诉讼实务告示》,公布了法官创造的一种促使当事人采用 ADR 的所谓"劝导性命令"。虽然该"劝导"并不是强制性的,但如果当事人拒绝使用 ADR 或在使用 ADR 过程中从事不当行为,法官在裁定诉讼费用时会予以考虑,因此,该命令实际上给当事人造成了实质性的压力,当事人都会认真考虑这一"劝导"。[13] 1995 年高等法院发布的《诉讼实务告示》首次明确了法官在案件管理中的作用,法官可以要求法律顾问至少必须在审判前两个月提供一份清单,清单必须涉及如下问题:法律顾问是否与客户及其他当事人探讨使用 ADR 的可能性、是否考虑使用某种 ADR 以帮助解决或者缩小争议等。

在民事司法改革的过程中,沃尔夫勋爵于 1995 年和 1996 年先后公布了主题为《接近正义的》的《中期报告》和《最终报告》,两份文件中都涉及了 ADR,从其内容中可以看到司法当局对 ADR 态度的逐步转变。在促使当事人采用 ADR 方面,《中期报告》指出,在诉诸法院前的任何时候,当事人针对他们之间的纠纷实行和解都是合理的;如果存在与法院程序相比更为经济、更为有效与适当的解决纠纷的 ADR 方式,法院不应鼓励当事人启动法院程序,除非当事人已经使用该机制;在启动法院程序之前以及法院程序进行中,当事人应该能够了解并且应该被充分告知可能的诉讼成本和诉讼结果,以及所有的诉讼外纠纷解决方式。可见,《中期报告》未制定任何实质性的促进 ADR 适用的措施,而是持有一种期待性的态度。到了《最终报告》,司法当局对 ADR 的态度发生了明

---

〔13〕 齐树洁主编:《英国民事司法改革》,北京大学出版社 2004 年版,第 175 页。

显的转变,鼓励人们只有在用尽其他可资利用的、更为适合的纠纷解决方式后才诉诸法院程序解决纠纷;所有民事法院均应提供有关 ADR 方法的来源和信息。还规定了一些具体的措施:法律援助资金同样可以适用于诉前解决纠纷以及通过 ADR 方式解决纠纷;一方当事人在提起诉讼前,可以就全部或者部分争议提出和解要约,如另一方当事人不接受的,诉讼费用将适用特别规则,承担的利息适用更高的利率。《最终报告》同时利用法律援助资金和诉讼费用等经济杠杆来促使当事人采用 ADR,积极支持 ADR 的实践和发展。

1998 年 10 月,英国公布《民事诉讼规则》,明确了 ADR 的法律地位,要求当事人必须了解 ADR 并认真考虑使用 ADR 的可能性以解决纠纷,具体体现在以下两个方面:在案件管理方面,《民事诉讼规则》规定,法院在认为适当时可以鼓励当事人使用 ADR,也可以在争议事项明显属于法院积极管理案件职责时使用这些程序。法官在案件管理会议上也可能提出使用 ADR,尤其在法官相信当事人此前并未考虑 ADR 时,法官也有可能引导甚至责令当事人使用 ADR,当事人应向法院告知他们就使用 ADR 所采取的步骤。另外,《民事诉讼规则》还要求当事人在案件分配调查表阶段考虑使用 ADR,即当事人在完成案件分配调查表并提交法院时,可以通过书面形式请求法院中止诉讼程序的进行,由当事人尝试通过 ADR 方式解决纠纷。在诉讼费用方面,《民事诉讼规则》规定,当事人未尽义务认真考虑使用 ADR 时可能受到惩罚,法院在裁定诉讼费用时可以对此加以考虑。因此,胜诉的当事人可能发现由于在使用 ADR 过程中的不合作而使其所获得的诉讼费用的补偿减少了;在诉讼前拒绝使用 ADR 解决纠纷且败诉的被告所承担的诉讼费用或者赔偿费用适用更高的利率。

《民事诉讼规则》的出台,进一步巩固了 ADR 在纠纷解决机制中的作用,法院也开始对 ADR 采取一种更为严肃和认真的态度,积极推动 ADR 的运用和发展。[14] 作为促使当事人采用 ADR 的先驱,商事法院在 1996 年之后的四年间总共签发了 233 个 ADR 令状。在这 233 件曾经签发过 ADR 令状的案件中,有 103 件尝试过调解并且有 53 件当天就得到解决,余下的 50 件中也有 21 件在开庭审理之前就得以解决,ADR 令状的签发促使绝大部分案件的当事人进行和解。利用 ADR 解决了纠纷的当事人对调解人的技巧、打破僵局的能力、洞悉案件的是非曲直以及对程序的满意程度都给予了积极评价。

---

〔14〕 齐树洁主编:《英国民事司法改革》,北京大学出版社 2004 年版,第 181 ~ 182 页。

2000年7月,利兹联合法院开始实行一项调解试点计划,为在有律师辩护的案件中的所有当事人提供调解。在该法院已经做出的15件调解指定案件中,大部分接受调解的当事人对调解的效果表示满意,认为调解为他们节约了解决纠纷潜在的费用。

同样地,在上诉法院,律师及其委托人都需要对是否使用ADR进行慎重的考虑,法院也在努力促使当事人采用ADR解决纠纷。政府部门在推动ADR运作方面也做出了积极的贡献,于2001年3月公布了一项旨在促进ADR运用的重大新举措:无论对方当事人是否同意,所有的政府部门及其管辖下的机构都会考虑在适当的案件中运用ADR来解决纠纷。

英国的ADR运动虽然起步较晚,但是在民事司法改革运动中却得到了强有力的理念和制度支持,从固守司法权的"不容剥夺原则"到全力支持ADR发展,赋予ADR正当性的法律地位,为ADR的自治性和自足性提供有效的支持。

三、日本

日本是近现代开发利用ADR机制较早、制度较为健全的国家之一,传统型的调停与现代的ADR同时并存,相得益彰,形成了较为系统的理论体系和法律文化。日本调停制度的历史最早可以追溯到德川幕府时期,与近代调停制度直接相关的是江户时期的《相对济令》、内济制度和明治时期的劝解制度。

《相对济令》是江户幕府发布的临时法令,该法令规定,某些种类的金钱债权纠纷在特定时间前后不得作为债权诉讼予以受理。其理由是,纠纷过多则健讼之弊会导致法院不堪重负。之所以不予受理,是因为这样可以促使当事人之间通过"和谈"解决纠纷。这一制度在纠纷解决的功能上与以后的调停制度有相似之处,只是该法令剥夺了当事人的诉权。

内济制度是与江户幕府的诉讼相互衔接的调停性、和解性纠纷解决制度,目的在于通过第三方的斡旋促进当事人达成和解。通常是在向法院提起诉讼之前,作为必经程序,由当地有名望的家族或者村吏等进行调停。如果达成和解,则制成"内济证文",由双方当事人和中介人共同签署,双方各持一份,向法院提交一份。如果调停不成,方可进入诉讼程序。江户幕府曾经大力鼓励发展内济制度,在原告向法院提交的诉状上必须由中介人盖章或者填写意见,在判决做出之前均可进行内济调停。设立该制度的目的之一在于维持当时地域社会的人际关系,据说其根据是因为当时人们普遍认为民事上的争论纯属私事,可以在庶民之间加以解决,这一理念与调停制度相同。

随着司法权的集中和法院体系的重组,明治政府在1875年取消了内济制度。基于“对决前熟议解讼”的理念,明治政府通过先后发布的一系列法令,建立了劝解制度,并于1894年发布了《劝解略则》。劝解由最下级的法院进行,是否进行劝解则由当事人自愿决定,并非强制前置条件。劝解程序以当事人本人申请为原则,但在一定程度上选择劝解需要以放弃诉权为条件。劝解成功则达成和解,但对于劝解所应依据的规范或基准未作规定。明治政府于1890年正式建立了近代民事审判制度,设立了诉讼中和解和法院内的起诉前和解制度,劝解制度随之消失。

日本的调停制度在性质上属于法院附设ADR。民事调停制度建立的直接原因是当时仿照欧洲大陆法建立的民法制度不适合社会的实际需要,根据民法规范通过诉讼程序解决特定的纠纷结果往往不尽如人意。因此,急需寻求一种过渡性的途径,缓解西化的法律体系和诉讼制度与日本本土社会现实的矛盾。从1922年开始,制定了一系列的调停法,包括《借地借家调停法》《小作调停法》《商事调停法》《劳动争议调停法》《金钱债务临时调停法》《人事调停法》等,依据纠纷类型的不同,分别适用不同的调停程序,而且与诉讼审判制度形成了密切的联系。昭和政府在1951年制定了《民事调停法》,将除家事和劳动争议以外的各种调停制度加以统一,形成了沿用至今的民事和家事两大调停制度。

民事调停通常在简易裁判所进行,由法院组成调停委员会,法官担任调停委员会的主任,在适当的情况下,法官也可以独自进行调停。其他民事调停委员为非专职人员,一般需要具有解决某些纠纷的专门知识和经验,根据法院的任命担当调停工作。调停程序通常由当事人的申请而开始;在当事人提起诉讼后,受诉法院亦可依职权对认为应进行调停的案件进行调停。当事人在调停中达成合意后,应记入调停笔录,与诉讼上的和解具有同等效力。在当事人之间无法达成和解的情况下,法院为了解决纠纷,可以根据调停委员会的意见进行衡平,在不违反当事人基本主张的限度内做出决定。决定可以包括要求当事人支付金钱、转让物品等财产方面的内容。决定不具终局拘束力,当事人可以在规定期间内(2周)提出异议。但如果逾期未提出异议,则决定生效,产生与诉讼上的和解同等的效力,当事人对于决定可以上诉。

家事调停规定在《家事审判法》第三章中,并有《家事审判规则》加以调整。

涉及人事关系的案件由家庭裁判所管辖,一律采用调停前置原则,即把调停作为诉讼程序的必经阶段,家庭裁判所可以依职权进行调停。调停委员会由1名法官和2名以上家事调解委员组成,调停如果成立,双方当事人达成和解,即将和解内容记入案卷,效力相当于生效判决。在离婚方面的案件中,可以达成相当于和解的判决。当事人可以在2周内提出异议,否则即产生与生效判决相同的效力。此外,在当事人无法达成和解的情况下,法院可以根据调停委员的意见进行衡平,在不违反当事人基本主张的限度内做出判决。

在司法体系中,除了调停制度外,还应注意发挥法官在诉讼中促成和解的作用,在多年司法实践基础上形成的"辩论兼和解"制度,通过新《民事诉讼法》中规定的辩论准备程序和法官的和解劝告义务将这一制度确认下来。该制度的大致程序是:首先,法官的和解劝告可以在四个阶段进行,即第一阶段,第一次口头辩论期日,双方交换了诉状和答辩状之后;第二阶段,口头辩论程序进行到证人询问之前,书证已经明确,事实和责任已经大致清楚时;第三阶段,证人询问进行到一定程度时;第四阶段,证人询问全部结束后,做出判决之前。其次,由受理诉讼的法官主持,但一般不穿法官服;在组成合议庭时,合议庭成员都可以参与,而且要求当事人本人参加辩论兼和解。通常在准备程序室、和解室、圆桌法庭等场所进行,原则上是不公开的。最后,一般采取当事人双方面对面的形式,争点整理与和解同时进行。

辩论兼和解制度在实行中重点有所不同,可以分为:争点整理重点型,以整理争点为重心,旨在做好审前准备,加快诉讼程序;和解劝告重点型,把重心放在促成当事人和解上,争取以和解结案;本人诉讼对策型,为了促进当事人本人参与诉讼,解决诉讼程序的通俗化和降低诉讼成本问题。目前,辩论兼和解仍然属于一个发展中的制度,有待于在今后的实践中继续探索和完善。

在目前纠纷解决方式日益多元化的国际背景下,法院附设ADR制度受到广泛关注并不断扩展,日本的调停程序和裁判上的和解程序也在经历了被漠视之后转而受到重视,发展前景非常广阔。调停程序与诉讼上的和解程序都是在法院背景下展开的法院附设ADR程序,具有众多的相同之处,二者均以当事人的合意作为解决纠纷的基础,注重纠纷解决过程的灵活与方便,程序的展开没有严格繁杂的法律规定,法化倾向不是特别明显,调停及和解方案的做出不是严格遵循法律,可以适当越出实体法的界限而寻求妥当的解决,追求纠纷的全面、彻底及一次性的圆满解决。

四、域外经验对完善我国纠纷解决机制的启示

国内学者在研究和介绍国外的法院附设 ADR 制度时,往往把发展 ADR 的原因完全归结为“诉讼爆炸”,进而认为法院附设 ADR 的主要功能在于缓解法院的诉讼压力。尽管这是一个符合逻辑的结论,但是只看到了问题的一个方面,法院附设 ADR 的功能远不止于此。

在我国的历史上,有“息讼”的官方政策,极大地刺激了民间诉讼外纠纷解决机制的运用,我国民间的仲裁、调解等还是比较发达的。法院附设 ADR 作为解决争议的新生事物,其自愿、非对抗的特性与中国传统的儒家“和为贵”的精神思想相契合,而且其许多优点恰恰能够弥补诉讼的种种缺陷。由此可见,法院附设 ADR 在我国的发展具备良好的制度基础和社会基础。

再者,法院附设 ADR 以其兼顾效率与公平的特点既发挥着化解社会纠纷的功能,又弥补了现代诉讼机制在解决新型社会纠纷方面的不足。在诉讼成为现代社会主流法律意识形态和主流法律话语的背景下,重新评估法院附设 ADR 的价值,重视其纠纷解决功能,实现中国传统意义上的和解、调解文化资源的“创造性转化”,应当是走向法治时代的应有之义和现实任务。

目前,随着我国经济社会的快速发展,民事纠纷与案件不断增多,但并没有出现西方国家所谓的“诉讼爆炸”。而且通过对其他国家法院附设 ADR 制度的考察,我们可以看到,尽管德国的司法制度运行良好,但其依然大力推行法院附设 ADR;在诉讼压力并不明显的日本,法院附设 ADR 仍然具有巨大的发展空间。

正如埃尔曼先生所言:“作为诉讼当事人,除了疾病和死亡,我对法律诉讼的恐惧几乎超过任何事情。”[15]长期以来,国人以“和为贵”的思想息讼止争,形成了“厌讼”的民族心理。近年来,我国大力进行普法宣传教育,法学教育快速发展,人们的法律意识普遍觉醒,已经知道运用法律手段,尤其是诉讼来维护自己的合法权益,这是一个进步的趋势。尤其是在发展与完善市场经济体制的条件下,更须普及公民的法律知识。[16]而且,在党的十五大上,党中央提出依法治国,建设社会主义法治国家。因此,在当前的法治社会条件下,法院附设 ADR 具有更深层次的价值和社会需求,那就是在日益多元化的社会发展过程中,人

---

〔15〕 [美]H. W. 埃尔曼:《比较法律文化》,贺卫方、高鸿钧译,清华大学出版社 2002 年版,第 157 页。

〔16〕 易航帆:《ADR 程序群及其启示》,载《中国司法》2004 年第 5 期。

们普遍具有多元化的价值观和实际需求,这就决定了人们本质上需要多元化的纠纷解决机制,需要司法机构赋予其更多的选择权。因此,发展法院附设 ADR 更是实现法治可持续发展的需要。

德国哲学家包尔生指出,在某些不那么重要的权利问题上,“为权利而斗争并没有像它应做到的那样带来和平,而是带来了最剧烈、最恶意的冲突”,从而可能进一步导致对权利更严重的侵害。[17] 因此,我国必须建立诉讼与其他纠纷解决方式的良性互动与分流机制,有效发挥其他社会力量的解纷优势,科学分流社会矛盾,避免过多的纠纷盲目地进入诉讼程序。而且,一个社会的纠纷解决机制应该和必然是多元的,我们需要打破单一的诉讼纠纷解决模式,摒弃单纯公正的纠纷解决理念,注重纠纷解决的长远效应。

综上所述,我国诉讼制度的改革必须站在建构 21 世纪中国司法制度基本内容和基本走向的角度来通盘设计,从诉讼改革的角度来看,在我国推行以法院附设调解为主要形式的 ADR,可以避免“诉讼爆炸”的危险,保证各种社会关系的和谐共处。可以说,发展和利用 ADR 制度是代价最小、收益最大的改革,也是现代社会纠纷解决的改革方向。

第三节　我国 ADR 制度的构建

一、在我国构建 ADR 制度的必要性

随着我国经济体制改革的进一步深化,经济交往日趋频繁,经济关系日渐复杂,诉诸法院的纠纷也在激增,其后果是直接导致法院负担极其沉重,积案居高不下,案件质量无明显提高。这样一则使我国目前正在进行的司法改革效率大打折扣,二则不利于迅速解决纠纷及时维护当事人的合法权益,从而恢复被破坏了的经济关系以促进经济的发展。[18]

ADR 制度可以依靠自身的特点和优势,对诉讼审判制度补偏救弊、分担压力和补充替代,减少纠纷解决的成本和代价,有效地节约司法资源,其功能被不

〔17〕 唐莹莹、陈星言、倪联辉:《“一元钱诉讼”与纠纷解决机制》,载《法律适用》2004 年第 2 期。

〔18〕 刘勇华:《美国 ADR 程序对我国的启示》,载《甘肃政法成人教育学院学报》2001 年第 2 期。

断提出并得到确认。在世界经济一体化和我国已成为世贸组织成员的时代背景下,为了加强我国与各国在司法制度方面的互相交流与借鉴,在改革审判方式、提高诉讼效率的同时,有必要建立 ADR 制度作为诉讼制度的补充,其理由如下:

第一,建立我国的 ADR 制度是提高法院诉讼效率的需要。效率是现代社会主体的基本价值追求,现代社会的纠纷解决机制也不能忽视纠纷主体对效率的追求。尽管我国尚未出现英美国家的"诉讼爆炸"现象,但随着市场经济体制的逐步建立,新的社会关系的发展,各种民事纠纷大量出现,法院压力已初显。因此,提高诉讼效率已经成为民事审判方式改革的根本任务。但是诉讼效率的提高必定是有限度的,如果一味倚重诉讼,否认替代性纠纷解决机制,其结果必然是法院积案如山,从而导致诉讼迟延,投入的司法资源无法与诉讼量的增长相适应,解决方法就是增加法官数量。[19]这正如朱景文教授所描述的:"随着诉讼的增加,加重了法官和律师的工作负担,引起法官、律师社会需求的上升,并进而涉及法学教育,扩大法学院的规模,增加法学教授和学生的数量",[20]从而导致整个司法的肥大。因此对纠纷进行分流,用替代性纠纷解决方式弥补诉讼不足从而分担法院压力就成为必然选择。法院附设 ADR 制度通过提供可供当事人选择的,且在程序上具有一定灵活性的非诉讼纠纷解决方式,实现了对进入法院案件的分流,减轻法院的诉讼压力,使法官节省出更多的时间和精力去审理那些有必要通过诉讼来解决的纠纷,从而提高了司法效率,维护了法院在公众心中的信任度和公信力。

第二,建立我国的 ADR 制度是合理配置国家司法资源的需要。随着市场经济的发展,多元化的市场主体和日益频繁的经济交往导致了民事案件的日益增多。同时,人们的法律意识、权利意识逐渐增强,越来越多的民众开始懂得如何利用法律手段维护自己的权益,这些都必然会导致案件的日益增多,使审判人员疲于奔命,给法院工作带来巨大的压力。而在美国的法院附设 ADR 中,广泛地使用非职业法官,例如由律师主持的仲裁、由民间调解员参与主持的民事调解等。这类程序中非职业法官的广泛使用大大减轻了职业法官的负担,我国法院可以对此加以借鉴。例如,在对我国法院的大量富余人员进行分流时,除部分人员经过多年的职业培训可以满足现阶段对法官的要求外,大多面临着

---

〔19〕 张居盛:《ADR 与我国代替性纠纷解决机制的建立》,载《政法学刊》2004 年 8 月第 21 卷第 4 期。

〔20〕 朱景文:《现代西方法社会学》,法律出版社 1994 年版,第 199 页。

"转岗"问题。然而,他们所拥有的丰富的社会经验、较高的政治素质、严格的纪律观念,又是大多数法学院培养的法律科班生所不具备的。由于法院附设 ADR 对程序公正的要求低于诉讼程序,其更强调中立人本身的亲和力、说明能力和控制能力。[21]因此,法院附设 ADR 制度的建立,一方面,可以为法院分流人员提供用武之地,有利于实现法院内部工作人员的人尽其用;另一方面,可以直接分流法院的大量案件,从而解决案件积压、诉讼延迟等。因为通过简化诉讼程序来提高法院处理案件的能力总是有限度的,过度的简化就会失去基本的程序保障,降低甚至丧失司法的本质功能。相比之下,通过法院附设 ADR 提供低成本的纠纷解决程序对社会和法治的风险会小得多。

二、在我国构建 ADR 制度的可行性

从理论研究的结果来看,我国有引入 ADR 的必要性,并且也可以适当而有效地控制和规避相应的风险,但在引入 ADR 之前,我们还必须完成另一项研究与论证,那就是我国是否具备引入 ADR 的可行性。通过对我国的国情和现有司法资源的分析,可以肯定地说,法院附设 ADR 在我国是具备生存土壤的,具备建立该制度的可行性:

第一,ADR 制度与我国的法律文化相契合。在历史上,我国是一个以儒家思想为主导的国家,讲究谦让、排斥诉讼,"厌讼"是当时普遍的社会心态。孔子的著名政治理想"听讼,吾犹人也,必也使无讼乎"被历代统治者所推崇,视为统治者施政所能达到的最高境界。经过近代以来各种多元思想文化的影响,情况有了很大的改观,但传统的思想观念依然有很强劲的生命力,在一些具有浓厚感情的亲人、好友之间,发生纠纷后诉诸法院依然是一件非常谨慎的事情,除非对方有非常明显的过错,否则会被认为是不道德的行为。与此同时,西方国家 ADR 的迅速发展和取得的显著效果引起了我国理论界和实务界的广泛关注,介绍和研究 ADR 的文章和著作日渐增多,对我国的司法理念产生了重要的影响,对引入 ADR 达成了初步的共识:ADR 是分流法院日益增多的案件的一条重要渠道,能够给予人民更多的纠纷解决选择权,是司法民主化的体现,能够适应社会在转型形势下的需要。

第二,ADR 制度与我国现有的纠纷解决机制相融合。诉讼制度在纠纷解决

[21] 章武生:《民事简易程序研究》,中国人民大学出版社 2002 年版,第 69 页。

机制中居于核心地位,它的功能和样式直接决定着其他纠纷解决方式和整个纠纷解决机制的状况。特别是民事诉讼制度的运作情况,会对 ADR 的利用和发展产生积极或消极的影响。我国民事审判实践中特别注重调解,根据《中国法律年鉴》提供的资料,从 1991 年《民事诉讼法》颁行到 2000 年,在人民法院审结的全部民事案件中,调解结案的比重虽总体上呈下降趋势,但与判决相比仍占绝对多数。[22] 当然,法院调解属于民事诉讼程序的一部分,与法院附设 ADR 性质截然不同,但这至少反映了社会公众更愿意息事宁人,着眼于维系彼此今后关系的一种心理状态。由于我国属大陆法系国家,诉讼程序都由法律制度严格规定,在这样的基础上,引入 ADR 相对具有一定的便利性,通过对相关法律规定内容的调整和修改就可以直接而明确地指导司法实践,并可以得到有效的遵守。此外,我国当前还存在一些其他的非诉讼纠纷解决方式,如人民调解,而且现有的法律对人民调解协议的效力问题都有一些具体而明确的规定,这些都是正在发挥着重要作用的纠纷解决方式。虽然这些纠纷解决方式的作用都还有待于进一步的提高,但它们与法院附设 ADR 制度无疑都有很好的相容性,将它们合理地改造成为 ADR 内容的一部分应该是完全可行的。

正如美国前任首席大法官沃伦·伯格所说:"我们能够提供一种机制,使争议双方在花钱少、精神压力小且比较短的时间内获得一个可以接受的解决结果,这就是正义。"因而在我国当前和今后很长一段时间内很有必要大力发展和推进 ADR 制度建设,拓宽人们获得正义的渠道。

三、我国构建 ADR 制度的设想

在我国现行的纠纷解决方式中也有一些带有 ADR 色彩的制度,如法院调解。法院调解又称诉讼调解,是我国重要的诉讼制度,在解决民事纠纷方面发挥着重要的功能和作用,在国际上曾被誉为"东方经验"。但是,随着社会的不断进步和发展,法院调解的运作条件发生了较大的变化,加之民事案件数量激增,法院审判力量相对不足,一些法院过分强调一步到庭、当庭宣判,对调解工作重视不够,导致调解结案率下降。

鉴于我国民间调解的源远流长和法院调解的既有经验,可以考虑借鉴国外有关法院附设调解的相关制度规定,将法院附设调解作为我国 ADR 的主要形

---

〔22〕 章武生:《司法现代化与民事诉讼制度的建构》,法律出版社 2003 年版,第 323 页。

式,实现调审的适度分离,构建我国的 ADR 制度。建立法院附设调解制度,一方面应以优化司法资源配置、充分发挥 ADR 制度的解纷优势作为出发点;另一方面又要坚持诉讼程序本身的基本原则和制度规定,使调解和诉讼这两种程序在貌似对立的前提下进行制度上的衔接与协调。

(一)法院附设调解的适用范围

确定适用法院附设调解程序的案件范围,应该主要考虑案件性质、案件金额、案件复杂程度及各方当事人的经济状况等因素,把重点放在那些对于维持和谐的社会关系具有优先价值的纠纷类型,如婚姻家庭纠纷、相邻关系纠纷、共有财产权属纠纷、道路交通事故纠纷、医疗纠纷,及其他纠纷金额较小的民事案件。此外,对于一些涉及多方当事人、利益关系比较复杂的案件,例如环境纠纷案件,不宜用判决方式解决的,也可以适用法院附设调解程序。法院附设调解应只适用于一审庭审前的阶段。在一审庭审程序开始后,由于经过之前的调解后纠纷双方对己方的优势与劣势已经比较清楚,因此不再适用,但应当允许双方当事人依据自愿原则进行和解。

(二)法院附设调解人员的选任与管理

调解人员作为法院附设调解程序的主持人,其自身素质和实务技巧直接影响着纠纷是否能够通过非诉讼的方式解决。在我国法官制度改革后,原有法官中将有一大批人不能继续从事审判工作,挑选其中优秀者担任调解员,既解决了法院内部富余人员的出路,又便于发挥他们的特长。而且这些人一般均有多年的调解经验,具备从事调解工作的良好素质,可以作为从事法院附设调解的专职人员。在适用法院附设调解程序时,原则上由 1 名调解员主持调解。对于有可能适用普通程序进行审理的较大案件,可以考虑由 3 人组成调解委员会。为了更好地开展调解工作,可以考虑在法院内部设置一个专门的法院附设 ADR 工作指导委员会,由该委员会负责对调解人员进行必要的考核和培训,并制定相关的工作规程和管理规定以加强对调解人员的日常管理,防止出现破坏司法程序和司法公信力的行为。

(三)法院附设调解的启动

法院附设调解程序的启动只能是基于双方当事人的申请。如果只有一方当事人提出,则应取得另一方当事人的同意,即法院附设调解程序的启动应当是当事人双方自愿、合意达成的。申请既可以是书面的,也可以是口头的,以体现该程序的灵活性。在一般民事案件中,如果法院认为当事人双方之间的争议更适合用法院附设调解程序加以解决时,可以向当事人提出适用法院附设调解的建议,在取得双方当事人的同意后适用该程序解决双方之间的纠纷。对于不合理地拒绝法院做出的适用法院附设调解的建议或者在适用法院附设调解程序的过程中不予合作的当事人,如果在将来的判决中没有得到比适用法院附设调解更有利的结果时,法院可以考虑让他承担对方当事人因其不予合作而额外支付的诉讼费用,以体现出法院鼓励使用法院附设调解的态度。

(四)法院附设调解的地点与形式

法院附设调解一般应安排在法院的调解室,且不公开进行。把调解地点安排在法院内,有利于提高调解的权威性和增强当事人的信任度,方便与诉讼程序的联系和协调。在专门的调解室不公开进行,有利于保护当事人的隐私、维系双方的关系,营造灵活、和谐的氛围促进调解的成功。当法院附设调解程序启动后,由双方当事人在法院提供的调解人花名册中自行选择调解人。在进行调解时,当事人在谈判桌旁彼此相对而坐,相对于法庭审判,其程序更灵活,使当事人在良好的气氛中协商、对话。调解人员听取双方当事人概括案情,说明己方的主张,就各自的证据进行简单的质证,并进行适当的辩论,就何种调解方案可为己方所接受发表意见。调解人员不对案件的事实进行认定,只就争议问题主持当事人进行协商,但可以就其中某些法律问题提供意见,供当事人参考。调解一旦失败,在随后的审理程序中,任何一方当事人不得援引调解过程中的陈述作为反驳理由。

(五)法院附设调解的期限、次数与费用

适用法院附设调解程序解决纠纷的期限应为一个月,且不得延长。如若当事人在进行调解初期的分歧较大,不大可能达成调解协议,调解人员可以在听取双方意见并为当事人提供交流的机会后,另外选定一个调解日期再行调解,但调解的总次数以两次为限,不能进行无休止的调解,以防止久调不决浪费司法资源。据粗略推算,无休止的调解至少浪费了民事诉讼资源的30%,因此,民商事案件70%的调解结案率并不能说明法院调解制度的优越性。所以,对法院

附设调解的结案期限做一个具体的规定是很有必要的。为鼓励当事人使用法院附设调解程序解决民事纠纷,可以规定申请适用法院附设调解程序时需要交纳的费用相对于诉讼费用更为低廉,而且在调解成功的情况下,调解费用由双方分摊。如若当事人达不成调解协议而转入诉讼程序,申请法院附设调解的费用可以折抵诉讼费。

(六)法院附设调解的效力

在法院附设调解程序结束后,由双方当事人或由调解人员提出调解方案,若双方当事人接受调解方案,则签订调解协议结束纷争,双方还可以在调解协议中约定不得自行起诉。该调解协议在双方当事人签字、法院审核且登记备案后,再经过10日的法定期间,即产生与判决同等的法律效力,当事人可据此请求法院强制执行。若经调解,双方无法达成一致意见,或一方于调解协议签字后10日内反悔的,则调解失败,案件进入诉讼程序。不接受调解的一方当事人如果不能在后续的诉讼中获得比调解方案更有利的判决,则要在诉讼费用上接受一定的惩罚,负担拒绝调解后对方当事人额外支付的诉讼费用。

训练

阅读以下案例并写出案例评析报告

案情:〔23〕

2017年6月23日,湖南省株洲市天元区人民法院委托医疗纠纷人民调解委员会成功调解一起医疗损害责任纠纷,成为株洲市首例委托调解成功的案件。

2016年12月12日,株洲市天元区人民法院受理了一起医疗损害责任纠纷案件。原告胡某因身体不适到株洲市某医疗机构进行手术治疗,术后,身体明显出现了其他不适,于是起诉到法院,请求判决某医疗机构依法赔偿因医疗过失造成的各项损失13.7万元。案件受理后,法院依法对申请人的伤残等级、误工期限、护理期限、营养期限、是否有后遗症等进行评定后,又依法委托鉴定机构进行医疗过错鉴定。时间已经

〔23〕 资料来源:湖南法院网:http://hunanfy.chinacourt.org/article/detail/2017/07/id/2918317.shtml,最后访问日期:2018年10月12日。

过去半年,而医疗过错鉴定还没有做完,原告心急如焚,急需赔偿款进行后续治疗。

为妥善解决纠纷,节约当事人的时间成本,该院探索性地提出了委托调解方案,双方当事人听后,均表示同意通过委托调解方式调解。2017年6月16日,天元法院向株洲市医疗纠纷人民调解委员会发出"委托调解通知书",并将该案有关的材料复印给医疗纠纷人民调解委员会。医疗纠纷人民调解委员会认真查明纠纷原因,利用有利资源,从医疗专家库中抽取医疗专家,从专业的角度与双方当事人进行解释,并多方位做双方当事人的思想工作,使纠纷双方达成了尊重事实、协商解决的共识,并签订了调解协议书。2017年6月23日,天元法院诉讼服务中心收到株洲市医疗纠纷人民调解委员会的回复函。法院依法对调解协议内容进行了审查确认,并于当日根据当事人签订的调解协议书内容依法做出民事调解书。双方当事人均表示满意,认为这种委托调解方式节约了很多时间。

第二编　分　论

第五章　人民调解制度

第一节　人民调解的概念与性质

一、人民调解的概念

调解是一种非诉讼纠纷解决方式，一般系指"居间调停劝解"或"调处和解"之意，通过劝解协调的方法使发生纠纷的双方当事人达成合意，消除冲突与矛盾的过程和方法。《中国大百科全书·法学卷》将"调解"解释为"双方或多方当事人之间发生民事权益纠纷，由当事人申请，或者人民法院、群众调解组织认为有和好可能的，为了减少讼累，经法庭或群众调解组织从中排解疏导、说服教育，使当事人互相谅解，争端得以解决，是谓调解"。

调解在我国有深厚的民族文化传统和历史渊源，在西周时期，就设有"调人"之职，以"司万民之难而谐和之"。古代的调解形式主要有官府调解和民间调解。官府调解出现于国家形成之后，由于中国古代地方行政长官兼理司法，故官府调解的主体主要为地方行政长官。发端于原始社会的民间调解，在进入阶级社会以后，和作为诉讼活动的官府调解大不相同，它属于诉讼外调解的范畴，其本身又可分为宗族调解、乡里调解和自行调解三种形式。宗族调解是封建宗法社会的产物，家法族规是规范本宗族百姓行为的准则，家族成员如果发生纠纷，族长可以调解决断。乡里调解是从秦汉时期开始在民间设置的调解机构对民间纠纷进行调解的纠纷解决方式，如县以下设乡，乡设有秩、音夫和三老，掌管道德教化和调解事务。自行调解与宗族调解、乡里调解不同，它突破了严格的血缘和地域的界限，是由群众中德高望重之士对民间纠纷进行的调解。

我国的人民调解制度从内核上看，是从中国古代的民间调解逐渐演变而来的。人民调解制度是中国共产党领导的新民主主义革命时期在革命根据地创建的依靠群众解决民间纠纷实行群众自治的一种纠纷解决机制。人民调解作为一种具有中国特色的解决纠纷、化解矛盾的非诉讼纠纷解决方式,在《人民调解法》出台以前,对其概念没有达成统一的认识。直到《人民调解法》施行以后,人民调解概念才以法律的形式加以明确。根据《人民调解法》第 2 条规定,人民调解是指人民调解委员会通过说服、疏导等方法,促使当事人在平等协商的基础上自愿达成协议,解决民间纠纷的活动。由此可见,现代意义的人民调解是在人民调解委员会的主持下,以国家的法律、法规、规章、政策和社会公德为依据,对民间纠纷当事人采取说服教育、规劝疏导的方式,促使纠纷各方当事人互谅互让,平等协商,自愿达成协议,最终消除纷争的一种群众自治活动。

人民调解既具备调解的一般特征,也具有自身的特征:

1. 人民调解的主持者是作为基层群众性自治组织的人民调解委员会。人民调解不同于国家行政机关和人民法院主持的调解,也不同于民间存在的个人出面进行的调解。这一特征是人民调解本身所特有的本质属性,它将人民调解同其他民间调解以及其他各种调解区别开来。它也同时说明,人民调解不是人民调解员以个人名义进行的调解,而是以人民调解委员会的名义进行的。所以在实践中人民调解协议要加盖人民调解委员会的印章,而不仅仅是调解人员的签名;对调解登记、调解工作记录、调解协议书等材料也要由人民调解委员会立卷归档。

2. 人民调解委员会进行调解时要依据一定的标准。2002 年发布的《人民调解工作若干规定》第 4 条规定,人民调解委员会调解民间纠纷应当遵循"依据法律、法规、规章和政策进行调解,法律、法规、规章和政策没有明确规定的,依据社会主义道德进行调解"的原则,2010 年《人民调解法》第 3 条规定将其修改为"不违背法律、法规和国家政策"的原则。"依法调解"原则是以"严格适用法律"的形式体现的,即依次列举调解依据,但这种表述在强调法律优先的同时,无法穷尽列举各种民间社会规范,如村规民约、社区公约、企事业单位规章制度、社会善良习俗、行业标准、宗教规范等,容易引起混乱和误解。而《人民调解法》将"合法原则"表述为"不违背法律、法规和国家政策",实际上将合法性定位为"不违法",而不是简单适用法律条文,这种规定有利于纠正以往对"依法调解"的错误理解,鼓励在调解中采用各种民间社会规范作为依据,发挥其变通、协商、选择的价值和作用空间,更符合社区调解的需要和规律。[1]

---

〔1〕 范愉:《〈中华人民共和国人民调解法〉评析》,载《法学家》2011 年第 2 期。

3. 人民调解的客体是发生在双方当事人之间的民间纠纷。根据《人民调解工作若干规定》第20条规定，人民调解委员会调解的民间纠纷，包括发生在公民与公民之间、公民与法人和其他社会组织之间涉及民事权利义务争议的各种纠纷，如婚姻纠纷、邻里纠纷、房屋宅基地纠纷、生产经营纠纷等。近几年，随着社会的发展、纠纷数量种类的增多，人民调解在纠纷的受理、纠纷类型与范围上也在扩大，但受理的纠纷仍在民间纠纷的范围内。

4. 人民调解的方法是教育、疏导。人民调解委员会往往以动之以情、晓之以理、明之以法的方法教育、疏导纠纷当事人，这种处理纠纷的方法既是由人民调解委员会的性质决定的，也是由民间纠纷的性质决定的。人民调解组织是群众性的组织，不以国家强制力为后盾，在纠纷解决方面更侧重于对当事人的说服教育，在实践中也更容易被当事人所接受。

5. 人民调解解决纠纷的方式是当事人在平等协商基础上自愿达成调解协议。人民调解的这一特点也是人民调解基本原则中"平等自愿原则"的体现。人民调解坚持平等自愿的原则，不得强行调解。调解的开始与终结伴随当事人的意愿，注重协商直至当事人形成调解的合意。

6. 人民调解委员会调解民间纠纷不收取任何费用。根据《人民调解法》第4条规定，人民调解委员会调解民间纠纷，不收取任何费用。这是人民调解制度具有强大生命力的原因所在，体现了人民调解的"民间性""草根性"，也是人民调解相较于其他纠纷解决制度的优势所在。

人民调解作为一种历史悠久并有良好组织基础和社会基础的纠纷解决机制，对我国当代的纠纷解决乃至社会治理影响深远，在国际上也享有较高的盛誉，被喻为"东方经验"。人民调解制度在中国特色社会主义法治建设中有独特的功能和地位，它已经成为我国非诉讼纠纷解决机制的重要组成部分，发挥着维护社会和谐稳定的重要作用。

二、人民调解的性质

人民调解与法院调解、行政调解等调解制度具有一些共同的法律特征，如都需要由中立的第三方主持、双方当事人的合意起着决定性的作用、均不得违反自愿和合法的原则等。但人民调解属于民间调解，是一种化解民间矛盾、消除民间纷争的非诉讼纠纷解决方式，其具有民间性、群众性、自治性的特征，这是它与司法调解、行政调解最显著的区别。

随着和谐社会的构建和法治国家建设的不断推进,社会各领域改革不断深入,人民调解在实践中也逐渐展现出一些新的情况,其组织形式、工作领域、工作机制等不断创新发展,各种专业性、行业性调解组织不断涌现。部分学者认为在新的历史条件下,人民调解的群众性、民间性和自治性的属性已受到了挑战。为了科学地进行制度建设,有必要寻找新的方法和视角对人民调解进行重新定位。有学者认为自治属性是人民调解区别于其他纠纷解决机制最重要的标志之一,当务之急是调整、纠正实践中各种偏离人民调解自治属性的做法,使其自治性更加纯粹与真实。目前对人民调解自治性形成最大威胁的恰恰是外在的国家权力,出于各种考虑,例如维护稳定、推进法治进程,国家的权力触角有意无意地逐渐渗入原属自治的人民调解领域,如何避免权力的同化,保持自治是人民调解制度面临的最大挑战。希望通过调整偏离人民调解自治性的做法,打开或拓宽基层民主自治的路径。[2] 有学者则从公共经济学的角度进行审视,认为不顾社会情景的变化,死守人民调解民间性、群众性、自治性的教条并不能科学地定位人民调解的性质。在新的历史条件下,人民调解已是一项公共产品,应当按照公共产品的定位来配置人民调解的各项制度,开展各项建设活动。[3]

我们认为,人民调解的性质主要涵盖以下几个方面:

(一)群众性

《人民调解法》第7条规定,"人民调解委员会是依法设立的调解民间纠纷的群众性组织",该条明确了人民调解委员会作为群众性组织的法律含义,也是对人民调解具有群众性属性的坚持和巩固。所谓群众性首先是指人民调解委员会调解的纠纷属于民间纷争,系人民内部矛盾。其次,人民调解员无论是兼职还是专职都是从人民群众中选拔而来的,他们有较高的素养和为人民服务的精神,善于处理民间纠纷,人民群众对他们有较强的信任感。区别于司法机关和行政机关,人民调解委员会是基层群众性组织,并不像司法机关和行政机关做出的决定一样具有强制性。就人民调解的宗旨而言,该项制度的设计是为了化解人民群众之间的矛盾,从而增强人民内部团结,达到维护国家和社会稳定的目的。

---

〔2〕 王俊娥:《论人民调解的自治性》,载《甘肃政法学院学报》2012年第5期。

〔3〕 何永军:《论人民调解的公共产品属性》,载《昆明理工大学学报》(社会科学版)2012年第4期。

（二）民间性

人民调解属于民间调解，是诉讼程序之外“定分止争”、促进和谐的手段，人民调解委员会的组织性质具备民间性，也可以说应具有非政府性。对组织自身而言，民间性组织不隶属于政府体系，是具有独特运作理念和运作机制的社会自治组织系统；对组织发挥社会功能而言，民间性组织不具有行政权力，也不能依靠行政手段发挥作用。扎根于基层的公民自我管理、自我调解的治理模式不同于行政调解、司法调解的纠纷解决方式，人民调解委员会和人民调解员不代表任何政府部门，是与当事人无利害关系的第三方。人民调解委员会与基层人民政府及有关部门之间不是领导与被领导、管理与被管理的关系，基层人民政府和有关部门也不能直接介入或干涉人民调解活动。人民调解工作的方式是说服教育、规劝疏导、讨论协商，不使用任何行政或司法手段。同时，民间性意味着人民调解由民间的群众组织和人员主持，在当事人自愿且不违背法律、法规和国家政策的前提下，依照善良风俗与公共道德，对民间纠纷运用说服教育、劝导排解的方式，妥善予以解决。

（三）自治性

根据《布莱克维尔政治学百科全书》，自治是指某个人或集体管理其自身事物，并且单独对其行为和命运负责的一种状态。[4] 人民调解的自治性体现在人民调解委员会成员来自群众、扎根群众、服务群众，实行自我管理、自我教育、自我服务的管理模式，其工作手段不以司法、行政权力作为背景。人民调解委员会与国家行政机关、司法机关不发生行政管理关系，即他们之间不存在隶属关系，而且，不同的人民调解委员会之间也不存在隶属关系和指导与被指导的关系。《人民调解法》是一部关于规范基层群众性自治组织调解工作的专门法律，我国《宪法》第111条也规定：“城市和农村按居民居住地区设立的居民委员会或者村民委员会是基层群众自治性组织。居民委员会、村民委员会的主任、副主任和委员由居民选举。居民委员会、村民委员会同基层政权的相互关系由法律规定。居民委员会、村民委员会设人民调解、治安保卫、公共卫生等委员会，办理本居住地区的公共事务和公益事业，调解民间纠纷，协助维护社会治安，并

---

〔4〕 中华全国人民调解员协会编：《人民调解员实用工作手册》，法律出版社2010年版，第14～15页。

且向人民政府反映群众的意见、要求和提出建议。”由此可见，作为基层群众自治性组织的村民委员会和居民委员会的组成部分，人民调解委员会理应属于群众性自治组织。而且调解协议内容的实现主要靠当事人的自觉履行，这也正是人民调解自治性的体现。

不同于诉讼以及其他非诉讼纠纷的解决方式，自治性是人民调解独有的特点。尽管实践中涌现出了越来越多的专业性、行业性人民调解委员会，而且随着社会的转型，各种各样的调解组织也正以前所未有的形势出现。新出台的《人民调解法》也规定乡镇、街道以及社会团体或者其他组织根据需要可以设立相应的人民调解组织，这些新型组织的出现似乎突破了人民调解自治组织的范围，但事实上这些新型的调解组织的产生只是人民调解委员会基本形式的扩展，因此，这些新型组织仍然属于群众性自治组织。[5]

(四)准司法性

准司法性又称司法辅助性、群众司法性。人民调解的组织形式、调解程序等都通过《人民调解法》及相关法律法规予以明确。在人民法院和司法行政部门的指导下，人民调解委员会独立开展业务活动，正是由于这种独特的工作模式，使人民调解既区别于纯粹双方合意的协商与和解，也不同于具有司法效力的法院调解，体现出人民调解强烈的准司法性。《人民调解法》第 31 条规定，经人民调解委员会调解达成的调解协议，具有法律约束力，当事人应当按照约定履行。人民调解委员会应当对调解协议的履行情况进行监督，督促当事人履行约定的义务；第 33 条第 1 款规定，经人民调解委员会调解达成调解协议后，双方当事人认为有必要的，可以自调解协议生效之日起 30 日内共同向人民法院申请司法确认，人民法院应当及时对调解协议进行审查，依法确认调解协议的效力。我国《民事诉讼法》关于“确认调解协议案件”特别程序的规定以及最高人民法院《关于人民调解协议司法确认程序的若干规定》等为人民调解协议的司法确认程序、要件、效力构建了完整的制度体系。由于人民调解协议司法确认制度得到了立法的肯定，使人民调解协议从最初仅具有合同法律效力的当事人合意，转变为一经司法确认既被赋予强制执行力的法律文书，从而实现了人民调解与司法的有效衔接，体现出人民调解的准司法性。

---

[5] 彭芙蓉、冯学智：《反思与重构——人民调解制度研究》，中国政法大学出版社 2013 年版，第 9 页。

第二节　人民调解制度的历史演变

一、人民调解制度的形成过程

目前学界认为人民调解制度产生于新民主主义时期的革命根据地，其经历了萌芽、形成和不断发展完善的曲折过程。1921 年 9 月，浙江省萧山县衙前镇制定的《衙前农民协会章程》规定，“凡本会会员有私人是非的争执，双方得报告议事委员调处和解；倘有过于严重的争执，由全部委员会开会审议解决”。[6] 此类调解组织和调解形式被视为近代人民调解制度的萌芽。当时在共产党领导下的农会组织和一些局部政权组织中设立了调解组织，调解农民之间发生的纠纷。抗日战争时期，调解工作得到了较大发展，形成了人民调解自愿原则、合法原则以及保护当事人诉讼权利原则的三项基本原则。这三项基本原则的确立，是人民调解制度形成的主要标志。[7]

中华人民共和国成立后人民调解工作进入了一个新的发展阶段。1950 年 11 月 3 日，中央人民政府政务院《关于加强人民司法工作的指示》中指出，人民司法工作必须处理人民间的纠纷，对这类民事案件亦须予以足够的重视，应尽量采取群众调解的办法以减少人民讼争。1954 年 3 月 22 日，中央人民政府政务院颁布了《人民调解委员会暂行组织通则》，规定了人民调解的性质、任务、组织形式、工作原则和方法等，人民调解制度的法律地位得到确认，人民调解正式在全国范围内完成了制度化建设。

改革开放以后，人民调解制度得到了《宪法》《民事诉讼法》等法律法规的确认。1982 年 12 月 4 日我国《宪法》首次将人民调解纳入其中，其第 111 条规定，“居民委员会、村民委员会设人民调解、治安保卫、公共卫生等委员会，办理居住地区的公共事务和公益事业”，我国《宪法》为人民调解制度的设立提供了最高法律依据。1987 年 11 月 24 日，第六届全国人民代表大会常务委员会第二十三次会议通过了《村民委员会组织法(试行)》，1989 年 6 月 17 日国务院颁布

---

〔6〕 张晋藩主编：《中国法制通史》(第十卷)，法律出版社 1999 年版，第 99 ~ 101 页。

〔7〕 付少军、蒋若薇主编：《司法行政概论》，中国检察出版社 2011 年版，第 155 页。

了《人民调解委员会组织条例》,1990年4月19日司法部制定了《民间纠纷处理办法》,1994年5月9日司法部制定了《跨地区跨单位民间纠纷调解办法》。[8] 这些法律、法规和规范性文件构成了人民调解制度的基本框架和内容。

随着社会的发展和纠纷解决的需求,人民调解被推向新的历史舞台。2002年9月5日《最高人民法院关于审理涉及人民调解协议的民事案件的若干规定》(法释〔2002〕29号),规定了"经人民调解委员会调解达成协议的、有民事权利义务内容,并由双方当事人签字或者盖章的调解协议具有民事合同性质",人民调解协议的法律效力得以明确。同年9月,司法部发布了《人民调解工作若干规定》进一步扩大了人民调解的组织形式,规定了乡镇、街道、企事业单位可以设立人民调解委员会,同时可以设立区域性、行业性的人民调解委员会,并详细地规定了人民调解委员会的受案范围,同时对人民调解工作的指导进行了细致的规定,统一了人民调解委员会工作所需的各种文书。

随着《中共中央办公厅、国务院办公厅关于转发〈最高人民法院、司法部关于进一步加强新时期人民调解工作的意见〉的通知》《最高人民法院、司法部关于进一步加强人民调解工作,切实维护社会稳定的意见》以及2007年《最高人民法院、司法部关于进一步加强新形势下人民调解工作的意见》的出台,人民调解的重要性进一步得到了提升。2009年《最高人民法院关于建立健全诉讼与非诉讼相衔接的矛盾纠纷解决机制的若干意见》创设了人民调解协议的司法确认程序,一些地方省市也以地方性法规的形式制定了大量的有关人民调解的地方性法规和文件。2010年通过的《人民调解法》第一次以法律的形式确立了人民调解的法律地位,进一步丰富和发展了人民调解制度,为人民调解提供了强大的法律支撑。

为了完善人民调解协议的司法确认程序,畅通"诉调对接"渠道,提高调解的效率,提升人民调解员的调解水平,最高人民法院、司法部等国家机关陆续出台《最高人民法院关于人民调解协议司法确认程序的若干规定》(2011年)、《关于深入推进矛盾纠纷大调解工作的指导意见》(2011年)、《关于加强行业性专业性人民调解委员会建设的意见》(2014年)、《最高人民法院关于人民法院特邀调解的规定》(2016年)、《关于加强人民调解员队伍建设的意见》(2018年)。这些法律、法规和规范性文件构建起独具中国特色的人民调解法律体系,在解决纷繁复杂的民事纠纷方面发挥着重要的作用。

---

〔8〕 徐昕:《调解——中国与世界》,中国政法大学出版社2013年版,第401页。

二、制定《人民调解法》的意义

全国人大常委会于2010年8月28日审议通过了《中华人民共和国人民调解法》,第一次将我国人民调解制度上升到法律层面,标志着人民调解制度成为我国法律体系的一个重要组成部分。《人民调解法》共6章35条,在总结我国民间调解经验的基础上,对人民调解的性质、任务、原则、调解组织形式和调解员选任、调解的程序、调解协议的效力等诸多问题作了明确规定。有媒体指出《人民调解法》有"七大亮点":一是坚持和巩固了人民调解的群众性、民间性、自治性的性质和特征;二是完善了人民调解的组织形式;三是明确了人民调解员的任职条件、选任方式、行为规范和保障措施;四是体现了人民调解的灵活性和便利性;五是法律确认了人民调解与其他纠纷解决方式之间的衔接机制;六是明确了人民调解协议的效力和司法确认制度;七是加强了对人民调解工作的指导和保障。[9]

我们认为,制定《人民调解法》的意义主要体现在以下几个方面:

第一,提升了人民调解制度的法律位阶。《人民调解法》第一次以单独立法的形式确立了人民调解制度的法律地位,从过去的行政条例、司法解释等规范性文件上升到国家单独立法,对人民调解制度及程序等问题做出了详细规定,从而使人民调解工作迈向法治化和规范化,为人民调解法律体系的建立打下了坚实的制度基础。

第二,坚持和巩固了人民调解的群众性、民间性、自治性。《人民调解法》坚持了宪法对人民调解的基本定位,即以村(居)委人民调解组织作为基础和主体,保持其群众性和民间性,以充分发挥其在纠纷的预防、社区治理、群众的组织动员,道德弘扬,法制宣传等方面的社会功能,维护了人民调解的特色和价值。人民调解法明确了人民调解工作的三项原则,即不违背法律、法规和国家政策;在当事人自愿、平等的基础上进行调解;尊重当事人的权利,不得因调解而阻止当事人依法通过仲裁、行政、司法等途径维护自己的权利,进一步坚持和巩固了人民调解的自治性。

第三,为人民调解的多元化发展提供了空间。《人民调解法》通过开放性的制度设计,允许社会团体或者其他组织根据需要"参照本法有关规定设立人民

---

〔9〕《盘点人民调解法七大亮点》,载中国人大网:http://www.npc.gov.cn/huiyi/cwh/1116/2010-08/30/content_1593783.htm,最后访问日期:2018年7月1日。

调解委员会,调解民间纠纷",为今后人民调解的多元化发展提供了空间。人民调解的重点在于基层群众的广泛参与,因此对人民调解主体的要求不宜过高,更不能以专业化、职业化的调解机构取代现有的基层调解组织。但对于一些特殊纠纷的调解,诸如医疗纠纷、交通事故赔偿纠纷、建筑工程纠纷等专业性较强的纠纷,仍然需要特殊领域的专家或具有一定法律知识的人员参与调解。这些调解机构的人员与基层调解组织调解人员略有不同,需要较高的资质要求,在选任和解纷程序方面的要求也更为严格。《人民调解法》为这些专业性、行业性调解组织的设置保留了通道,人民调解将会在统一的基本框架下继续保持多元化的发展格局。

第四,明确了人民调解协议具有法律约束力,确立了司法确认制度。人民调解协议的效力问题一直是困扰司法实务的一道难题,《人民调解法》明确了人民调解协议具有法律约束力,协议双方应当按照协议内容诚实地履行自身义务。由于人民调解协议不具有强制执行力,当守约的一方当事人遭遇到不诚信的相对方时,调解协议并不能起到保护守约当事人的效果,严重损害了当事人的实体权益,严重削弱了人民调解制度的功能。调解协议的司法确认制度强化了人民调解协议的效力,能够更有效地督促当事人积极履行义务,维护人民调解的公信力,有利于倡导社会协商、诚信、自主、和谐解决纠纷的文化,促进了诉讼和调解的合理衔接,为人民法院分担了大量的办案压力。

《人民调解法》的制定推动了多元化纠纷化解型社会的构建,为非诉讼解决纠纷方式的发展和完善提供了有力的立法依据。但就《人民调解法》本身而言,其仍然存在诸多局限,如传统的基层调解组织与高端专业化调解组织的协调问题,人民调解的行政化问题,调解人员的结构问题,调解程序的灵活性与规范化、制度化之间的冲突与协调问题,调解评估、激励、惩戒机制等问题均需要更加深入的研究和进一步的完善。

第三节 人民调解的组织形式

一、人民调解组织的设置与形式

根据《宪法》《村民委员会组织法》《居民委员会组织法》《人民调解法》的规

定,人民调解委员会的设置与组织形式主要包括以下几种类型:

(一)村民委员会、居民委员会设立人民调解委员会

村民委员会和居民委员会是我国基层群众性自治组织,组织的成员来自基层群众、服务于基层群众,村委会、居委会设置人民调解组织,有利于及时、准确、经济、高效地解决组织内部成员之间的矛盾纠纷。

(二)企事业单位根据需要设立人民调解委员会

企事业单位人民调解组织在保障企事业单位改革的进行、维护职工的合法权益、化解职工在生产生活中的各种矛盾纠纷、解决企事业单位与周边地区群众之间的矛盾纠纷中发挥着重要作用。

(三)乡镇、街道设立人民调解委员会

乡镇、街道人民调解委员会主要调解村民、居民调解委员会调解不了的疑难、复杂的民间纠纷,以及跨地区、跨单位的民间纠纷,制止群众性械斗和群体性上访,防止矛盾纠纷激化,维护社会稳定。

(四)区域性、行业性人民调解委员会

区域性、行业性人民调解委员会对于发展和完善市场经济条件下的人民调解工作具有积极的意义。区域性人民调解委员会是指在特定的行政区域、特定的生产、生活地区等建立的人民调解组织。目前,已建立的区域性调解组织形式主要有行政接边地区、厂街接边地区建立的联合人民调解委员会,集贸市场、经济开发区、商品集散地、工程工地、流动人口聚居区人民调解委员会等。行业性人民调解委员会指行业、社团组织建立的人民调解委员会,如房地产纠纷人民调解委员会、消费者协会人民调解委员会等。

二、人民调解委员会的组成方式

《人民调解法》第8条和《人民调解委员会组织条例》对人民调解委员会的组成和产生作了明确规定,人民调解委员会由委员3人至9人组成,设主任1人,必要时可设副主任若干人。乡镇、街道人民调解委员会由辖区内设立的村民委员会、居民委员会、企事业单位的人民调解委员会主任、本乡镇、街道的司

法所工作人员、司法助理员和在本乡镇、街道辖区内居住的懂法律、有专长、热心人民调解工作的社会志愿人员组成。乡镇、街道人民调解委员会主任一般应当由司法所长、司法助理员担任;区域性、行业性人民调解委员会主任一般应当由设立人民调解委员会的组织任命。

人民调解委员会主任的主要职责是,组织开展人民调解工作;向村民委员会、居民委员会和上级主管部门报告人民调解工作情况和重大纠纷信息,组织、传达、贯彻、落实党委政府、司法行政部门对人民调解工作的指示、要求、工作安排部署等。人民调解委员会副主任协助主任做好上述工作。

人民调解委员会应当有妇女成员,多民族居住的地区应当有人数较少民族的成员。人民调解组织的成员在年龄结构上,要注意老、中、青相结合,以便发挥他们各自的优势和长处,相互取长补短,更加有效地开展工作。

人民调解委员会及其组成人员应当向所在地乡镇、街道司法所备案;乡镇、街道人民调解委员会应当向县级司法行政机关备案。区域性、行业性人民调解委员会应当向所在省辖市的司法行政机关备案。

村民委员会、居民委员会和企业事业单位应当为人民调解委员会开展工作提供办公条件和必要的工作经费。人民调解委员会场所门口应当悬挂人民调解委员会标志牌、配备统一规格的人民调解委员会印章、统一格式的人民调解文书和统一制发的人民调解统计台账。

人民调解委员会的调解场所应当悬挂统一的人民调解标识,调解主持人、调解人、记录人、当事人席位环行排放,人民调解员名单、调解纠纷的种类范围、调解的原则、纪律、调解协议的效力、当事人的权利与义务等应上墙明示。人民调解委员会应当建立健全岗位责任制以及例会、学习、考评、业务登记、统计和档案管理、回访、纠纷排查、纠纷信息传递与反馈等各项规章制度,保障人民调解活动的顺利开展。

三、人民调解员

人民调解员是具体进行人民调解工作的人员。《人民调解法》第13条规定:“人民调解员由人民调解委员会委员和人民调解委员会聘任的人员担任。”由此,人民调解员包括人民调解委员会委员和人民调解委员会聘任的人员。

(一)人民调解员的条件

《人民调解法》第14条规定:“人民调解员应当由公道正派、热心人民调解

工作,并具有一定文化水平、政策水平和法律知识的成年公民担任。”根据这一规定,人民调解员应具备下列条件:

1. 公道正派。人民调解员具备公道正派的高尚品德和情操,坚持合法合理的调解工作原则。

2. 热心人民调解工作。人民调解员必须树立全心全意为人民服务的思想,发扬无私奉献的精神,爱岗敬业,对调解工作具有坚定的事业心和高度的责任感。

3. 有一定文化水平、政策水平和法律知识。人民调解员熟悉及掌握与调解工作直接有关的法律和政策,要合法、合理地开展调解工作,不断提高自己的法律素质和政策水平。

4. 成年公民。具有完全民事行为能力、年满18周岁的中国公民,才能被选举为人民调解员。

(二)人民调解员的产生

人民调解员的产生有选举和聘任两种方式。《人民调解法》第9条规定:“村民委员会、居民委员会的人民调解委员会委员由村民会议或者村民代表会议、居民会议推选产生;企业事业单位设立的人民凋解委员会委员由职工大会、职工代表大会或者工会组织推选产生。人民调解委员会委员每届任期三年,可以连选连任。”乡镇、街道人民调解委员会委员由乡镇、街道司法所聘任。区域性、行业性的人民调解委员会由设立该人民调解委员会的组织聘任。

(三)人民调解员的工作守则

1. 依据法律、法规、规章和政策进行调解,法律、法规、规章和政策没有明确规定的,依据社会主义道德进行调解。

2. 坚持原则,爱岗敬业,热情服务,诚实信用,举止文明,廉洁自律,注重学习,不断提高自身法律道德素养和调解技能。

3. 以公民道德准则严格要求自己,做公民道德建设的表率,坚持公平、公正,不徇私情。

4. 服务于民,取信于民,发挥人民调解工作在建设社会主义精神文明中的作用。

5. 在双方当事人自愿平等的基础上进行调解；不得对当事人压制、打击报复；不得侮辱、处罚纠纷当事人；不得吃请受礼。

6. 尊重当事人的诉讼权利，不泄露当事人隐私，不得未经调解或者调解不成而阻止当事人向人民法院起诉。

（四）人民调解员的权利

人民调解员从事调解工作，应当给予适当的误工补贴；因从事调解工作致伤致残，生活发生困难的，当地人民政府应当提供必要的医疗、生活救助；在人民调解工作岗位上牺牲的人民调解员，其配偶、子女按照国家规定享受抚恤和优待。人民调解员依法履行职务，受到非法干涉、打击报复的，可以请求司法行政机关和有关部门依法予以保护。

第四节　人民调解的实践模式

为了发挥人民调解解决矛盾纠纷的功能，发挥其在矛盾纠纷源头预防、化解中的作用，各地在探索以人民调解为基础的多元化矛盾纠纷解决机制方面作了诸多有益的尝试，取得了诸多的成果，为区域矛盾纠纷的化解以及和谐稳定社会的建设贡献了积极的力量。尽管一些调解模式的社会效果还需要进一步检验，但是这些模式的思路和创新之处仍值得学习和借鉴。根据各地经验的介绍，可以将目前人民调解纠纷解决模式划分为以下几类：

一、“大调解”模式

所谓“大调解”工作模式指的是，在当地党委、政府的统一领导下，由政法综治部门牵头协调、司法行政部门业务指导、调解委员会具体运作、职能部门共同参与的纠纷化解模式。[10] 较为典型的有山东“陵县模式”、浙江诸暨“枫桥经验模式”、江苏南通大调解模式、“上海长宁模式”、福建莆田“调解衔接机制”、陕西丹凤“诉调对接模式”、河北石家庄“三位一体”大调解模式、北京怀柔区“三

〔10〕　彭芙蓉、冯学智：《反思与重构——人民调解制度研究》，中国政法大学出版社2013年版，第202页。

调对接”模式、北京“朝阳模式”、深圳南山区的“桃园模式”等。他们的共同特点是将人民调解制度与司法调解、行政调解资源相整合，在党委、政府的统一协调下，共同参与矛盾纠纷的化解。“大调解模式”在实践中的运用使人民调解的内涵更加丰富，在通过整合社会资源，形成多方联动的同时，也使矛盾纠纷调处化解更具针对性。

实践中，党委、政府力量的介入大大提高了人民调解的及时性和高效性。然而，行政力量的干预使人民调解与行政调解、司法调解的界限越来越模糊，人民调解向行政调解、司法调解方向转变的趋势越来越明显。因此，准确把握人民调解在“大调解”模式中的定位显得尤为重要。在实践中应当强调人民调解的自治性，准确定位党委、政府的“协调”功能，强调党委、政府协助各方、整合社会资源的功能，最大限度地保障人民调解的自治性不受影响。

二、“社会化”工作模式

所谓“社会化”工作模式指的是，利用社会组织、社会机构、社会力量化解矛盾纠纷，政府作为行政管理部门，采取经济、行政等各种手段，积极扶持、资助人民调解工作，进而形成的良好、规范、有序的社会自律机制。[11] 如上海的“李琴工作室”“杨伯寿人民调解工作室”、深圳市“福田模式”等。他们的共同特点是政府不通过财政拨款，而是通过出资“购买”，在不改变人民调解组织原有性质和运作方式的前提下，由政府资助、扶持、鼓励人民调解在保留其自身民间性、自治性的同时，为当事人提供便捷经济的纠纷解决方式。在政府“购买”人民调解服务时，应当注意调解组织必须是不受政府领导且独立存在的调解组织；调解组织对外不能以政府的名义行事，不能代表政府；在调解具体案件时，人民调解组织以自己独立的意志进行调解，不受政府行政权力的过度干扰；政府负责对调解组织的协调和有限指导；政府购买人民调解服务应当在平等的基础上与调解组织订立合同，对双方的权利义务进行明确的约定。

三、“社会法官”工作模式

“社会法官”工作模式是由河南省高级人民法院在全省建立“社会法庭”，通过选任“社会法官”解决民间纠纷的一种尝试，其目的在于动员社会力量参与

---

〔11〕 陆春萍：《转型期人民调解机制社会化运作》，中国社会科学出版社 2010 年版，第 217 页。

基层纠纷的解决。“社会法庭”设在基层政府所在地,“社会法官”是从基层选任的有学识、有爱心、善于调处纠纷的群众。“社会法官”不同于法官,它具有社会性、民间性,不仅群众不需要上法庭,而且也免收诉讼费用。[12]“社会法官”模式旨在及时化解矛盾解决纠纷,这种模式的实质是对人民调解制度的探索和完善,是在人民调解制度体系下对多元化解纠纷探索解决新途径的一次尝试,是法院的一项创新性实验。但是作为一项新兴的制度尝试,目前“社会法官”模式在有关人员选任、培训、经费等方面尚存一些问题,有待于进一步研究加以完善。

四、“专门性”人民调解模式

“专门性”调解模式是指针对某类纠纷成立专门的人民调解委员会加以解决的人民调解模式。“专门性”人民调解模式在解决纠纷时更具有针对性,这些调解机构因为吸收了相对专业的调解人员而使纠纷的调处更具高效性,能够方便当事人快速、便捷地解决矛盾纠纷。常见的“专门性”人民调解委员会有以下几种,如专门为外来务工人员提供服务的北京“小小鸟”人民调解委员会;专门解决物业纠纷的北京朝阳区“社区物业纠纷调解委员会”;专门解决医疗纠纷的医疗纠纷人民调解委员会、大型集贸市场调委会、行政接边地区调委会、商事纠纷调委会、房地产纠纷调委会、消费者协会调委会、交通事故纠纷调委会等。

此外,实践中出现的调解模式也不限于这些,有人还归纳出吸纳民间力量参与的人民调解、激励机制式的人民调解、引入民调评议制度的人民调解等模式。上述各种人民调解模式是我国实践中较具代表性的类型,是各地实践经验的总结,是对原有人民调解制度进行改革、完善、功能延伸的尝试结果,总体上呈现出对人民调解制度在解决民间纠纷方面优势的传承,但又超越了原有人民调解机制内涵的特点。但是,目前各种创新模式名目繁多、形式各异,体现出很强的地方性,为统一立法造成较大困难,也对人民调解的性质、定位提出了新的挑战。

---

〔12〕 彭芙蓉、冯学智:《反思与重构——人民调解制度研究》,中国政法大学出版社2013年版,第208页。

第五节　人民调解协议

一、人民调解协议的效力

人民调解协议是人民调解制度中的一项重要内容，人民调解协议的达成汇集调解组织、调解员、矛盾纠纷当事人多方努力，标志着矛盾纠纷得到初步解决。但矛盾纠纷能否得到彻底解决，还取决于人民调解协议的效力，即其具有同生效判决相同的终局性效力，还是仅具有民事合同的契约性效力。学者们对此进行了激烈的争论。目前，我国关于人民调解法律效力主要有以下一些规定：

第一，人民调解协议具有合同性质。2002 年出台的《最高人民法院关于审理涉及人民调解协议的民事案件的若干规定》明确了由双方当事人签字或者盖章的调解协议具有民事合同的性质，要求当事人按照约定履行调解协议，强化了人民调解协议的效力。虽然这一规定基本解决了人民调解协议的效力性质问题，但是也引发了一些新的实践和理论争议。如有人认为"人民调解协议不具有强制执行力，可能造成重复起诉；当一方以不履约向法院起诉请求对方履行调解协议时，会产生案件诉讼标的难以界定的问题；人民调解协议不应与民事合同相同"。[13] 甚至有人认为应当赋予人民调解协议与判决等同的效力。[14]

第二，具有债权债务内容的人民调解协议经公证后具有强制执行力。2002 年 11 月 1 日施行的《最高人民法院关于审理涉及人民调解协议的民事案件的若干规定》明确了公证机关赋予具有债权内容调解协议强制执行力后，债权人可以依法申请强制执行。

第三，经司法确认后具有强制执行力。2011 年 1 月 1 日施行的《人民调解法》规定在调解委员会主持下达成协议的，当事人双方可以在规定的期限内，向人民法院申请确认调解协议，人民法院应当及时审查调解协议，依法确认调解

---

〔13〕 徐昕：《迈向社会和谐的纠纷解决》，中国检察出版社 2008 年版，第 112 页；江伟、廖永安：《简论人民调解协议的性质与效力》，载《法学杂志》2003 年第 2 期。

〔14〕 卢少锋：《人民调解的知识谱系及反思》，载《福建论坛》（人文社会科学版）2010 年第 11 期。

协议的效力。这些规定表明了我国对人民调解协议法律效力的重视和强调,树立了调解协议的权威性,使调解协议不再流于形式,为调解协议的履行提供了有力的保障。这样的制度设计既考虑了当前人民调解员的能力和水平,也体现了纠纷的司法最终原则,具有现实的合理性。〔15〕

《人民调解法》规定"经人民调解委员会调解达成的调解协议,具有法律约束力,当事人应当按照约定履行"。理论界和实务界对此处的"法律约束力"产生了不同的理解。有人认为"人民调解协议本质上仍属于'私法上的和解',依靠诚信和自律履行,不能直接作为强制执行的依据。只有通过司法确认,调解协议才可转化为'诉讼上的和解',产生相当于生效判决的强制执行效力。当事人可以在调解协议中约定履行的义务、违约责任和放弃诉权"。有人认为"该法所说的'法律约束力',并不是指人民调解协议可以直接成为执行依据,实际上还是指的合同效力"。还有人认为"人民调解协议的'法律约束力'应当被理解为区别并高于、强于民事合同的法律效力,同时仍未具备与法院的裁判或调解书以及仲裁裁决等同样的强制执行力"。也有人认为"《人民调解法》既肯定了人民调解协议所具有的民事合同性质,赋予其确定力,但又不认为其仅仅具有合同那样的约束力,而是赋予其一定的程序法效力"。还有学者认为根据《人民调解法》对调解协议效力的规定,当事人可能会产生一种误解,即"人民调解协议只有在经过司法确认后,才具有当然的法律效力";如果当事人没有经过司法确认,虽然法律规定"应当按照约定履行",但是由于法律没有规定任何强制性的法律后果,当事人完全可以无视人民调解协议的效力而不予履行或不按照协议履行义务,这样看来,《人民调解法》实际上并没有明确和保障人民调解协议本身的法律效力。

二、人民调解协议的司法确认

2010 年《人民调解法》明确了人民调解协议的司法确认程序。此后,最高人民法院于 2011 年又颁布了《关于人民调解协议司法确认程序若干规定》,对司法确认的程序性事项进行了详细的设置。2012 年修改的新《民事诉讼法》和 2015 年《最高人民法院关于适用〈中华人民共和国民事诉讼法〉的解释》(以下简称《适用民诉法的解释》)在参考理论界与实务界的研究成果和实践经验的基

〔15〕 彭芙蓉、冯学智:《反思与重构——人民调解制度研究》,中国政法大学出版社 2013 年版,第 167 页。

础上，对之前颁布的司法解释和指导性文件进行了修改和补充，并将调解协议的司法确认程序规定于民事诉讼特别程序之中。

由于人民调解协议的司法确认制度在我国法律中属于新生“事物”，因此，自《人民调解法》公布以来，学术界和实务界对其展开了较为系统和深入的研究。学者们主要围绕着司法确认的性质、适用案件类型、审查范围、程序保障、救济程序和监督程序等问题进行了深入的研究。此外，关于《人民调解法》第33条规定的司法确认制度，有学者指出，最大的问题在于“协议当事人如何达成‘共同申请’的确认？共同申请以什么样的形式来进行？一方当事人如果拒绝共同申请应该怎么办？”而且，对于民事诉讼程序而言，有人提出这样的疑问：这样的司法确认法院应当以“确认之诉”的形式来立案受理，还是直接通过某个登记备案程序加以确认？如果是通过“确认之诉”的诉讼形式，即使法院适用简易程序审理，也必然是将简单的争议纠纷通过人民调解程序和民事诉讼程序的两层审查，无疑浪费了司法资源，也不利于提高办案效率；如果是通过登记备案的形式加以司法确认，以目前我国法院的机构设置，尚没有这样的部门明确开展此类业务，那么是否意味着法院将要重新设立一个部门受理人民调解协议的确认事宜？

尽管2011年3月21日最高人民法院公布的《关于人民调解协议司法确认程序的若干规定》，但该《规定》也仅仅是对人民调解协议司法确认的申请程序、确认范围、审理期限等做出的简单规定，对于上述诸多疑问仍未给予正面回应。随着《民事诉讼法》的修改和最高人民法院《适用民诉法的解释》的实施，学者们争议的问题得到了一定程度的解决，如调解协议司法确认程序的非诉讼属性的确定、适用案件类型限制性规定的完善、司法确认程序的规范化、作为民事诉讼特别程序的救济措施等内容纷纷得到了明确。但司法确认裁定书的既判力问题，针对调解协议提起的诉讼法院审查调解协议的合法性还是原纠纷的问题，当事人提起的与调解协议效力有关的诉讼都属于哪些诉讼类型、其诉讼标的是什么的问题，司法确认程序的法律监督等问题仍然没有得到有效的解决，尚需法律和司法解释的进一步明确。

第六节 人民调解的新发展

一、专业性、行业性调解的兴起

近年来,人民调解的范围从传统的矛盾纠纷逐渐扩大到一些新类型的案件。"中华全国人民调解员协会网""经典案例"栏目将案件细化为以下十七类:婚姻家庭纠纷、经济合同纠纷、土地承包纠纷、征地拆迁纠纷、村务管理纠纷、计划生育纠纷、消费者权益纠纷、劳动纠纷、施工扰民纠纷、交通赔偿纠纷、房屋宅基地纠纷、邻里纠纷、行政接边区域纠纷、赔偿纠纷、物业纠纷、医患纠纷以及其他。[16]《人民调解法》实施后,一些新型调解组织不断出现,但推进行业专业性人民调解组织建设却存在诸多困难,如设立主体合法性及履职能力问题、调解队伍年龄结构及其稳定性问题、经费的长期性及平衡性的问题、地方性立法的滞后问题均困扰着专业性、行业性调解组织的顺利发展。

目前针对各类专业性、行业性人民调解的研究从不同的角度说明人民调解在各类新类型纠纷解决中的重要作用,同时也提出一些具有建设性的建议。而比较集中的问题是这些新兴的民间调解组织如何与人民调解组织实现有效整合。因为民间调解机构与人民调解组织既存在共性和统一、整合的可能,又具有其特殊性。例如,与社区调解不同,消协、工会本身作为利益群体代表,不具有完全中立性;医疗、交通事故调解需要特殊的专业知识和经验;律师调解则具有法律评价性特点等。这些特殊性需要通过更适当的规则、制度、人员结构、程序加以体现。主管部门既要避免重复设立调解机构及其恶性竞争,克制急功近利发展高端调解机构的冲动,又要充分尊重各种调解的特殊性,通过具体制度设计和规则对新型调解组织加以规范;既要开放和激励,也应有必要的审查、监督、考核、惩戒、退出等机制。

《司法部关于进一步加强行业性专业性人民调解工作的意见》(司发通〔2014〕109号)指出,"开展行业性、专业性人民调解工作,是围绕中心、服务大

〔16〕《经典案例》。载中华全国人民调解员协会网:http://www.rmtj.org.cn/index.php,最后访问日期:2017年4月5日。

局，充分发挥人民调解职能作用的重要举措，是新时期人民调解工作的创新、发展，是人民调解制度的丰富、完善。但由于行业性、专业性人民调解工作开展时间不长，还存在组织不健全、制度机制不完善、工作不规范、经费保障没有落实到位等问题，各地对此要高度重视，采取有效措施切实加以解决”。《人民调解法》实施以来，行业性、专业化人民调解队伍有所增加，但其人数依然有限。根据2011年人民调解队伍构成分析，交通事故调委会、医疗纠纷调委会、物业纠纷调委会等专业性调委会人数分别在调解员总数中占0.35%、0.39%、0.26%，仅从人数来看，也不能满足及时解决新型纠纷的需要。[17] 2014年，全国共设立行业性、专业性人民调解组织3.6万个，化解行业性、专业性矛盾纠纷110余万件。[18] 针对如何广泛地建立专业、行业性调解组织，以及如何良好的运行都将成为今后一段时间内研究的重点。

二、人民调解员的专业化和职业化

在人民调解制度建设中，人民调解员的工作能力、调解方式和业务素质一直是社会各界广泛关注的问题，大多数人认为目前人民调解员结构不合理、素质偏低、法律知识欠缺、队伍不稳定是造成人民调解制度不能很好发挥作用的重要原因。针对新的《人民调解法》，有些人对人民调解员的准入条件没有提高而加以批评，也有人认为，正是对人民调解员的条件不设定硬指标，才为人民调解的开放性打下基础，也能从制度上保证人民调解的民间性和自治性。[19]

在人民调解员专业化路径选择上，各地司法行政系统采取了多种多样的方式。有的邀请领导、专家给人民调解员授课，组织学习调解业务知识和最新法律法规，开展论坛交流、案例分析讨论、调解案卷评比等活动，以提高人民调解员的工作能力；有的建立人民调解员“人才库”，面向社会招聘执业律师、基层法律工作者以及民族宗教人士、退休法官、检察官；有的将人民调解员请进法院，通过观摩经验丰富的审判人员“调解”，实现“以案代训”；有的在招聘人民调解员时，明令要求应聘人员具有大专以上的学历，并且优先考虑法律专业人士和有一定社会经验的人员；还有的地方对人民调解员实行岗前培训、要求持证上

〔17〕 李喜莲：《人民调解制度发展的瓶颈及对策——兼评〈中华人民共和国人民调解法〉》，载《湘潭大学学报》(哲学社会科学版)2014年第11期。

〔18〕 陈钟：《十八大视野下行业性专业性人民调解组织建设的思考》，载《中国司法》2013年第7期。

〔19〕 洪冬英：《论大调解格局下的人民调解制度定位》，载《河南财经政法大学学报》2013年第4期。

岗;个别高校还开设了人民调解专业。但对于人民调解的专业化,也有不少人士表示担忧,怕这样会使人民调解失去草根性,脱离群众,使其群众性和民间性进一步遭受损害。

在目前的社会转型过程中,如何在新型社区、村居建构中培养现代公民社会的理念,调动社区成员和志愿者的广泛参与,提高协商民主和自治能力,弱化社区调解的职权和国家色彩,避免法律职业的过度渗透和垄断,是今后需要正视的重要问题。《人民调解法》的一些新理念、原则和制度需要通过培训落实到调解实务中,理论界需要加强对纠纷解决普遍规律和共同价值的研究,对调解的模式和成熟经验加以总结、提升和分析,在大学的法律和公共管理等院系中开设有关课程和专业方向,进一步完善调解员培训机制,提高调解员的职业道德和技能。[20]

有人认为目前的人民调解员业务培训主要存在偏重对政策和法律法规的笼统解释而疏于对调解技能的培训和成功经验的分享,缺乏通俗易懂、深入浅出以及有用性和精彩性兼具的培训形式,培训时间短促、培训次数偏少、培训效果难以检测等问题。进而提出可以将培训业务有针对性地包给市场化、社会化的培训机构和采取现场分享、材料报道等因地制宜的方式进行。[21] 近年来,针对人民调解员的培训课程形式多样,与人民调解员培训有关的教科书、著作等资料纷纷面世出版,但其科学性与有效性还有待于进一步的观察和总结。

为认真落实党的十九大精神,深入贯彻党的十八届四中全会关于发展人民调解员队伍的决策部署,全面贯彻实施人民调解法,2018 年 3 月 28 日,中央全面深化改革委员会第一次会议审议通过《关于加强人民调解员队伍建设的意见》(以下简称《意见》),中央政法委、最高人民法院、司法部、民政部、财政部、人力资源和社会保障部正式印发。《意见》从优化人民调解员队伍结构、提高人民调解员队伍素质、加强人民调解员的管理、加强人民调解员工作保障等几个方面提出了具体的措施。如《意见》要求,注重选聘律师、公证员、仲裁员、基层法律服务工作者、医生、教师、专家学者等社会专业人士和退休法官、检察官、民警、司法行政干警以及相关行业主管部门退休人员担任人民调解员,不断提高人民调解员的专业化水平。《意见》强调,要在积极发展兼职人民调解员队伍的同时,大力发展专职人民调解员队伍,对各类人民调解委员会专职人民调解员

---

〔20〕 范愉:《〈中华人民共和国人民调解法〉评析》,载《法学家》2011 年第 2 期。

〔21〕 刘加良:《论人民调解制度的实效化》,载《法商研究》2013 年第 4 期。

配备提出数量要求。其中，行业性、专业性人民调解委员会应有3名以上专职人民调解员，乡镇（街道）人民调解委员会应有2名以上专职人民调解员，有条件的村（居）和企事业单位人民调解委员会应有1名以上专职人民调解员，派驻有关单位和部门的人民调解工作室应有2名以上专职人民调解员。《意见》强调，要加强人民调解员思想政治建设、纪律作风建设和党的建设。《意见》对各级司法行政部门和基层人民法院的培训责任提出了要求，明确坚持分级负责、以县（市、区）为主，加大对人民调解员的培训力度。在培训内容方面，重点开展社会形势、法律政策、职业道德、专业知识和调解技能等方面的培训。在培训形式方面，采取集中授课、研讨交流、案例评析、实地考察、现场观摩、旁听庭审、实训演练等形式，提高培训的针对性、有效性。同时要求，依托有条件的高校、培训机构开展培训工作，开发人民调解员培训课程和教材，建立完善人民调解员培训质量评估体系。在健全管理制度方面，《意见》强调，人民调解委员会应当建立健全人民调解员聘用、学习、培训、考评、奖惩等各项管理制度，加强对人民调解员的日常管理。《意见》明确，地方财政根据当地经济社会发展水平和财力状况，适当安排人民调解员补贴经费，补贴标准由县级以上司法行政部门商同级财政部门确定。对财政困难地区，省级要统筹现有资金渠道，加强人民调解工作经费保障。同时，对设立单位的保障责任，《意见》要求，人民调解委员会设立单位和相关行业主管部门应依法为人民调解员开展工作提供场所、设施等办公条件和必要的工作经费。为依法落实人民调解员抚恤政策，《意见》要求，司法行政部门应及时了解掌握人民调解员需要救助的情况，协调落实相关政策待遇。为加强人民调解员的人身保护，《意见》强调，当地司法行政部门和人民调解员协会应当会同有关部门采取措施予以保护，维护其合法权益。

第七节　人民调解与其他纠纷化解方式的衔接

随着现代社会矛盾纠纷多元化、复杂化程度的加剧，多元化纠纷解决机制受到学术界和实务界的高度重视。人民调解作为一种高效的纠纷解决方式，其制度建设得到了一定的优化改良，随着调解协议司法确认制度入法，人民调解制度与其他纠纷解决机制之间的衔接问题成为当前理论界和实务界探讨的重要课题。人民调解与其他纠纷化解方式的衔接主要包括人民调解与诉讼程序之间的衔接,以及人民调解与行政调解、司法调解等制度之间的衔接。前者通常被称为“诉调对接”,后者通常被称为“三调联动”。

目前对诉调对接概念的理解有各种不同的观点,如“诉调对接是诉讼调解与人民调解相衔接”“是法院委托调解和诉讼调解的衔接”“是诉讼调解与‘社会矛盾纠纷大调解机制’的衔接”“诉调对接是诉讼与调解这两种纠纷解决途径和方法之间的沟通、衔接与互动,是一种以法院为主导的,多元主体参加构建的诉讼与调解互相作用、司法调解和综合性的社会大调解有机衔接的机制”“诉调对接仅指法院诉讼与人民调解制度的有机结合”等。对诉调对接概念的不同理解导致了各地司法实践的形态各异,催生出了不同的经验做法。

《人民调解法》《民事诉讼法》等法律规范文本在一定程度上实现了对既有衔接机制的整合及对“诉调对接”实践的认可,形成了由“对调解协议纠纷的争讼型司法审查”“对人民调解协议的非讼型司法确认”“多元化司法(附设)调解”三者为核心路径的“诉调对接”机制体系。现行的三大“诉调对接”路径虽然基本实现了初步的规范化和体系化,但仍然存在制度定位不明晰、功能承载相冲突、作用场域相混同、实施细则不完善等问题。[22] 有人认为现行“诉调对接”的多种运行模式存在诸多待解之题,如“人民调解是否应该坚持其民间组织的特性?有党政机关领导人或者法院工作人员参加的调解是否还能够称为人民调解?诉前调解是否可以有法院的参与?委托调解的性质是人民调解还是诉讼调解?诉调如何衔接?如何进行司法确认?有法院参与的诉前调解是否需要司法确认?如果需要,与对人民调解的确认是否相同?经过诉前调解的案件,是否有必要再进行诉讼调解?如果再进行诉讼调解,是不是重复劳动,导致解纷效率低下?”[23] 对于这些问题,需要紧密结合实体法的基本理论来打通实体权利义务关系与程序基本原理之间的勾连关系,为当事人调解协议纠纷之请求权基础的认定、审理对象的确定以及原纠纷与调解协议间关系的处理等指明思路;防止司法确认程序被滥用;以解纷路径与纠纷类型相适应原则、自愿合法原则为根本基准,矫正重复调解、变相强迫调解、盲目追求调解结案率或调撤率等非理性做法。[24]

---

〔22〕 潘剑锋:《民诉法修订背景下对“诉调对接”机制的思考》,载《当代法学》2013 年第 3 期。
〔23〕 郭小冬:《民事诉调结合新模式的探索》,载《清华法学》2011 年第 3 期。
〔24〕 潘剑锋:《民诉法修订背景下对“诉调对接”机制的思考》,载《当代法学》2013 年第 3 期。

《中共中央关于构建社会主义和谐社会若干重大问题的决定》指明,应当完善矛盾纠纷排查调处工作制度,有机结合人民调解、行政调解和司法调解,更多采用调解方法,综合运用法律、政策、经济、行政等手段和教育、协商、疏导等方法,把矛盾化解在基层、解决在萌芽状态。这是“三调联动”机制的重要政策依据。人民调解、行政调解、司法调解“三调联动”的大调解机制承载着维稳的政治功能,寄托了党委政府希望通过创新社会管理以化解社会矛盾的追求。“三调联动”机制对社会管理的创新体现在强调社会自治、促进纠纷主体之间以及社会群体之间的对话、整合解纷资源和调整利益三方面。[25] “三调联动”作为大调解运动中的一种工作模式,在实践中取得了明显的成效,在各地的主要媒体的通讯报道上可见一斑。但“三调联动”工作机制仍面临着一些现实制约,理论研究也明显滞后。如何进一步深化“三调联动”机制建设,更好地发挥“三调联动”机制在构建和谐社会中的职能作用,是需要继续深入探讨和积极实践的一个重要课题。

一、人民调解与法院调解的衔接

人民调解和法院调解在功能上具有优势互补的特点,将二者衔接能够有效解决纠纷和化解矛盾。实践中法院和人民调解的衔接主要有以下几种方式:

一是通过在基层人民法院设立人民调解工作室,实现司法调解与人民调解的衔接。当事人起诉至法院的案件大多属于婚姻家庭、邻里、小额债务等简单的普通民事纠纷,通过诉讼程序处理不仅耗费大量的诉讼成本,而且需要的时间长,占用当事人的精力多,对簿公堂还有人情成本。法院受理这些案件后,其中很大一部分也是通过司法调解方式结案的。如果人民调解能化解这些矛盾纠纷,不仅大大节约司法资源,对当事人而言也是十分有益的。因此,基层人民法院与人民调解委员会联合探索发展了诉前人民调解机制。即基层人民法院在立案接待时,对于适宜通过人民调解解决的纠纷,向当事人宣传人民调解的优势,并告知其诉讼风险,在征得当事人同意后暂缓立案,先由纠纷当事人所在地(所在单位)或者纠纷发生地人民调解委员会进行调解。调解不成的,由人民法院审查立案。为方便当事人申请调解,很多地方的基层人民法院设立了人民调解工作室,由当地的人民调解委员会将人民调解员派驻到人民调解工作室,

---

〔25〕 李德恩:《社会管理创新视野下的“三调联动”》,载《社会科学家》2014年第1期。

专门负责诉前人民调解工作。

二是诉前委派调解。2016 年 5 月 23 日,最高人民法院审判委员会第 1684 次会议通过了《最高人民法院关于人民法院特邀调解的规定》,自 2016 年 7 月 1 日起施行。该规定指出"特邀调解是指人民法院吸纳符合条件的人民调解、行政调解、商事调解、行业调解等调解组织或者个人成为特邀调解组织或者特邀调解员,接受人民法院立案前委派或者立案后委托依法进行调解,促使当事人在平等协商基础上达成调解协议、解决纠纷的一种调解活动";"对适宜调解的纠纷,登记立案前,人民法院可以经当事人同意委派给特邀调解组织或者特邀调解员进行调解;登记立案后或者在审理过程中,可以委托给特邀调解组织或者特邀调解员进行调解"。因此,人民法院在立案登记之前可以将纠纷委派给加入特邀调解名册的人民调解组织对民事纠纷进行调解。委派调解达成的调解协议,当事人可以依照民事诉讼法、人民调解法等法律申请司法确认。当事人申请司法确认的,由调解组织所在地或者委派调解的基层人民法院管辖。该制度的设立不仅保障了当事人的程序选择权,维护当事人的合法权益,而且也更加有利于司法效率的提高。

三是诉中委托调解。在民事案件立案后,诉讼按照法定程序进行的过程中,人民法院在当事人自愿的基础上将具有调解可能性的纠纷委托给加入特邀调解名册的人民调解委员会进行调解,以帮助当事人解决纷争。诉中委托调解是人民调解与法院调解对接的一种新形式,具有有效解决纠纷、节约诉讼资源的优势。委托调解达成调解协议,特邀调解员应当向人民法院提交调解协议,由人民法院审查并制作调解书结案。达成调解协议后,当事人申请撤诉的,人民法院应当依法做出裁定。委托调解未达成调解协议的,转入审判程序审理。

四是联席会议制度。联席会议制度是指基层人民法院、司法行政部门以及人民调解委员会应该定期举行会议,就工作情况及遇到的困难定期交流的制度。建立联席会议有以下优势:第一,通过定期交流可以提高调解员的水平;第二,通过分享经验可以加强相关部门间的合作;第三,可以减轻法院的办案压力;第四,可以有效解决当事人之间的矛盾纠纷。

二、人民调解与行政调解的衔接

行政调解是指在行政机关的主持下帮助当事人化解矛盾的一种纠纷解决

机制。长期以来,行政调解广泛地运用于纠纷解决中,随着民事争议的复杂化,仅仅通过行政调解不能满足社会发展的需要,因此,将人民调解和行政调解衔接显得越发重要。行政调解主要包括两种:治安调解和信访调解。

(一)人民调解与治安调解的衔接

治安调解的范围规定在我国《治安管理处罚法》中,而人民调解的范围针对的是涉及民事权利义务的争议。即使二者看似没有交集,但是民间纠纷激化后,即属于治安调解的范畴,这时人民调解组织可以对这些不需要进行治安处罚的纠纷进行调解。实务中,为了方便人民调解和治安调解的对接,可以在派出所设立人民调解工作室,对于一些轻微的纠纷,如果纠纷当事人愿意接受调解,可以由派出所的调解工作室承担起这项职能,一方面可以扩大人民调解的范围,另一方面由派出所成立的调解室调处纠纷可以提高调解的成功率和履行率,以便快速高效的帮助当事人解决矛盾纷争。

(二)人民调解与信访调解的衔接

信访一般是指社会成员通过向基层政府口头或书面提出自己的请求,要求基层政府为其解决纷争的一种纠纷解决方式。虽然信访可能会使基层政府重视自己的请求,维护自己的合法权益,但实践中请求人信投错门、访找错对象的情况时有发生,有时严重影响了相关部门的正常工作,这样一来,不仅请求人的愿望没有达成,而且也可能加剧矛盾的激化和升级,从而影响社会的和谐和治安秩序的稳定。为了减少这种情况的发生,实践中一些地方将人民调解机制引入信访制度,不得不说是一个明智之举。实践中将这种做法称为信访调解,信访调解是指各级行政机关、具有管理公共事务职能的组织、提供公共服务的企事业单位(以下简称社会管理组织)针对信访人提出的投诉请求,经信访人申请或信访人与有权处理信访事项的社会管理组织协商同意,依照法律、法规、规章和政策,信访人与社会管理组织或在信访机构主持下协商解决信访事项的活动。随着社会的发展,信访纠纷也呈现多样化的趋势,在处理信访纷争时,调解机制起了不可替代的作用,因此,建立人民调解与信访调解的衔接机制被越来越多的基层政府重视。有关学者总结实践中有两种模式,一种为在信访调解中心设立人民调解接待室和人民调解庭;另一种为在信访调解中心设立律师接待室。[26] 无论哪一种模式,都可以实现人民调解和信访调解的对接,有助于缓解政府压力,高效迅速的解决当事人之间的纷争,及时维护当事人的合法权益。同时,人民调解与信访调解的衔接也拓宽了人民调解的业务范围,是适应社会发展潮流的表现。

—— 训练 ——

阅读以下案例并写出案例评析报告

案情:[27]

2017 年 8 月 20 日下午 4:30 左右,冯某放学回家,途经张某家门口时(当时张某本人不在家中),被其饲养的三条狼狗咬伤。幸亏当时有同村人李某路过,立即将受伤的冯某送到万德镇卫生院进行临时包扎,同时电话向派出所报警,然后又电话告知冯某的母亲吴某和狼狗主人张某。吴某和张某同时赶到镇卫生院,将冯某送到武定县疾病控制中心注射狂犬疫苗,再到县医院进行消炎治疗。当天的所有费用均由张某支付。在后续治疗(后续治疗在万德镇卫生院进行)期间,张某也经常去看望冯某。经过近一个月的疗程,至 9 月 10 日,冯某已基本康复,而此时吴某已花去后续医疗费近千元。为赔偿一事,吴某数次到张某家中协商,张某始终只认账当天的费用并称已全部支付,其他的不予认账。吴某又找到万德村人民调解委员会,请村调委会出面协调数次,均无果。于是,吴某于 9 月 16 日来到万德司法所,申请调解。

接到吴某的调解申请后,万德司法所所长张栗苹向吴某了解了案情发生的具体经过,听取了吴某提出的医药费、交通费、营养费、误工费以及精神抚慰金等共 13800 余元的赔偿要求,并安排干警做了详细的记录。接着又向万德派出所、万德镇卫生院进行了认真的核实调查,并查阅了冯某在万德镇卫生院、武定县疾病预防控制中心治疗的相关资料以及派出所民警调查时拍摄的照片材料。

接着,张所长通知张某到司法所,询问了纠纷的一些细节。从张某陈述的情况来

---

〔26〕 彭芙蓉、冯学智:《反思与重构——人民调解制度研究》,中国政法大学出版社 2013 年版,第 180 页。

〔27〕 资料来源:武定长安网,http://www.wdzf.org.cn/General/ShowArticle.asp? ArticleID=2823,最后访问日期:2018 年 6 月 24 日。

看,双方对事实的描述无太大的出入。于是张所长问张某对此事有什么看法。张某认为当时她本人和丈夫都不在家,她家的狗咬伤了冯某,她已支付了当天的交通费和狂犬疫苗费用共400余元,还有后来去看望冯某时也买了不少食物和营养品等,认为自己已经尽到了责任。至于吴某提出的赔偿款项特别是精神抚慰金的要求,她坚决不予承担。张所长首先肯定了在这件事中,张某的态度是诚恳的:能主动帮吴某送孩子去医院,主动支付交通费与狂犬疫苗费,还能在后续治疗期间携带营养品去看望冯某等。但张所长同时指出:这是一起民事侵权纠纷,事实部分已由派出所调查清楚。本案对孩子的伤害确实很大,按照相关法律法规,作为狼狗饲养人的张某理应承担相适应的侵权责任,依法给予赔偿。在张所长的耐心劝说下,张某答应回家与家人商量后再定。张所长还将《中华人民共和国侵权责任法》和《中华人民共和国未成年人保护法》文本赠送张某,要她回家后与丈夫一道认真学习领会,正确对待,依法赔偿,司法所将择日进行再次调解。

5天后,吴某来到司法所询问进展情况,张所长建议她对孩子的伤势进行司法鉴定,以确定伤残级别,否则她所提出的精神抚慰金标准亦无法确定。吴某表示要回家与家人商量,毕竟进行司法鉴定需要一定的费用。当日,吴某电话答复张所长:不做司法鉴定,放弃先前提出的1万元精神抚慰金的诉求。

此后的数日内,张所长在处理其他工作的同时,经常电话联系张某及其丈夫,均未得到明确答复。9月26日,张所长与村调解员一道专程到张某家进行协调。张某丈夫态度一开始很不友好,后经张所长的批评教育后才有所缓和。张所长言明吴某已放弃精神抚慰金的请求,只要求他们赔偿相关费用共3800元。张某夫妇仍然拒绝,仅仅答应再赔偿几百元营养费,其余概不承担。并直言:如果本条件吴某不接受,那就中止调解,通过诉讼途径解决。眼看调解即将陷入僵局,张所长与村调解员也就没再坚持,在告诫张某夫妇"要用合法途径来解决矛盾,不得采用过激方式使矛盾升级"之后即行离开,并电话向吴某进行了反馈。9月30日,吴某再次来到司法所,要求继续调解,并答应在张某所提的赔偿数额的基础上适当提高即可。

于是张所长通知张某到所,再次向其宣传法律法规,并出示冯某的伤势照片,辅以社会道德和情感层面的说服教育。终于,张某答应提高赔偿数额。于是张所长当即通知吴某到所,将双方集中进行调解。经过数小时的耐心说服,双方终于达成一致意见,现场签订并履行了协议。一起饲养动物伤害赔偿纠纷就此画上了圆满的句号。

第六章　行政调解制度

第一节　行政调解概述

一、行政调解的概念及特征

国家行政机关或准行政机关所设或附设的非诉讼纠纷解决程序包括行政调解、行政申诉、行政裁决等基本形式。运用调解与和解手段解决行政纠纷，对于促进政府与公民之间形成和谐与合作关系，协调各行政机关之间的关系，有效平息行政争端均具有良好的效果。

（一）行政调解的概念

对于行政调解的概念，有诸多不同的看法。仅从从字面上理解其意，即"国家行政机关所作的调解"。[1]《诉讼法大辞典》是这样表述的："行政调解是国家行政机关或行政机关设置的专门机构对纠纷双方当事人通过说服教育，使其互相谅解，在协商的基础上使争议获得解决的方法及制度。不仅包括法律授权特定的国家行政机关（工商行政管理机关）对企事业单位之间发生的经济合同争议所作的调解，也还包括行政机关对其所隶属的机构或个人之间一定范围的争议进行调解。"[2]有的学者把行政调解定义为"行政主体主持的，以国家法律和政策为依据，以自愿为原则，通过说服、教育等方法，促使双方当事人互谅互让、达成协议，以解决民事争议或特定行政争议（行政赔偿争议）的活动"。[3]有的学者认为"行政调解，指行政机关依照法律规定，在行政职权的范围内，以

---

〔1〕《辞海》（第六版彩图本），上海辞书出版社2009年版，第2258页。

〔2〕柴发邦：《诉讼法大辞典》，四川人民出版社1989年版，第306～307页。

〔3〕方世荣、石佑启：《行政法与行政诉讼法》，北京大学出版社2005年版，第309页。

当事人自愿为原则，对特定的民事、经济纠纷、一般违法行为和轻微刑事案件进行居中调停，以促使争议当事人协商解决纠纷的行政行为”[4]等。

上述概念中存在几方面的不同认识：

第一，对行政调解的性质认识不同。对行政调解的性质争论主要在于“行政行为说”还是“非行政行为说”。持行政行为说的学者认为，行政调解是政府的独立行政行为是由行政主体主持的，以国家政策和法律为依据，以自愿为原则，通过说服教育等方法，促使双方当事人达成协议，从而解决争议的行政行为。[5] 持非行政行为说的学者认为，虽然行政调解有司法的一些特点，但调解的本质决定了行政调解并非行政行为。[6] 还有人认为，行政调解是一种行政主体（包括行政机关和法律法规授权的组织）居间对纠纷当事人进行的调解行政性纠纷的解决机制，只是一种行政性 ADR。[7]

第二，对主持者认识上的不同。有人认为行政调解主体为行政机关，有人认为行政调解如果仅是行政机关主持下的调解，不能涵盖法律法规授权的其他组织主持调解的情形。以我国目前存在的行政调解职权的主体定位来看，既有行政机关及其设置的一些机构，如司法行政部门设置的司法所调解民事纠纷的活动；也有有关组织依据法律法规进行特定纠纷的调解活动，如消费者协会依据《消费者权益保护法》第 39 条规定对消费者和经营者发生消费者权益争议进行的调解。

第三，对调解范围认识不同。有人认为行政调解的纠纷范围限于民事争议或特定行政争议，有人则将范围扩大至轻微刑事案件也可进行调解。所谓民事争议就是平等主体之间发生的争议；所谓特定行政争议，是在日常行政管理中出现的，与行政管理或行政事务相联系的，可行使自由裁量权的争议。关于轻微的刑事案件可否调解，目前我国并没有法律明确加以规定。提出可以调解的学者，也认为应当是轻微的刑事违法行为，即未构成刑事案件。

我们认为，行政调解是指具有调解纠纷职能的行政主体，根据国家法律、政策和公序良俗，在双方当事人平等自愿的前提下，在分清责任、明辨是非的基础上，通过说服教育，促使双方自愿达成协议从而解决纠纷的活动，通常也称为政

---

〔4〕 董少谋主编：《中国民事诉讼法学》，中国政法大学出版社 2007 年版，第 9 页。

〔5〕 熊文钊：《现代行政法原理》，法律出版社 2000 年版，第 480 页；方世荣：《行政法与行政诉讼法学》，人民法院出版社 2003 年版，第 273 页。

〔6〕 朱最新：《社会转型中的行政调解制度》，载《行政法学研究》2006 年第 2 期。

〔7〕 范愉：《行政调解问题刍议》，载《广东社会科学》2008 年第 6 期。

府调解,应当是一种行政行为。

(二)行政调解的特征

我国没有关于行政调解的专门法律规定,对行政调解的规范散见于《行政复议法》《婚姻法》《劳动法》《道路交通安全法》《治安管理处罚法》等法律及《行政复议法实施条例》《医疗事故处理条例》《道路交通安全法实施条例》等行政法规中。从我国现行规定来看,行政调解具有以下特点:

1. 调解主体身份的特定性

传统的认识中,行政调解是依法享有行政职权的国家行政机关主持的调解活动。但是,随着行政权以及行政行为的不断发展,一些经法律法规授权的组织也具有一定的行政职能,因此,行政调解的主体也可是法律法规授权的组织。在我国目前的法律体系中,各行政机关根据职权范围实施行政调解规定较多,而对于法律法规授权组织行使行政调解职权的规定较少。

2. 调解范围的广泛性

在现行法律制度的框架里,行政调解范围涉及广泛,主要为民事纠纷,也包括特定的行政争议和轻微的刑事案件。其可分为两种形式:一是人民政府及其设置的机构,可调解公民之间、公民与法人之间以及法人与法人之间民事权益争议;公安机关可调解交通事故损害赔偿案件、情节轻微的打架、斗殴或者损毁他人财物等引起的民间纠纷;医疗卫生行政机关可对已确定的医疗事故的赔偿进行调解。其他诸如自然资源、环境保护、公共交通、商业、计量、邮政以及民政等行政管理机关都可根据行政法律法规授权范围对涉及专利、商标、土地、森林、渔业、草原、矿产和水产等权属纠纷进行调解。二是其他组织根据法律规定,对特定民事纠纷、劳动纠纷进行调解,如消费者协会对消费纠纷进行的调解。

3. 调解效力的差别性

行政调解中达成的调解协议具有以下两种不同法律效力:

一是没有直接的法律效力。大多数行政调解协议是没有法律约束力的,主要靠双方当事人的承诺、信用和社会舆论等道德力量来维护。因为不具有强制执行力,当事人是否履行完全由当事人自主决定,如果一方当事人反悔,未自觉履行义务,行政机关可做出裁决,另一方当事人也可根据法律规定申请仲裁,或者向人民法院提起诉讼。

二是有直接的法律效力。《最高人民法院关于建立健全诉讼与非诉讼相衔接的矛盾纠纷解决机制的若干意见》中确认了行政调解书具有合同性质。当事人就劳动争议向劳动行政部门申请仲裁，经仲裁程序达成的劳动仲裁调解书生效后，对双方当事人具有合同约束力，双方当事人可以向人民法院申请确认调解协议效力。因支付拖欠劳动报酬、工伤医疗费、经济补偿或者赔偿金事项达成调解协议，用人单位在协议约定期限内不履行的，劳动者可以持调解协议书依法向人民法院申请支付令。

二、行政调解的价值

在我国的三大调解制度中，因为行政机关的专业性、调解范围的广泛性、调解手段的灵活性以及调解结果的认同性，使行政调解有其独特的优势。我国正处在社会变革的重要时期，各类矛盾凸显，以行政调解手段化解行政纠纷，不仅有利于监督行政权力，更有利于保障公民的基本权利、维护社会和谐稳定。

第一，行政调解是"大调解"机制得以发挥有效作用的必然组成部分。大调解是具有中国特色的非诉讼纠纷解决机制，是调动社会各界联合、联动协调处理社会矛盾纠纷的工作体系。2010年，国务院发布《关于加强法治政府建设的意见》（以下简称《意见》），明确了政府在化解矛盾、解决纠纷上，要发挥自身所独有的优势，参与解决行政纠纷的过程，促进行政纠纷合理有效解决。《意见》指出"健全社会矛盾纠纷调解机制。要把行政调解作为地方各级人民政府和有关部门的重要职责，建立由地方各级人民政府负总责、政府法制机构牵头、各职能部门为主体的行政调解工作体制，充分发挥行政机关在化解行政争议和民事纠纷中的作用"。

政府职能部门参与大调解，在实践中探索合理与优化行政调解的手段与措施，形成与人民调解、司法调解的科学化、协调化途径，使大调解机制中的各调解主体之间有效互动、和谐统一，形成调解工作合力，快速、全面解决行政争议与民事纠纷，保障社会稳定，也可降低解决纠纷的社会成本。

第二，能够展示政府的社会角色作用，树立威信。在公民本位、社会本位理念的指导下，政府的角色定位应当为公众的服务者，彰显"为人民服务"的宗旨，化解矛盾纠纷保持社会稳定，应当是政府相应的责任。

一项对市民心理因素的研究表明，那些依靠自我解决问题能力较差的群体,依赖政府机关的倾向更强。[8] 在我国一直有民众信任或敬畏行政机关的传统心理和文化基础,很多人仍然认为法院解决不了的事情政府可以解决。[9] 所以,《意见》中对"资源开发、环境污染、公共安全事故等方面的民事纠纷,以及涉及人数较多、影响较大、可能影响社会稳定的纠纷",要求政府部门主动进行调解,政府也在参加纠纷调解的过程中,了解群众需求,帮助解决困难,切实为群众带来实惠。行政调解为政府得到群众的支持与拥护,树立政府威信提供了基础,可形成群众与政府之间共同认可和赞同的良好社会关系。

第三,能够发挥东方经验的优势。中国的调解文化传统最为悠久,调解制度和调解组织最为发达,调解作为"东方经验"从古至今渗透于阶层、法律及冲突解决机制之中,因而才能传承下来。行政调解制度在我国具有群众需要和依赖的心理基础,也有浓厚的法律文化背景,行政调解在某种程度上比其他纠纷解决机制如司法审判或者人民调解等有助于彻底解决矛盾,维持社会秩序,也可减轻法院负担。实践表明,行政调解虽仍然是一种独具特色的行政管理方式,但基于社会冲突的本质与矛盾形态的不同,在解决纠纷的多元化机制运行中,它能够实现当事人寻求实际利益、追求实质性正义的目的,其效果与司法审判、人民调解的价值取向一致,从功能和构造方面更加丰富了"东方经验",使其更加富有新鲜的生命力。

三、行政调解与行政和解

关于和解的意思,《辞海》解释为"不再争执,归于和好"。[10] 如果将其赋予法律意义上的含义,一直以来都被认为是一种私法领域的纠纷解决方式,王泽鉴解释为"谓当事人约定,互相让步,以终止争执或防止争执发生之契约",[11] 其本质在于通过协商使争议得到妥善解决。

行政和解是解决行政争议的一种方式,目的是行政纠纷双方当事人之间通过相互协商、让步,达到"消除"原合理行政判断中关于"事实或者法律问题"的不确定、难确定的状态。[12]

由此可见,行政和解涉及行政诉讼、行政执法领域,故有行政诉讼中的和

---

〔8〕[日]棚濑孝雄:《纠纷的解决与审判制度》,王亚新译,中国政法大学出版社1994年版,第223页。

〔9〕张海燕:《大调解视野下的我国行政调解制度再思考》,载《中国行政管理》2012年第1期。

〔10〕辞海编辑委员会编纂:《辞海》(第六版彩图本),上海辞书出版社2009年版,第865页。

〔11〕王泽鉴:《民法概要》,中国政法大学出版社2003年版,第447~448页。

〔12〕[德]哈特穆特·毛雷尔:《行政法学总论》,法律出版社2000年版,第353页。

解、行政执法和解、行政复议中的和解等形式，各种和解均具有“自愿达成谅解并解决纠纷”的性质。对行政和解，目前还没有一种权威而清晰的概念和范围界定，本书主要指诉讼外行政相对人就行政行为处分方式或内容进行和解，同时行政机关可以就相对人之间民事损害赔偿的和解意思进行确认。对于当事人之间就民事纠纷达成的和解协议，有人认为这是一种“私了”行为，不应当归属于行政和解。[13] 其实，它不同于一般意义上的“私了”，虽为当事人之间对纠纷的自行解决，但是一种在行政机关以一定“规则指导下的交易”。[14] 本书认为，如果行政相对人之间就民事纠纷达成协议，行政机关审查其内容合法的，就是行政和解。

故行政和解是行政主体在履行职责中，依照自愿原则，以事实为依据，以法律为准绳，与行政相对人就行政行为、民事纠纷达成妥协，化解纠纷的一种救济制度。例如，《行政复议法实施条例》第40条规定，如果和解内容不损害社会公共利益和他人合法权益，则行政机关与申请人可在行政复议决定做出前自愿达成和解，复议机关应当准许。

我国台湾地区“行政程序法”第136条对行政执法中的和解规定，在行政机关对所处分的事实或法律关系不能确定时，为了解决争执，“得与人民和解，缔结行政契约，以代替行政处分”。[15]

行政调解与行政和解都具有化解纠纷的作用，二者区别如下：

1. 纠纷的性质不同。行政调解更多的是行政机关对当事人之间的民事争议进行调解，行政和解一方面为行政机关对行政相对人之间的民事纠纷同意并确认其和解，另一方面是行政机关对因行政行为而产生的行政争议进行和解。

2. 行政机关的地位不同。行政机关进行调解是行政机关以第三方身份主动参与到当事人中对纠纷进行调解，体现政府的服务职责，也体现政府的强势主动性；行政和解适用于行政纠纷，行政机关是纠纷的当事人，与行政相对人地位平等，彼此尊重与理解，共同寻求合意，政府的强势地位减弱。

四、行政调解、法院调解和人民调解的区别

我国行政调解、法院调解、人民调解构成了“大调解”体系框架，都是一定社

---

〔13〕 唐峰：《纠纷和解研究》，中国政法大学出版社2012年版，第12页。

〔14〕 余克弟、葛阳、黎红：《服务型政府背景下行政和解制度的构建》，载《江西社会科学》2011年第12期。

〔15〕 耿浩飞：《治理视角下行政执法方式变革研究》，中国政法大学出版社2015年版，第233页。

会主体运用各自的职权对特定范围内法律纠纷进行干预,从而处理和化解矛盾的方式和手段。行政调解较之法院调解和人民调解,具有独特的手段、范围与功能,在纠纷解决机制中占据重要的法律地位。行政调解较之法院调解和人民调解的不同之处在于:

1. 调解的主持者不同。行政调解的主持者是依法享有行政职权,代表国家进行行政管理、按照法律规定负有调解纠纷职责的行政机关;人民调解的主持者是人民调解委员会,它是村民委员会、居民委员会或企事业单位下设的调解民间纠纷的群众性组织;法院调解的主持者是具有司法审判职能的人民法院,是人民法院行使审判权的一项活动。

2. 调解的性质不同。行政调解是依据行政职权或者接受行政职权委托实施的行政行为,因而具有行政性质;人民调解委员会是群众自治组织,当事人自主决定是否接受调解,因此属于群众自愿行为,其调解结果没有法律约束力。行政调解与人民调解均是诉讼外的调解活动。而法院调解是在诉讼过程中进行的调解,是一种法定的或必经的诉讼程序。

3. 参与调解的当事人不同。参与行政调解的当事人是特定的行政管理相对人;参与人民调解的当事人是双方涉及民事权利义务争议或者轻微刑事争议的利害关系人;参与法院调解的当事人因民事权利义务争议而受审判权约束的案件当事人。

4. 调解的范围不同。行政调解的范围主要是民事争议和行政赔偿争议;人民调解委员会调解的纠纷包括一般的民事纠纷、轻微的刑事纠纷;法院调解的范围则是当事人起诉到人民法院的民事纠纷、行政赔偿案件和法律规定的刑事自诉案件等。

5. 调解协议的效力不同。在民事诉讼中,经人民法院调解,当事人达成协议需制作调解书的,当事人签收的具有法律效力;不需要制作调解书的,记入笔录,由双方当事人、审判人员、书记员签名或者盖章后,即具有法律效力。法院的调解一旦生效,即形成与生效的判决同等的效力,具有法律约束力和强制力,双方当事人都必须履行协议,如果一方不履行的,另一方可以向人民法院申请强制执行。

2009 年《最高人民法院关于建立健全诉讼与非诉讼相衔接的矛盾纠纷解决机制的若干意见》对行政调解的效力予以明确:行政机关依法对民事纠纷进行调处后达成的有民事权利义务内容的调解协议或者做出的其他不属于可诉具

体行政行为的处理,经双方当事人签字或者盖章后,具有民事合同性质。该协议需依靠当事人自觉履行,如果一方反悔而拒绝履行的,不承担法律责任。可以看出,如果当事人不履行调解协议,则可能会导致行政调解资源的浪费。对此,当事人可申请人民法院审理,行政机关亦可根据法律规定对行为人给予处罚。如《治安管理处罚法》第9条规定:“经公安机关调解,当事人达成协议的,不予处罚。经调解未达成协议或者达成协议后不履行的,公安机关应当依照本法的规定对违反治安管理行为人给予处罚。”

合法有效的人民调解协议具有合同的性质,双方当事人也可向人民法院申请确认协议的有效性。人民法院受理申请后,经审查,符合法律规定的,裁定调解协议有效,一方当事人拒绝履行或者未全部履行的,对方当事人可以向人民法院申请执行。行政调解、人民调解和法院调解在不同层次、不同领域完成调解任务,是国家行政权力、社会干预和司法活动的有机结合。

人民调解、司法调解、行政调解相结合的大调解实践仍然存在适应性方面的不足,以及法律地位不明确、地方性特点突出等问题,需要在立法及制度完善等方面的进一步探索。

第二节 我国行政调解的历史演变

行政调解作为纠纷解决方式之一,以其功能价值和职能优势自古就为政府重视,备受民众青睐。伴随社会发展和“大调解”机制的建立,更加显现其重要地位。

一、我国古代的行政调解

孔子说:“听讼,吾犹人也,必也使无讼乎。”春秋时期,孔子任鲁国司寇时,其“无讼”观对其审理案件起到重要指导作用,他以道德感化人们不要争讼,是倡导调解息讼的先驱人物。因此在我国古代社会,尊崇儒家“无讼”的政治法律思想,统治者倡导思想教化作用,政府极力鼓励非恶性案件运用调解手段来解决。地方行政官员对大多数告到衙门的纠纷进行调解时,“更像一位调停子女争吵的仁爱父母,而非执法严厉的裁判官”,[16]“总是反复要求原被告双方用家庭和村社内部解决的办法,平息纠纷”。[17] 官府的调解成为解决民事纠纷的重要机制,并且将调处息讼与弥盗、完粮作为考察官员政绩的三大标准。[18]

秦汉是我国古代封建社会得以建立与发展时期,此时期的行政调解也进入发展阶段。“德主刑辅”“礼法并用”的儒家“和为贵”思想在官府调解上也得以贯彻。据《汉书·百官公卿表》记载,秦汉基层行政组织管理设置为“十里一亭,亭有长。十亭一乡,乡有三老、有秩、啬夫、游徼”。三老、有秩、啬夫、游徼等均为乡官,协助县令治理一乡之事。“三老掌教化。啬夫职听讼,收赋税。”啬夫是主持本乡内政的官吏之一,其首要职责是“听讼”,即调解民间纠纷。乡治调解是具有半官方性质的调解。[19] 在《后汉书·循吏列传》中记载了刘矩为县令时对纠纷当事人运用“引之于前,提耳训告……使归更寻思”而“讼者感之,辄各罢去”的调解手段来化解矛盾。官员韩延寿也因为自己未能很好的发挥调解作用而“闭门思过”。[20]

唐朝时期的礼法结合进入了新阶段,虽然唐律在官府对民间纠纷的调解上没有做明文规定。但在司法实践中,县令多以伦理为据,主持调解亲属纠纷、户婚田地等较轻微案件争讼,官府调解息讼逐渐成为风气。神龙年间(公元705~707年),韦景骏任肥县县令时,为解决母子纠纷,特赠送《孝经》令当事人习读,当事人心怀感动,各自悔改,表示不再诉讼。[21]

到宋朝时期,资本主义的商品经济萌芽出现,对内和对外的经济交往较多,由此导致的矛盾和冲突增加。为提高解决纠纷的效率,需要解决纠纷的手段更加便捷,因而促进调解迅速发展。另外,宋代地方官员及司法官员大多来自读书人,受宋明理学的传统儒家思想影响,选官制度、科举制度及社会风气融合了和谐及无讼的理念。

宋时调解称为“和对”,已有官府调解、乡曲亲戚调解、宗族调解之分,地方官都以劝解息讼为从政之要务,在面对民众的纷争时,尽量不通过法律手段来

---

〔16〕 黄宗智:《清代民事审判与民间调解导论》,载《南京大学法律评论》1999年第1期。

〔17〕 [美]吉尔伯特·罗兹曼:《中国的现代化》,上海人民出版社1989年版,第126页。

〔18〕 李显冬:《溯本求源集:国土资源法律规范系统之民法思维》,中国法制出版社2012年版,第277页。

〔19〕 白钢:《中国政治制度通史》,人民出版社1996年版,第61页。

〔20〕 张晋藩:《法致中和,囹圄常空——中国古代为何有调解息讼的司法传统》,载《北京日报》2018年4月16日,第15版。

〔21〕 程广宗等:《中国历代县乡政府治政述要》,中州古籍出版社1995年版,第605页。

解决，而将调解广泛应用于解决民事纠纷之中，以实现“息事无讼”的理想，使调解更趋向制度化。

元朝时期为了疏导矛盾，化解争讼，增进和睦，稳定社会秩序和国家统治，官府倡导调解解决民事纠纷。有一位叶姓官员在审理一件兄弟争产案时，以兄弟之情对当事人进行调解，他说：“汝退而自思，兄弟钱财，孰轻孰重……其人愧谢，雍睦如初。”〔22〕元朝法律规定，通过审判官调解达成和解的案件，如果当事人再次起诉的不受理，即结案以后严定不许再起讼端。《元典章·刑部·诉讼》对地方官员调解纠纷的效力批示：“今后凡告婚姻、土地、家财、债负，如原告被论人等自愿告拦休合者，准告之后，再兴诉端，照勘得别无违错事理，不许变状。”可见，政府调解结案对当事人而言具有既判力和法律上的约束力，这是传统调解发展史上一个重要的里程碑。

明初规定全国的每个里都要设申明亭和旌善亭各一座，用于“民有善恶则书之，以示劝惩”的表扬和告诫之用。〔23〕同时“凡民间应有词讼，许耆老、里长准受于本亭剖理”，〔24〕调解不能和息的，再向官府起诉。

清代沿袭明朝做法，基层政权均实行保甲制，保正、甲头的职权是管户籍、征赋税、维持治安和调解民间纠纷。宣统元年（1909 年）清政府颁布《城、镇、乡地方自治章程》，规定在基层的各个地方自治局设息讼所，作为调解民间纠纷的机构，民间纠纷和依法撤回告诉的刑事案件，由息讼所邀请两造当事人和邻里调解处理。〔25〕据载，清嘉庆十五年至二十五年间，天津宝坻县自讼案的调解结案率竟高达 90%，〔26〕还将调处率纳入地方官员的政绩考核，从某种程度上导致调解适用范围被不适当地扩大。

我国古代主要的调解形式包括民间调解、官府调解和官批民调。其中官府调解和官批民调类似于今天的行政调解。

官府调解的范围可以是民事案件也可以是轻微刑事案件，在调解过程中，官吏依据道德规范或者法律规范，对当事人予以规劝。与民间调解相比较，官府调解并非当事人完全的自愿，而是长官利用自己的公权力权威要求当事人服从官府的意愿，因而带有一定的强制性。达成调解后，双方都必须保证不得反

〔22〕梁凤荣：《中国传统民法理念与规范》，郑州大学出版社 2003 年版，第 215 页。

〔23〕（清）顾炎武著，黄汝成集释：《日知录集释》（上），上海古籍出版社 2006 年版，第 474 页。

〔24〕《续文献通考》卷一百六十六。

〔25〕熊先觉：《司法制度与司法改革》，中国法制出版社 2003 年版，第 214 页。

〔26〕王钢：《中国古代调解制度及其特点》，载《光明日报》2012 年 6 月 14 日，第 14 版。

悔,日后不再滋事。

因中华法系自古实行司法与行政合二为一的体制,县官即法官,故民间纠纷告于官府后,司法调解往往容身于官府调解之中,相互结合,互为补充。故而由官府长官主持的调解应属于司法行为,应当称之为诉讼调解更为恰当。[27]

二、民国时期的行政调解

民国时期的地方自治组织行政系统中,设立专门的纠纷调解机关,发挥行政调解的积极影响。南京国民政府颁布法律明确规定乡镇公所是行政机关最基层部门,内部设立调解委员会办理民事调解,将"调解纠纷,和邻睦族"列为厉行新生活的基本理想。

民国时期的行政调解更加注重调解的程序与方式,先后制定了《乡镇自治实施法》《区自治实施法》《地方自治实施方案》《乡镇调解委员会组织规程》《区乡镇坊调解委员会权限规程》等规范,对调解范围、受理区域、调解期限等规定详细,使行政调解更具可操作性。

如《区乡镇坊调解委员会权限规程》规定:各县之区乡镇公所及各市之坊公所设立调解委员会,并接受区、乡镇监督;除民事案件外,妨碍风化罪、妨碍自由罪、妨碍名誉及信誉罪等也得调解;调解本区域为限,当事人不同区域时,得由民事被告所在地的调解委员会调解;民事调解日期为十天,当事人申请可再延长十天;已经法院受理的民事案件,经调解成立后应向法院申请销案;民事调解须得当事人同意,不能阻止告诉和强迫调解等。

作为开展调解的依据,各调解委员会制定自己的章程协助县政府开展民事诉讼前的行政调解。通过制定行政调解的具体细则,使县、区、乡、镇、坊等自治机构的民事调解有法可依,使民事调解制度的社会基础更加稳固。

三、新民主主义革命时期的行政调解

早在革命战争时期,革命根据地和解放区就已形成人民调解、法院调解和行政调解三种形式的调解制度。中华苏维埃共和国的区、乡两级政府,川陕省的区、乡级苏维埃政府都设有"裁判委员会",负责办理民事案件,解决群众纠纷。当时的行政调解主要由区、乡、村政权机构主持。

---

〔27〕　王小红、冯举、董伟霞:《社会矛盾化解行政机制创新研究》,郑州大学出版社2014年版,第13页。

抗日战争时期,抗日民主政府和解放区政府还颁布了有关调解的地方法规,如《山东省调解委员会暂行组织条例》《晋察冀边区行政村调解工作条例》《晋西北村调解暂行办法》《冀南区民刑事调解条例》以及华北人民政府的《关于调解民间纠纷的决定》等,使调解工作走上了制度化与法律化轨道。

政府调解一般由基层人民政府主持,通常为区长、乡长等政府官员主持,公正人士、劳动英雄参加,具有行政调解特征。

四、中华人民共和国成立后的行政调解

中华人民共和国成立后,行政调解对解决纠纷、减少诉讼、维护良好的社会生活秩序具有很大的贡献,它作为行政机关进行有效行政管理的必不可少的辅助手段仍然受到重视。

1950 年经政务院批准,劳动部颁布的《关于劳动争议解决程序的暂行规定》中规定,通过协商不能使争议获得解决的,得申请当地劳动行政机关调解。1981 年的《经济合同法》和 1983 年《经济合同仲裁条例》比较细致地规定了合同管理机关对经济合同纠纷的调解。1987 年《国营企业劳动争议处理暂行规定》和《中华人民共和国计量法实施细则》则分别对企业劳动争议调解委员会调解因履行合同发生的争议和计量行政部门调解计量纠纷做出了规定。逐步完善的行政调解制度对于缓和社会矛盾,维护社会安定发挥了重要作用。

2004 年 9 月,党的十六届四中全会通过的《中共中央关于加强党的执政能力建设的决定》指出,"深入研究社会管理规律,完善社会管理体系和政策法规,整合社会资源,建立健全党委领导、政府负责、社会协同、公众参与的社会管理格局"。党的十七大报告提出了"社会管理体系更加健全"的建设目标。2010 年 10 月,国务院发布了《关于加强法治政府建设的意见》,明确提出要把行政调解作为地方各级人民政府和有关部门的重要职责,充分发挥行政机关在化解行政争议和民事纠纷中的作用。地方各级政府也相继出台了行政调解办法、意见等地方法规。

建立多主体的复合治理结构,为的是解决我国在现代化建设过程中呈现的各社会阶层利益矛盾问题。行政调解是"大调解"格局中重要的环节,在化解社会冲突中起着十分重要的作用。

第三节　行政调解的种类

一、行政调解的分类标准

对于行政调解的分类,法律上并没有严格标准,对此学者也存在不同看法。结合行政调解自身的特点可作如下分类:

根据行政调解的对象不同,可分为民事争议和行政争议调解。行政调解主要以民事争议为调解对象,如侵权纠纷、合同纠纷、离婚纠纷等。此外,行政调解也以部分行政争议为调解对象,如行政补偿和行政赔偿纠纷。

根据调解主体不同,分为一般权限行政机关主持的调解和部门权限行政机关主持的调解。一般权限行政机关主持的调解,主要是指各级政府对民事纠纷或者与行政管理相关的纠纷进行的调解。如基层政府的司法助理员对民间纠纷主持的调解;部门权限行政机关主持的调解,是指行使特定行政管理权的行政机关在其职责范围内,对有关的民事纠纷或行政纠纷进行的调解。如公安机关对治安纠纷主持的调解,国家工商行政管理局主持的合同调解等。

依据行政调解的效力,可以分为正式调解和非正式调解。正式调解是指调解协议成立后即产生法律效力,具有强制执行力的行政调解。非正式调解是指调解协议成立后不具有强制执行力,而依赖于当事人自觉履行。我国大部分行政调解属于非正式调解。

二、我国行政调解的种类

行政调解广泛存在于行政管理活动的各个领域,发生在行政管理活动中的民事纠纷、行政纠纷,行政相对人要求行政主体进行处理,行政主体认为有调解可能的,都可以主持进行调解。根据我国目前相关法律、法规、规章以及规范性文件,常见的行政调解种类有:

(一)基层人民政府的调解

基层司法行政工作人员是基层人民政府的组成人员,除具有指导人民调解委员会工作的职责外,需调解大量的纠纷。司法部1990年颁布的《民间纠纷处理办法》规定，基层人民政府设立人民调解员，负责调处涉及公民之间的人身权关系和财产权关系的民事纠纷以及依照法律规定可以调解的轻微刑事案件。通过基层人民政府的调解，可以及时化解大量民间纠纷，促进民间安定和谐，并可减轻基层人民法院的诉讼负担。

（二）工商行政管理机关的调解

其是指由国家工商行政管理机关主持进行的调解，通常涉及的是与工商行政管理机关职权相关的合同类经济纠纷。我国《合同法》第 128 条第 1 款规定："当事人可以通过和解或者调解解决合同争议。"对于公民之间、法人之间、公民和法人之间的合同纠纷，当事人可以向工商行政管理机关提出调解申请，工商行政管理机关通过调解，化解纠纷，解决矛盾。

（三）公安机关的调解

其是指由公安机关主持进行的调解工作。一类为治安类调解，是指公安机关在处理治安案件时对治安案件当事人之间进行的调解活动。我国《治安管理处罚法》第 9 条规定，对情节较轻的因民间纠纷引起的打架斗殴或者损毁他人财物等违反治安管理的行为，公安机关可以主持打架斗殴双方或者损毁财物的侵权人和被害人之间进行调解。经公安机关调解，当事人达成协议的，不予处罚；经调解达不成协议或者达成协议后一方不履行义务的，公安机关要按照《治安管理处罚法》的规定对违反治安管理的行为人进行行政处罚，并告知被害人可以就人身伤害或损害赔偿向人民法院起诉。

另一类为交通管理类调解，是指在处理道路交通事故中，交警部门主持肇事方与被害人一方进行的调解活动。根据《道路交通安全法》和《道路交通事故处理程序规定》，交警部门就交通事故中肇事方对被害人造成的损失赔偿进行调解。

（四）婚姻登记机关的调解

它是指由婚姻登记机关离婚登记中主持离婚双方进行的调解活动。根据我国《婚姻法》规定，离婚双方必须到婚姻登记机关申请离婚，一方要求离婚的，婚姻登记机关可以主持双方进行调解。通过婚姻登记机关的调解，大多数夫妻可重新言归于好，这对于维护家庭和谐、社会稳定发挥了重要的作用。

(五)知识产权管理机关的调解

它是指知识产权行政管理部门对发生的包括著作权纠纷、专利权纠纷、商标权纠纷等进行调解。如《著作权法》第55条规定,著作权纠纷可以调解,也可以根据当事人达成的书面仲裁协议或者著作权合同中的仲裁条款,向仲裁机构申请仲裁。通过行政管理部门的调解,化解知识产权纠纷,维护当事人享有的知识产权。

(六)行政仲裁调解

行政仲裁是指经法律授权的行政机关或者行政性机构以第三者身份对特定的民事纠纷进行处理的活动。根据《劳动争议调解仲裁法》《农村土地承包经营纠纷调解仲裁法》等法律规定,目前我国的行政仲裁有劳动争议仲裁、人事争议仲裁、农村土地承包经营纠纷仲裁三种。

行政仲裁调解形成的调解协议产生法律效力,具有强制执行力。

三、我国台湾地区的行政调解

台湾地区受传统中国“息讼”思想的影响由来已久,其调解文化、调解理念、调解模式等方面同大陆地区一脉相承。早在日本统治时期,台湾总督府颁布《民事争讼调解规程》,由办务署长后为厅长负责有关民事冲突纠纷的调解。之后总督府相继发布了一系列有关厅长负责处理民事争讼调停事件的府令,直到台湾光复,始得废除。[28]

1946年台湾省“行政长官公署”根据民国政府制定的《乡镇调解委员会组织规程》,命所辖各乡镇公所设立调解委员会。1955年台湾制定公布实施了“乡镇市调解条例”,该“条例”已历经10次修改,最终形成现行的“乡镇市调解条例”。相较于大陆而言,台湾地区“乡镇市调解制度”是特有的非诉讼纠纷解决机制,辅之以各专业调解的行政调解制度体系,在台湾当地被民众所普遍认同和广泛适用,已形成一套较为成熟的行政解纷机制体系。

乡镇市调解是指由乡、镇、市公所设立的调解委员会对民事纠纷及告诉才处理的刑事纠纷进行调解解决的制度,专业调解则主要指涉及某专业领域内的

---

〔28〕 曾建元、孙霖:《台湾地区乡镇市调解与祖国大陆人民调解之比较研究》,载《厦门大学法律评论》总第25辑,厦门大学出版社2015年版,第168~187页。

纠纷,由相关主管机关或其设立的调解委员会对该纠纷进行协调解决的制度。如消费争议调解、耕地三七五减租(耕地租佃)争议调解、公害(环保)纠纷调解、劳资争议调解、医疗争议调解、采购履约争议调解等。

由行政机关所主导的乡镇市调解程序,虽具有一定的民间性、社会性及地方性,但本质上属于行政调解的范畴,是基于行政权而进行,争议双方达成和解制成笔录之后,即可申请强制执行,之后不得再因为同一事件提起诉讼。

台湾乡镇市调解的特点包括:

第一,乡镇市调解机构为乡镇市调解委员会,其设置于乡镇等基层行政机关内部,受直辖市、市(县级市)、县政府等行政机关的监督;行政机关拥有对调解委员聘任的监督、调解业务指导等权力。

第二,对于乡镇市调解委员会所制定的调解书,只有经法院审核通过后才会被赋予法律上的强制力;如果对审核后调解书的内容及效力有异议,当事人须通过向法院提起调解无效或撤销调解之诉来获得救济。

第三,对于那些将调解作为提起诉讼前置程序的纠纷,如不动产所引起的纠纷、雇用人与受雇人因契约关系所产生的纠纷、具有一定血亲关系的亲属间的纠纷等,法院则将案件移送调解委员会进行调解。

第四,综合调解与特殊调解结合。台湾地区的行政调解分为两类:一是综合性行政调解即乡镇市调解制度,二是特别行政调解制度,其当事人受特别行政法令规定而有一定限制。如劳资争议调解、消费争议调解、不动产争议调解等。

凡涉及私权争议调解的,必须基于双方当事人的合意才能成立。调解成立并经法院核定者,原则上与民事判决具有统一效力。[29]

四、域外行政调解种类简介

(一)美国的政府调解

美国的政府调解起初主要在劳资纠纷等一些特定领域进行,1976年的“庞德会议”(Pound Conference)被认为是美国ADR历史上的标志性事件,[30]自庞

[29] 徐昕:《调解——中国与世界》,中国政法大学出版社2013年版,第153~163页。

[30] 这次会议由联邦最高法院首席大法官沃伦·伯格(Warren Burger)主持,核心议题是法院该如何应对日益严重的诉讼危机和诉讼迟延。这次会议由来自美国各地的数百名法官、学者和律师参加,会议地点选在了1906年庞德(Roscoe Pound)发表演讲的密苏里州圣保罗市。由于这次会议主题与庞德演讲的题目《公众对司法不满之原因》有关,故史称“庞德会议”。

德会议之后,美国的ADR运动全面开展。1978年和1980年国会分别通过《公务员制度改革法》(Civil Service Reform Act of 1978)和《纠纷解决法》(Dispute Resolution Act of 1980),鼓励联邦政府和州各级政府使用调解手段解决劳动纠纷。1946年《联邦行政程序法》首次允许政府可以不到联邦法院诉讼解决纠纷。在布什和克林顿两届政府时也都大力推动政府调解建设。

1990年美国国会出台了《行政纠纷解决法案》(Administrative Dispute Resolution Act)(以下简称《法案》),该《法案》于1996年克林顿政府时期修改,它是专门涉及政府ADR运作的一部法案。《法案》要求每个政府部门"推动多元的纠纷解决机制,任命一个高级官员专门负责该部门的纠纷解决事务……鼓励替代性的纠纷解决方式",为美国联邦政府的行政调解提供了法律依据和支持。

《法案》规定调解应当经当事人同意,调解者必须保持中立,对调解中涉及的信息,除具特殊情形,都应当予以保密,并列举了行政调解的几项范围:(1)正式或非正式的裁决;(2)规章的制定;(3)执法行动;(4)发放吊销许可证和准许;(5)行政合同;(6)该部门的诉讼或是针对该部门的诉讼;(7)该部门的其他活动。

在联邦政府设置了几个主要的调解部门:

1. 美国联邦调解与调停局

1917年设立,专门解决劳动争议纠纷,是直接对联邦总统负责的独立委员会。其主要职能是通过非诉讼的方式,对工会和雇员的集体谈判进行调停,避免雇员随意罢工、雇主随意解雇员工的情况,降低劳资纠纷的影响,使劳资双方双赢。

2. 美国联邦平等就业机会委员会

该委员会是依据1964年《民权法案》设立的一个独立的联邦行政机构,对总统负责。平等就业机会委员会专门管辖劳工关系纠纷中有关种族、宗教、残疾或遗传信息等方面平等就业歧视的纠纷和联邦劳工部并不管辖的纠纷,委员会通过调解促使双方解决纠纷。该委员会并没有行政处罚权,如果要进行处罚,则必须提起诉讼,通过诉讼环节来实现。

3. 美国联邦劳工部行政法官办公室

该办公室直接隶属于联邦劳工部,总部设在华盛顿,在全国设有7个地区办事机构。主要负责听证和裁决政府与公务员或公民之间的纠纷,私营组织与雇员之间的劳工纠纷。

如果发生纠纷，雇员可根据法定时限向总部办公室提出听证请求，由总部办公室登记后分配到各地区，由各地区首席行政法官分派案件给行政法官。对于依据法律或者合同必须先行调解或仲裁的纠纷，行政法官办公室的调解员首先会进行调解，调解一般由双方当事人与行政法官共同签字，属于民事合同。对于未能解决的纠纷，当事人可以进行听证或诉讼至法院。有一些案件不允许进行调解，如尘肺病纠纷案件。

州政府基于联邦政府设置的调解机构，在各州下设办公室。在美国全国范围内，大致有37个州政府专门成立了相同或类似于联邦政府的调解办公室。[31]在美国，立法、行政、司法部门都把调解作为主要的解决纠纷方式，辅以其他多元化的调解模式。在调解范围上，60%～90%以上民事、行政纠纷通过调解解决；70%的就业歧视案件由联邦平等就业机会委员会调解解决；就调解效力而言，依托联邦立法和州立法对调解程序加以规定，往往不排斥将诉讼作为最后的解决手段。

（二）英国的行政调解制度

1893年，英国发生了煤矿大罢工，罢工从7月持续到11月，严重威胁到其他产业的发展，使国内过冬的煤炭供应处于紧张状态。在这种情况下，格拉斯顿政府开始干预，采用各种手段进行调解。时任外交大臣的罗斯伯里勋爵作为政府成员主持工人与雇主的会议，当天就达成了解决方案。但随后暴发了棉纺业劳资冲突、机械工程业大罢工、制靴工人大罢工等，劳资之间的冲突愈演愈烈，不仅危害社会安定，政府更将其视为阻碍经济发展的主要障碍。为稳定劳资关系，重新定义政府在劳资关系中的角色，政府酝酿了一系列政策，产生1896年《调解法》。

《调解法》（The Conciliation Act）的通过，意味着政府调解作为一种制度确定下来。政府在处理劳动争议时应设立政府调解委员会，因为是政府官员主持，虽然不能以政治力量强迫双方接受其解决办法，但以其声望和地位，其意见更容易获得劳资双方的尊重，对政府调解更易达成共识。因此，政府参与劳资纠纷的调解逐渐变得普遍起来。

自由党政府时期，政府对劳资关系的干预日益增多、力度逐渐加强。温斯

---

〔31〕　青峰、袁雪石：《美国纠纷解决的体制机制及其借鉴意义》，载《行政法学研究》2011年第3期。

顿·丘吉尔也大力倡导通过政府调解来避免劳资冲突,政府在工业领域建立了诸多调解机构。

不仅在劳资关系复杂的工业领域普遍适用政府调解,为了使公众能够了解调解制度的好处,英国知识产权局明确指出,在知识产权纠纷中,若采用调解制度,可以避免一些信息被广泛传播,更加有利于保障当事人的知识产权。英国《专利法》规定,知识产权局应当提供调解服务,将调解作为解决知识产权纠纷的一种有效途径。调解服务程序具有保密性、中立性和自愿性,调解方案具有弹性,甚至可以超越法官的权限做出解决方案,更容易实现双赢的局面。

近年来,英国政府仍明确表示,要大力推广调解在解决行政纠纷中的作用,宣称只要可能,涉及政府的纠纷就应通过调解或仲裁来解决。政府甚至颁布了一个称为"政府承诺"的文件,强调政府部门通过诉讼来解决纠纷是最后一步棋,任何案件,只要当事人接受,就应考虑使用 ADR。[32]

(三)法国的行政调解制度

1973 年 1 月 3 日,法国议会通过《关于设立共和国行政调解专员的第 73－6 号法律》,建立了调解专员制度,将行政纠纷纳入行政调解的范畴。1976 年,《调解专员法》进一步明确了调解专员的职权范围,法国的调解专员制度得以具体化并完善。

法国行政调解员制度是整个行政制度中的一个分支,是专门就违法和不良的行政管理活动而设立的一种行政救济制度,调解专员由部长会议通过,总统任命,任期 6 年,不得连任,是独立的行政机关。行政调解专员如果没有遇到法律规定的足以影响其履行职责的重大问题时,不得被免职,其执行职务的行为不负民事责任和刑事责任,享有不被起诉、搜查、逮捕、扣押和审判豁免权。[33]

根据 1976 年《调解专员法》的规定,调解专员拥有较多职能,可受理自然人、法人依据公法或者私法对行政机关的违法行政行为或合法而管理不良的行政行为的申诉;当事人在行政机关不执行法院的判决时,可以通过国会议员向调解专员申诉;调解专员也可以调和个人与行政机关的分歧、命令和追诉等争议。

调解专员受理申诉后,在不违背法治原则的前提下开展调查,基于法理、情

---

〔32〕 张春莉:《西方国家行政性　ADR 的经验及其借鉴》,载《政治与法律》2012 年第 12 期。

〔33〕 王名扬:《法国行政法》,北京大学出版社 2007 年版,第 429 页。

理对行政纠纷进行调解，提出客观而公正的解决方案，但它不是行政裁决，对此不能通过诉讼程序进行上诉。如果行政机关不遵守调解专员的命令时，调解专员可以写出一个特别报告，公开发表在政府公报上，动员舆论力量对行政机关施加压力。

《调解专员法》规定，调解专员不得受理在职公务员对所属行政机关的申诉，也不得对法院诉讼程序的进行和判决效力予以妨碍。

虽然行政调解专员在法国的行政法体制中发挥着重要作用，但因为它是由议会通过法律设立的，形式上仅仅是一项法律制度，而不是一项宪法制度。随着社会的发展，行政调解专员制度在更加有效地保障公民基本权利方面已表现出许多不足，于是法国在萨尔科奇时代开始进行由行政调解专员制度向基本权利保护专员制度的改革。改革的主要内容是：由法国宪法直接规定基本权利保护专员制度的地位作用，扩大基本权利保护专员的职能，其不仅拥有建议、决定、调解和执行的权力，还能向宪法委员会提请合宪性审查，这使基本权利保护专员成为法国宪政体制中一个非常重要的角色。基本权利保护专员不再是一个像行政调解专员那样的简单调和者，而是一个名副其实的监督机构。

（四）日本的行政调解制度

在日本，行政机关的调解行为颇为普遍。行政机关对纠纷解决的积极参与成为日本当代纠纷解决和 ADR 发展的一个重要特点，被称为纠纷管理型 ADR。[34] 行政机关的调解规则没有系统立法，散见于各种制度之中。典型的行政调解是由行政性委员会进行的，是一种常设的中立和独立的机构，委员会的组成具有中立性、代表性和相应的资质要求。包括公害调整委员会、劳动委员会、建设工程纠纷审查委员会等。主要有行政不服申诉、专门行政裁判、斡旋、调停、仲裁、苦情处理等几种方式。

1. 公害调整委员会

在行政性纠纷处理方式中，尤以公害纠纷领域的行政处理制度最具代表性。1970 年，日本建立了公害纠纷处理制度，依据《国家行政组织法》在总理府和都道府县分别设立了公害调整委员会（以下简称公调委）和公害审查会，专

---

〔34〕 张春莉：《西方国家行政性 ADR 的经验及其借鉴》，载《政治与法律》2012 年第 12 期。

门负责对公害纠纷进行调解和裁决。公调委是作为总理府的中央直属机关设立的委员会,其拥有准立法权限(规则的制定)以及准司法权权限。

依据日本《公害纠纷处理法》规定,当发生公害民事纠纷时,公调委则对实际情况实施调查,在听取当事人意见的基础上,可进行斡旋。如果通过斡旋解决该纠纷有困难并认为适当时,公调委可实施有关该纠纷的调解。可见当涉及重大公共利益时,纠纷处理机构有权决定强制调解。

该法还规定了承诺调解方案的劝告制度,即公调委若认为当事人之间难以取得一致并且认为适宜时,可以在考虑所有情况后编制调解方案,并规定30日以内的期间,劝告当事人承诺该调解方案。强制调解和承诺调解方案体现了重效率的法律精神。[35]

2. 劳动委员会

日本的《工会法》和《劳动关系调整法》都明确规定,集体劳动争议的解决交由劳动委员会专门负责。20世纪90年代开始,日本的集体劳动争议数量明显下降,而个别劳动争议案件则呈现出大幅上升的趋势。为了适应劳动争议结构性变化,从而快速、公平、简便、经济、有效地解决大幅度上升的个别劳动争议,2001年日本政府颁布了《促进个别劳动争议解决法》,亦赋予劳动委员会对个别劳动争议提供咨询信息服务或斡旋等的权限,作为政府行政部门解决个别劳动争议的法律依据。

法律规定,如果雇员、求职者和雇主发生争议,可要求劳动委员会解决。委员会通过三种方式和程序解决个别劳动争议,一是提供咨询和信息服务;二是劳动局长提供必要的建议和指导;三是劳动局长如认为有必要,应组成争议调解委员会对争议进行斡旋。

调解委员会由三人组成,其成员主要来自律师、大学教授、劳动关系问题专家等。如果当事人一方提出调解申请,调解委员会主席应以书面方式通知另一方,并要求其在规定的时间内告知是否参加调解。如对方拒绝参加调解,则中止调解。

调解中,富有经验的律师和劳动问题专家通常会向当事人提供与他们的案子相似的案例,告知他们可能的处理结果,很多当事人在经过反复的权衡和协

---

〔35〕 王灿发:《环境纠纷处理的理论与实践》,载《环境纠纷处理中日国际研讨会论文集》,中国政法大学出版社2002年版,第323页。

商后也能够达成一致。[36] 个别劳动争议调解过程中所产生的费用全部由政府负责，当事人没有任何负担。

2004年《劳动审判法》出台，将个别劳动争议的行政调解与司法审判有机地结合起来，形成保护劳动者权益的新体系。

第四节 我国行政调解的基本运作方式

一、行政调解的原则

(一)自愿原则

行政调解以当事人自愿为基础，这是行政调解的前提条件，行政机关不得强迫当事人接受调解。

2002年国务院发布的《医疗事故处理条例》第48条对行政调解的自愿性加以规定。2006年中共中央办公厅和国务院办公厅发布的《关于预防和化解行政争议健全行政争议解决机制的意见》要求，行政争议在“不损害国家利益、公共利益和他人合法权利的前提下，在双方当事人自愿的基础上，争取调解处理”。行政机关在调解过程中应当尊重当事人的意愿，使其在自愿的前提下参加调解；调解能否达成协议、协议的内容也必须建立在双方自愿和同意的基础之上；调解协议也应当由当事人自愿履行。

自愿原则表明行政调解的启动、调解过程、终结、履行均取决于当事人的意愿，行政调解机关应当以中立第三方的身份，对双方当事人进行说服教育，消除双方纷争，促使其达成切实可行的协议。

(二)合法、合理原则

行政调解应当合法，指行政调解的主体合法、调解范围合法、调解的程序合法以及协议的内容合法。即行政调解必须根据国家的有关法律、法规明文规定的范围进行调解，不得自行规定调解范围，凡法律规定不得调解的行政争议，行

---

〔36〕 陈玉萍：《日本个别劳动争议处理制度研究》，载《中国劳动关系学院学报》2008年第4期。

政机关不得违背强制性规范进行调解。调解必须依据法律、政策,不得损害国家、集体的利益和他人的合法权益。行政调解成功后,应制作调解书,调解书的内容须符合法律和政策的规定。

法律不可能规范全部行政活动,加之当事人的客观需要多种多样,因此行政争议涉及的情况千差万别,故对行政调解活动的规范应根据具体情况具有灵活性,所以行政机关在调解时还应当遵守合理原则。这里的"理"是指体现全社会共同遵守的行为准则和共同认知的法理。调解协议的内容应当符合社会的伦理道德、善良风俗和情理。

(三)平等原则

在行政调解过程中,行政机关应当尊重双方当事人,保障双方地位完全平等,不因为职权、职业、地域、文化等差异而存在高低贵贱之分,保障双方平等地享有法律所赋予的权利。在调解中,行政机关不偏听、偏信一方,保障双方当事人都有自愿、充分、真实地表达自己的理由和意见的权利。以消除矛盾根源、结束和平息冲突为导向,行政机关应当采取沟通、协商、平等对话的手段,力促达成双方满意的调解协议。

(四)尊重司法最终解决原则

司法最终解决原则是司法权的本质体现,"司法的终极性使诉讼成为解决社会纠纷的最后手段,法院成为民众保护自身权益的最有效地方"。[37]

我国相关行政法规均规定,发生行政争议后,当事人可以接受行政机关的调解,也可以直接向人民法院起诉。行政调解不能侵害当事人接近司法的权利,不能强制当事人接受调解,也不能久调不决,拖延解决纠纷的时间。《医疗事故处理条例》第48条规定,经调解,双方当事人就赔偿数额达成协议的,制作调解书,双方当事人应当履行;调解不成或者经调解达成协议后一方反悔的,卫生行政部门不再调解。

因此,对当事人放弃调解的,行政机关不得强制不准许;对当事人转向司法程序解决的,行政机关应当予以支持,不能排斥司法途径解决纠纷的可能。

---

〔37〕 李祖军:《民事调解规范化研究》,厦门大学出版社2015年版,第155页。

二、行政调解的程序

我国法律尚未对行政调解规定统一的程序,有关行政调解的程序规定大多体现在一些法律法规和部门规章中。如《道路交通安全法》《道路交通安全法实施条例》《交通事故处理程序规定》,对公安机关交通管理部门进行交通事故赔偿的行政调解有比较完整的规定。根据行政争议的多样化,行政调解程序与运作也应当具有灵活性。依照实践,行政调解一般要经过以下几个阶段:

(一)调解的启动

基于自愿原则,行政相对人拥有充分的程序选择权,即当事人可以在发生民事纠纷后至提起诉讼之前,对符合行政调解范围的事项自愿选择是否提起行政调解。纠纷一旦进入了司法程序,行政机关应当尊重当事人的选择,不能强迫当事人接受调解。当事人选择行政调解的,向行政机关提出书面申请,如果提出口头申请的,行政机关应当记录在案;行政机关在征得当事人同意的前提下,也可以依职权提出调解建议。

(二)调解的受理

行政调解机关收到申请后,依据相关的规定进行审查,及时决定是否受理并及时告知当事人。

行政调解以民事纠纷为主,对于其他涉及公权力的纠纷,必须有法律的明确规定,方可进行调解。如法律规定的刑事自诉案件、行政契约类纠纷等也可进行行政调解。同时,行政机关还应当对纠纷是否有调解必要性与可行性进行判断,如果属复杂的民事纠纷、涉外民事纠纷,涉及利益较大,不适合由行政调解解决,则此类纠纷不具有调解的可行性。对有必要通过调解来解决的纠纷,以及可能促成双方达成调解协议并可能履行的申请应当受理,使调解既有效果又有效率,从而消除冲突。

(三)调解的进行

行政调解机关决定受理后,根据纠纷的性质大小等安排具有相关经验或专长的人员进行调解。为了查明纠纷的起因、各自过错,需要进行调查取证的,行政机关应在调解前进行调查。调解过程中,应当充分听取当事人的陈述、申辩和质证意见,与双方当事人沟通、交换意见,依据法律、法规、规章及有关规定,通过对当事人进行说服、教育、劝导等方式促使当事人达成共识。调解过程中如果当事人有意终止调解,行政机关不得以任何理由干涉当事人的选择。

(四)调解的终结

经过行政机关调解后当事人统一认识,形成解决纠纷意见的,应当签订书面调解协议。如果调解无果,不可久调不决,调解程序应告终结,当事人可通过其他方式寻求救济。

行政调解协议书应当包括以下几点内容:第一,双方当事人信息;第二,主要争议事实;第三,双方当事人达成的纠纷处理办法、履行方式与期限;第四,违反协议的相关责任;第五,调解人员签字。

行政调解所达成的调解协议书属于当事人对自身私权的自愿处分,对双方当事人具有一定的约束力,但并没有强制执行力。如《治安管理处罚法》第9条规定,经调解未达成协议或者达成协议后不履行的,公安机关应当依照本法的规定对违反治安管理行为人给予处罚,并告知当事人可以就民事争议依法向人民法院提起民事诉讼。

2009年最高人民法院出台《关于建立健全诉讼与非诉讼相衔接的矛盾纠纷解决机制的若干意见》(法发〔2009〕45号)明确提出,"经行政机关、人民调解组织、商事调解组织、行业调解组织或者其他具有调解职能的组织调解达成的具有民事合同性质的协议,经调解组织和调解员签字盖章后,当事人可以申请有管辖权的人民法院确认其效力",经过司法确认的调解协议具有强制执行力。

—— 训练 ——

1. 根据案例回答问题

案情:

王某与宋某均为某菜市场摊贩。一天王某与宋某因争抢买主发生纠纷,并互相殴打。王某致宋某轻微伤,使其住院治疗20天,花去医疗费3000元。双方就此费用争执不下时,某公安派出所民警对此治安案件进行了调解。最终双方当事人自愿达成调解协议,宋某的3000元医疗费全部由王某承担,王某付清了此款项。派出所民警制作了《治安调解协议书》。半年后,宋某却突发急病经抢救无效死亡,宋某家人又找到王某,指责其殴打行为是造成宋某死亡的原因,并要求派出所对该案重新处理。

派出所指示宋某家人做法医鉴定,结果显示宋某因心肌梗死而亡与王某致他轻伤没有因果关系。

问题:

(1)王某致宋某轻微伤纠纷是否属于治安案件调解的范围?派出所可否进行调解?

(2)派出所制作的《治安调解协议书》是否具有法律效力?

2. 辨析:下列哪些事项不属于行政调解范围?为什么?

(1)当事人不同意行政调解的。

(2)人民法院已经受理或者做出生效判决、裁定的。

(3)仲裁机构已经受理或者做出生效裁决的。

(4)已经信访复核的。

(5)已经复议决定的。

(6)其他行政机关、调解组织已经受理调解或者已经做出行政调解决定的。

(7)已经签订行政调解协议,又重新申请行政调解的。

第七章　仲裁制度

第一节　仲裁的概念与特征

一、仲裁的概念及历史

仲裁，是指在一个国家的法律许可或规定的范围内，双方当事人在纠纷发生前或纠纷发生后达成协议，自愿将纠纷交给仲裁机构解决的一种纠纷解决方式。[1] 在汉语中，“仲裁”从字义进行分析，“仲”表示居中的意思，“裁”表示衡量、评断、做出结论的意思。“仲裁”二字的基本含义是“居中公断”之意。

仲裁作为一种争议解决方式历史悠久，可以追溯至古希腊时期，很多城邦国家都设有公共仲裁人。罗马法《民法大全》“论告示”第2编中记载了古罗马五大法学家之一保罗的论述：“为解决争议，正如可以进行诉讼一样，也可以进行仲裁。”[2]随着商品交换在地中海北部沿岸的日益频繁，产生了大量的商事习惯法，商事仲裁成为其中的重要内容。公元1347年，在英国法中就有了关于仲裁的规定。14世纪中叶，瑞典的某些地方性法规也承认仲裁是解决纠纷的合法途径。英国议会于1697年正式承认仲裁制度，并确立了仲裁制度的法律地位。进入20世纪以后，由于国家经济贸易的深化和扩大，仲裁制度普及世界各国，许多国家纷纷制定或修改其仲裁立法，专门规定国际商事仲裁的有关问题，设立常设性仲裁机构。由于各国都有自己的一套仲裁法规和仲裁机构，在采用仲裁方式来解决国际经济贸易中产生的纠纷时，经常产生许多问题。为了适应国际商事仲裁实践的需要，缓和各国仲裁立法的冲突，国际社会开始了统一各

---

[1] 仲裁作为一种纠纷解决方式，不仅广泛运用于民商事争议解决过程中，同时也是解决劳动争议和农村土地承包合同纠纷的重要方式，但由于劳动仲裁和农村土地承包合同仲裁的特殊性，这两种仲裁不受《仲裁法》的调整，因此，无特别说明，仲裁仅指民商事仲裁。

[2] 江伟、肖建国：《仲裁法》，中国人民大学出版社2016年版。

国仲裁立法的国际仲裁立法工作。于是1922年在国际联盟的主持下,有关国家在日内瓦签订了一项《仲裁条款议定书》。1927年又签订了《关于执行外国仲裁裁决的国际公约》。1958年在联合国主持下,于纽约订立了《承认及执行外国仲裁裁决的公约》。为推动各国仲裁立法的统一,1985年联合国国际贸易法委员会主持制定了《国际商事仲裁示范法》。该示范法已被澳大利亚、加拿大、中国香港特别行政区、中国澳门特别行政区、美国的一些州等40个国家或地区采纳为本国或本地区的法律。

在我国,仲裁作为解决纠纷的有效方法也早已为人们认识和采用,但它作为一项法律制度在清末民初的北洋军阀时期才完全得到有关立法的确认。1949年10月以后,中国分别建立了经济仲裁、劳动仲裁和涉外仲裁制度。我国的涉外仲裁制度是在中国国际贸易促进委员会(中国国际商会)的推动下逐渐建立和完善起来的,该会分别于1956年和1959年设立了中国国际经济贸易仲裁委员会(其前身为对外贸易仲裁委员会)和中国海事仲裁委员会,这两个涉外仲裁机构基本上按国际惯例设立和运行,其在处理国际经济贸易和海事纠纷中发挥了不可替代的作用。

在仲裁法单独立法之前,我国并没有统一的仲裁立法和仲裁制度,国内仲裁制度主要是经济合同仲裁制度,1994年以前,还有技术合同仲裁、著作权纠纷仲裁、房地产纠纷仲裁、消费纠纷仲裁等20余种经济仲裁制度。1994年8月31日,第八届全国人大常委会第九次会议通过了《仲裁法》,从市场经济的开放性和统一性出发,从根本上改变了过去那种仲裁机构林立、仲裁程序混乱的状况,设立了统一的仲裁机构和仲裁程序。

二、仲裁的特点

仲裁作为一种诉讼外解决民商事纠纷的重要方式,有以下主要特征:

(一)自愿性

采用仲裁方式解决当事人之间纠纷,必须充分尊重双方当事人的意愿,即当事人之间的纠纷是否提交仲裁,由谁仲裁,仲裁庭的组成以及仲裁的审理方式、开庭形式等都是在当事人自愿的基础上,由当事人协商确定的。

(二)中立性

根据各国立法通例,仲裁机构均属于民间组织,各仲裁机构之间不存在隶属关系,其对纠纷的仲裁权完全来自当事人双方的授权。双方当事人之所以同意把他们之间的纠纷提交共同选择的第三者居中进行公断,就是因为这种第三者能够公正裁决,不存在偏袒一方的行为,能够使纠纷的解决过程具有中立性。所以,许多重大国际间的经济贸易纠纷发生后,为防止不当的裁判行为,双方当事人往往要求把纠纷提交给予双方都没有任何联系的国家的仲裁机构进行仲裁。同时,仲裁机构独立于行政机构,仲裁机构之间也无隶属关系。在仲裁过程中,仲裁庭独立进行仲裁,不受任何机关、社会团体和个人的干涉,亦不受仲裁机构的干涉,显示出最大的独立性。

(三)专业性

采用仲裁方式解决纠纷的范围涉及民事、商事纠纷,这些纠纷的内容不仅涉及法律的适用,而且还包括机械工程、医药卫生、电力通讯、国际贸易、交通运输等各个领域中的专业技术问题。因此,要想查明与正确处理这些纠纷不仅需要精通法律知识,更需要借助各种专业知识。仲裁机构都备有各个专业的专家组成的仲裁员名单供当事人进行选择,专家仲裁因此成为民商事仲裁的重要特点之一。

(四)灵活性

当事人之间发生纠纷后,往往都希望能够通过较为简便的方法,使纠纷得到迅速解决。而仲裁与诉讼相比就具有这一特征。如仲裁可以由当事人选择仲裁机构、仲裁员、仲裁程序;仲裁不公开审理;仲裁实行一裁终局制度等。因此,与诉讼相比,仲裁更加灵活,更有弹性。

(五)保密性

仲裁以不公开审理为原则。有关的仲裁法律和仲裁规则也同时规定了仲裁员及仲裁秘书人员的保密义务。因此当事人的商业秘密和贸易活动不会因仲裁活动而泄露。仲裁由此表现出极强的保密性。

(六)经济性

仲裁的经济性主要表现在:第一,仲裁实行一裁终局制,在时间上的快捷性使仲裁所需费用相对减少;第二,仲裁无须多审级收费,使仲裁费用往往低于诉讼费用;第三,仲裁的自愿性、保密性使当事人之间通常没有激烈的对抗,且商业秘密不必公之于众,对当事人之间今后的商业机会影响较小。

三、我国仲裁法的特点

我国《仲裁法》作为国家制定或认可的,规范仲裁法律关系主体的行为和调整仲裁法律关系的法律规范,其具有以下特点:

(一)机构仲裁为原则

《仲裁法》和最高人民法院仲裁法解释规定,当事人订立仲裁协议时,应当选定某一常设的仲裁委员会,不能进行临时仲裁。对仲裁委员会没有约定或者约定不明确的,可以补充协议,如果达不成补充协议,又无法推定出具体的仲裁机构的,仲裁协议无效。

在我国,当事人只能选择机构仲裁的方式,但对于涉外案件,当事人可在合同中约定或争议发生后约定,由国外的临时仲裁机构或非常设仲裁机构仲裁的,我国原则上应当承认该仲裁条款的效力,法院不得再受理当事人的起诉。

《最高人民法院关于为自由贸易试验区建设提供司法保障的意见》第 9 条第 3 款规定:“在自贸试验区内注册的企业相互之间约定在内地特定地点、按照特定仲裁规则、由特定人员对有关争议进行仲裁的,可以认定该仲裁协议有效。人民法院认为该仲裁协议无效的,应报请上一级法院进行审查。上级法院同意下级法院意见的,应将其审查意见层报最高人民法院,待最高人民法院答复后做出裁定。”这是对临时仲裁有条件的认可。

(二)对涉外仲裁进行特别规定

《仲裁法》基于涉外仲裁自身的特点,用专章对涉外仲裁的特定事项做出了特别规定。包括涉外仲裁机构的设立、仲裁员资格、采取保全措施的法院、涉外仲裁裁决的撤销、不予执行等。

(三)仲裁和调解相结合

《仲裁法》明确规定,仲裁庭在做出裁决前,可以先行调解。当事人自愿调解的,仲裁庭应当调解,调解不成的,仲裁庭应当及时做出裁决。调解达成协议的,仲裁庭应当制作调解书或者根据协议的结果制作裁决书。调解书与裁决书具有同等的法律效力。这表明仲裁程序和调解程序的有机结合是我国仲裁的显著特点。

第二节 仲裁的种类

仲裁的形式多种多样,商事仲裁根据仲裁机构的组织形式不同,一般划分为临时仲裁机构和常设机构仲裁。

一、常设仲裁机构

常设仲裁机构,也称机构仲裁,是指依据国际条约或一国国内立法所成立的,有固定的名称、地址、组织形式、组织章程、仲裁规则和仲裁员名单,并具有完整的办事机构和健全的行政管理制度,用以处理民商事法律争议的仲裁机构。当前,常设仲裁机构在地域范围内几乎遍及世界所有国家。

最初的仲裁组织形式是临时仲裁。但随着经济交往的国际化,纠纷出现了涉及面广、案情复杂、需要完善的行政机构来专门管理案件的要求。[3] 设有常设仲裁机构的仲裁形式应时而生。1841 年,英国利物浦棉花公会成立。1863 年该公会草拟了一个包含仲裁条款的格式合同,要求将可能发生的争议提交公会主持下的仲裁机构解决。其他行业纷纷效仿,将争议提交常设仲裁机构解决。其他国家也效仿成立了常设仲裁机构,如德国等。[4]

常设仲裁机构的优点主要体现在以下方面:第一,常设仲裁机构一般都有比较完善的仲裁规则,当事人在订立仲裁协议时可以直接引用,不必自己制定仲裁程序规则;第二,常设仲裁机构一般都备有仲裁员名单,仲裁员通常都是相关领域的专家,并且经仲裁机构进行一定的考核,为当事人选任仲裁员提供了方便;第三,常设仲裁机构一般都设有秘书处,提供与仲裁有关的管理和服务,保证仲裁程序的顺利进行。当然常设仲裁机构也有自己的不足之处,如有严格的程序规则,缺乏一定的灵活性,可能会发生仲裁程序的拖延。

---

〔3〕 谢石松:《商事仲裁法学》,高等教育出版社 2003 年版,第 54 页。

〔4〕 李双元、谢石松:《国际民事诉讼法概论》,武汉大学出版社 2001 年版,第 501 页。

二、临时仲裁机构

临时仲裁机构，也称特别仲裁机构或随意仲裁机构，不由任何已经设立的仲裁机构进行正规管理，而是由当事人双方根据仲裁协议所选任的仲裁员即时组成，负责审理当事人之间的争议事项，在审理终结做出裁决后即解散的仲裁组织。

一般而言，早期的仲裁机构多为临时性仲裁机构，在19世纪中期常设仲裁机构出现之前，临时仲裁机构一直是唯一的仲裁组织形式。临时仲裁机构的特点主要表现在以下方面：

第一，充分体现当事人的意思自治和更强的灵活性。临时仲裁中，仲裁程序的每一个环节都由双方当事人保持完全的控制。关于具体仲裁事项的处理方法、程序均由争议双方根据实际情况的需要灵活确定，具有较大的弹性，如当事人可以自由指定仲裁员或者确定仲裁员的指定方式，选择仲裁地点，可以参与制定或者选择确定已有的仲裁规则。

第二，能提高仲裁效率，节省开支。由于临时仲裁程序灵活，当事人自主性强，可以免除各种机构的内部程序的时限，因此处理案件更快捷、更高效，也更经济。临时仲裁机构没有行政管理人员，仲裁庭的仲裁员同时又是仲裁机构的行政管理人员，案件的受理、通知、仲裁文书的送达等都由仲裁员自己完成，因此，当事人选择临时仲裁会更节省费用。

第三，有利于维持当事人的商业信誉和良好的合作关系。临时仲裁既没有仲裁机构和相关人员的参与，当事人又可以约定限制仲裁员对外透露仲裁的机会，因此更有利于维护当事人的商业信誉。

目前，在国际民商事争议的解决中，临时仲裁机构仍然占有非常重要的地位。特别是国家作为仲裁一方当事人时，他们往往不愿意受常设性仲裁机构权力的约束，更愿意选择临时仲裁机构裁断有关纠纷。

临时仲裁也存在一定的缺陷。由于主要程序事项取决于当事人的意愿，对仲裁员的素质要求较高，仲裁裁决相对不易于为他国承认和执行，因此，许多国家对临时仲裁存在诸多顾虑，还未正式承认临时仲裁机构及其做出的裁决。2017年3月珠海市横琴新区管委会和珠海仲裁委员会正式发布了《横琴自由贸易试验区临时仲裁规则》。

第三节　仲裁原则和仲裁制度

一、仲裁的基本原则

仲裁的基本原则,是指在整个仲裁活动中,仲裁组织和仲裁参与人必须严格遵守的行为准则。它是在整个仲裁活动中起指导作用的准则,贯穿于仲裁活动的全过程,体现在仲裁活动的各个方面,是仲裁法指导思想在仲裁制度和程序中的体现。

(一)自愿原则

自愿原则是仲裁制度中一个最基本的原则,它在整个仲裁活动中起着主导作用,是仲裁制度赖以存在的基石。自愿原则在仲裁制度中主要表现在以下几个方面:

1. 采用仲裁方式解决纠纷,必须在双方当事人自愿基础上进行。仲裁机构受理案件的权限来源于双方当事人的共同授权,即自愿达成的有效仲裁协议。

2. 对纠纷进行裁决的仲裁机构由双方当事人协商选定。当事人向哪个仲裁机构申请仲裁,完全由双方当事人协商选定,不受当事人住所地、纠纷发生地、争议标的额的多少等约束和限制,真正体现双方当事人自愿。

3. 仲裁庭的组成形式和仲裁员由双方当事人自主选择。

4. 请求仲裁的争议事项,由双方当事人自主选定。当事人在纠纷发生前后,哪些争议事项提交仲裁解决,完全由双方当事人共同协商确定。

5. 开庭审理仲裁案件的方式,可以由双方当事人共同选择。仲裁应当开庭进行,当事人协议不开庭的,仲裁庭可以根据仲裁申请书、答辩书以及其他材料做出裁决;仲裁不公开进行,当事人协议公开的,可以公开进行,但涉及国家秘密的除外。另外,在涉外仲裁中,还允许当事人双方协议选择仲裁规则及实体法。

实行自愿原则是仲裁制度的基本特点,也是国际上的通行做法。这一原则能在尊重当事人意愿的基础上充分维护当事人的合法权益,公平及时的解决纠纷。

(二)公平合理原则

公平合理原则,是指在整个仲裁活动中,仲裁庭必须保持中立,平等对待双方当事人,依据事实公平合理地对纠纷做出裁决。《仲裁法》第7条规定:"仲裁应当根据事实,符合法律规定,公平合理地解决纠纷。"这是公正处理民商事纠纷的根本保障,是解决当事人之间的争议所应依据的基本原则。以事实为根据,以法律为准绳,是实现公平合理原则的必要前提。事实清楚是进行仲裁活动的根本保障,只有在查清全部案件事实的基础上,正确适用法律规定才能公平合理地确认双方当事人之间的权利义务关系,公正地做出裁决。

为了保证仲裁活动的公正进行,在仲裁过程中,仲裁员必须充分保障各方当事人都能平等地行使自己的权利,不因当事人社会地位、经济状况不同而有所区别。为了保证仲裁能公正的进行,仲裁法规定了回避制度,以避免仲裁中出现不公正情况。

(三)仲裁独立原则

仲裁独立,是指仲裁机构在处理仲裁案件时,严格依法进行,独立行使仲裁权,不受行政机关、社会团体和个人的干涉。这是法律赋予仲裁机构和仲裁员的权利。《仲裁法》第8、14条规定,仲裁依法独立进行,不受行政机关、社会团体和个人的干涉;仲裁委员会独立于行政机关,与行政机关没有隶属关系。这一原则包含两层含义:

1. 仲裁独立于行政。仲裁独立于行政体现在以下几个方面:(1)仲裁法规定仲裁机构独立于行政,不是国家行政机构的一个职能部门。仲裁机构不是按行政区域层层设置的,而是大中城市根据需要与条件是否具备来设置。各仲裁机构之间既没有级别之分,也没有隶属关系,各自独立。(2)中国仲裁协会属仲裁委员会的自律性组织,属社会团体法人,与各仲裁委员会之间不是行政意义上的领导与被领导的关系,仲裁协会不能干涉或参与仲裁委员会的仲裁活动。(3)仲裁员是从事过仲裁、律师、审判员、法律研究和教学工作及具有法律知识、从事经济贸易工作的人员中聘任的,不具有行政人员的色彩。

2. 仲裁庭独立行使仲裁权。仲裁庭在整个仲裁活动中,完全与仲裁委员会相互独立,不受仲裁委员会的领导,独立行使仲裁权。仲裁庭在处理仲裁案件时,完全以仲裁员的个人意愿做出各种决定和仲裁裁决。

二、仲裁的基本制度

仲裁的基本制度,是指在仲裁程序的重要环节或重要问题上起指导作用的准则。如对仲裁机构、仲裁参与人进行仲裁活动的基本规程。

(一)协议仲裁制度

协议仲裁制度,是仲裁自愿原则的具体体现,也是整个仲裁活动进行的基础与保证。一方面,当事人必须以双方达成的仲裁协议为基础来请求仲裁庭裁决。即采用仲裁方式解决纠纷,应当双方自愿达成仲裁协议。没有仲裁协议,一方申请仲裁的,仲裁委员会不予受理。另一方面,仲裁庭对案件的审理和裁决必须依照有效的仲裁协议。即仲裁机构受理案件,基本条件是双方当事人之间有仲裁协议,也就是说,仲裁协议是仲裁机构受理案件的依据,是仲裁机构行使管辖权的前提。因为仲裁机构属民间性组织,它对纠纷的处理不带有国家意志的属性,其对案件的管辖权不具有法定的、强制性的特征,其只能来自双方当事人的共同授权,即有效的书面仲裁协议。协议仲裁制度是国际上通行的做法,也是现代仲裁制度的基石。

(二)或裁或审制度

或裁或审制度,是指当事人有权选择仲裁或诉讼的任何一种方式解决纠纷的制度。《仲裁法》第 5 条规定,当事人达成仲裁协议,一方向人民法院起诉的,人民法院不予受理,但仲裁协议无效的除外。这一规定表明,当事人双方达成仲裁协议的,只能将纠纷提交仲裁解决,而不能向人民法院起诉。因为仲裁是双方当事人自愿选择的处理纠纷的方式,对双方当事人都具有约束力,人民法院应尊重当事人选择的处理纠纷的方式,如果双方当事人之间对争议事项已合意达成仲裁协议,就不应再受理有仲裁协议的起诉。因为当事人之间签订的仲裁协议,排除了人民法院对纠纷的管辖权。但是,如果一方当事人在未达成仲裁协议的前提下向仲裁机构提出仲裁申请,仲裁机构也不能受理没有仲裁协议的争议。可见,当事人之间发生纠纷后,如果将纠纷提交仲裁解决,必须有仲裁协议,如果没有仲裁协议,只能向人民法院起诉,仲裁机构不受理没有仲裁协议的仲裁申请,而人民法院也不受理有仲裁协议的起诉,这就是我国《仲裁法》规定的或裁或审制度。

（三）一裁终局制度

一裁终局制度，是指仲裁庭就仲裁案件做出裁决后，该裁决即发生法律效力，任何一方当事人都不能就同一纠纷向人民法院起诉，或再向仲裁机构申请仲裁的制度。《仲裁法》第 9 条规定，仲裁实行一裁终局的制度。裁决做出后，当事人就同一纠纷再申请仲裁或者向人民法院起诉的，仲裁委员会或人民法院不予受理。

在仲裁活动中，实行“一裁终局”制度，不仅极大地树立了仲裁机构的威信，而且也使仲裁定时、方便、快捷和节省费用、时间的优势得到充分的发挥，对维护当事人的合法权益，稳定社会经济秩序，促进我国社会主义经济建设都具有积极作用。

“一裁终局”是世界各国仲裁法普遍公认的制度，我国仲裁法确立一裁终局制度，改变了过去一裁两审的体制，使我国的仲裁制度与国际仲裁制度相一致。但是，仲裁裁决的终局性不是绝对的，虽然各国立法对仲裁的终局性普遍承认，但均未放弃对裁决的司法审查权，只是在赋予法院的司法审查权的范围上有所不同。我国《仲裁法》第 9 条第 2 款规定：裁决被人民法院依法裁定撤销或者不予执行的，当事人就该纠纷可以根据双方重新达成的仲裁协议申请仲裁，也可以向人民法院起诉。

第四节　仲 裁 程 序

仲裁程序是仲裁庭、当事人以及其他仲裁参与人进行仲裁活动所遵循的方式、步骤和时限等要素的总和。大部分国家将仲裁分为普通程序和简易程序.标准的仲裁一般要经过以下几个阶段：

一、仲裁的申请与受理

仲裁申请是仲裁程序开始的必备条件之一。当事人申请仲裁，应当符合下列条件：

(一)有效的仲裁协议

仲裁协议,是指双方当事人根据意思自治的原则,以书面的方式,将他们之间已经发生的或可能发生的合同争议以及其他财产权益争议,提交仲裁解决的共同约定。我国《仲裁法》第4条明确规定:“当事人采用仲裁方式解决纠纷,应当双方自愿,达成仲裁协议。没有仲裁协议,一方申请仲裁的,仲裁委员会不予受理。”所以说,仲裁协议是仲裁制度的基石。仲裁协议既是当事人将争议提交仲裁的依据,又是仲裁机构取得案件管辖权并排除法院管辖权的依据。

1. 仲裁协议的特征

(1)仲裁协议的书面性。一般合同的形式有书面和口头两种,而仲裁协议具有要式性,要求采用书面形式。

(2)仲裁协议的独立性。仲裁协议是独立于主合同之外的独立的仲裁协议,故不受主合同效力的影响。具体而言,主合同的无效并不导致仲裁协议无效。因为主合同规定当事人的实体权利和义务,由实体法调整;而仲裁协议不直接规定当事人之间的实体权利义务,而是规定一种解决争议的方式,属于程序性规定,由程序法调整。

(3)仲裁协议的同一性。仲裁协议当事人的权利义务具有同一性。在大多数民事合同中,由于交易双方以互利、共赢为目的,因而他们之间的权利和义务具有对等性,往往一方当事人的权利就是另一方当事人的义务;反之亦然。但在仲裁协议中,当事人拥有共同追求的目标,因而当事人具有同样的权利和义务。当发生争议时,双方当事人均有权向仲裁机构申请仲裁。

(4)仲裁协议的约束性。一般合同生效后,对双方当事人具有约束力。而仲裁协议的约束力表现为:一是约束双方当事人,即任何一方当事人不得就协议仲裁的事项向法院提起诉讼;二是约束法院,即法院不得受理当事人有仲裁协议的争议;三是对仲裁庭的约束,即仲裁庭只能在仲裁协议约定的事项内进行裁决。

2. 仲裁协议的内容

仲裁协议必须具备以下三方面的内容:

(1)请求仲裁的意思表示。仲裁协议的首要内容是请求仲裁的意思表示,应当包括以下三层意思:请求仲裁必须是双方当事人共同的意思表示,无论是明示还是默示,而不是一方当事人的意思表示;请求仲裁必须是双方当事人协商一致后真实的意思表示，而不是在外界或一方当事人的欺骗、胁迫的情况下的虚假意思表示；请求仲裁必须是有利害关系的当事人之间的意思表示，而不是其他任何人的意思表示。

（2）仲裁事项。仲裁事项，是指当事人提交仲裁的具体争议事项。仲裁事项可分为概括的仲裁事项和具体的仲裁事项。

仲裁事项是《仲裁法》明确规定的内容，没有约定的仲裁事项，就无法进行仲裁活动。仲裁协议中约定的仲裁事项应具备两方面的条件：其一，争议的事项具有可裁性，即争议事项属于仲裁法的适用范围；其二，仲裁事项具有明确性，即争议事项是明确的，这样才便于仲裁庭进行裁决。

（3）选定的仲裁委员会。仲裁委员会是受理仲裁案件的机构。仲裁没有法定管辖的规定，仲裁委员会是由当事人自主选定的。如果没有选定的仲裁委员会，仲裁协议无法实施。在我国，仲裁委员会是常设仲裁机构，当事人在仲裁协议中，应当明确仲裁机构的名称。如北京仲裁委员会、西安仲裁委员会等。在实践中，有些当事人约定的仲裁机构不够明确，但只要据此能够确定某个具体仲裁机构的，通常被认定为选定了仲裁机构。对于仲裁机构没有约定或约定不明的，当事人可以补充协议加以明确；对选择仲裁机构达不成协议的，仲裁协议归于无效。

（二）有具体的仲裁请求和事实、理由

当事人申请仲裁是为了维护自己的合法权益，引起必须向仲裁庭提出针对被申请人的实体权利主张及仲裁请求，以及支持该仲裁请求的事实和理由。当事人提出的仲裁请求也限制了仲裁庭的审理范围。

（三）属于仲裁机构的受理范围

当事人申请仲裁的纠纷属于仲裁法规定的合同纠纷和其他财产权益纠纷，即属于仲裁协议中约定的仲裁事项，否则仲裁机构无权仲裁。

（四）采用书面形式

我国《仲裁法》第 22 条规定，当事人申请仲裁，应当向仲裁机构递交书面形式的仲裁协议、仲裁申请书及副本、申请人身份证明文件。当事人提交仲裁申请书时，应当按照对方当事人和仲裁庭的人数提供副本。

仲裁机构收到当事人的仲裁申请后,经审查认为符合仲裁条件的,应当决定予以受理。《仲裁法》第 24 条规定,仲裁机构自收到仲裁申请书之日起 5 日内,经审查认为符合受理条件的,应当受理,并通知当事人;认为不符合受理条件的,应当书面通知当事人不予受理,并说明理由。

二、仲裁答辩和反请求

被申请人在收到申请书副本后,为了维护自己的合法权益,对申请人在仲裁申请书中提出的仲裁请求和所依据的事实、理由进行辩解应当在仲裁规则规定的期限内向仲裁委员会提交答辩书。被申请人未提交答辩书的,不影响仲裁程序的进行。

被申请人可以以原仲裁申请人为被申请人,向仲裁机构提出与原仲裁请求在事实上和法律上有牵连的、目的在于抵消和吞并仲裁申请人原仲裁请求的独立的请求。被申请人应以书面形式提出反请求。对于反请求与仲裁请求,一般应当合并审理。

三、选任仲裁员

双方当事人可以根据规定的人数,从仲裁机构的仲裁员名单中选择仲裁员。采用独任庭形式的,仲裁员可以由双方当事人共同选定或者共同委托仲裁委员会主任指定。当事人没有在仲裁规则规定的期限内选定仲裁员的,由仲裁委员会主任依职权指定一名仲裁员负责仲裁案件的审理。合议仲裁庭通常由双方当事人各选一名仲裁员,再共同选择一名首席仲裁员或者委托仲裁委员会主任指定仲裁员。

四、审理程序

在开庭审理之前,需要进行审理前的准备。例如,双方当事人以书面形式向仲裁庭提交有关材料,当事人交换文件和证据等,仲裁员可以同当事人进行非正式会谈,寻求和解或调解的可能。一般在准备阶段确定审理方式、通知当事人开庭的时间地点、举行庭前预备会议等。

仲裁应当开庭进行。当事人协议不开庭的,仲裁庭可以根据仲裁申请书、答辩书以及其他材料做出裁决。可见,在我国,仲裁案件是以开庭审理为原则,同时也不完全排除书面审理,书面审理是开庭审理的必要补充。进行书面审理的案件一般经当事人协商同意，而且案件标的较小、案情简单，甚至当事人对案件事实并无争议，只是对所涉法律和责任的认识和理解不一致，仲裁庭认为可以书面审理。

仲裁的审理程序接近法院的开庭审理程序，目的在于以较严格的程序保证查明事实，使当事人有充分表达意见的机会。

五、评议和裁决

仲裁裁决是由仲裁庭做出的。独任仲裁庭进行的审理，由独任仲裁员做出仲裁裁决；合议仲裁庭进行的审理，则由3名仲裁员集体做出仲裁裁决。根据我国仲裁法的规定，由合议仲裁庭做出仲裁裁决时，根据不同的情况，采取不同的方式：(1)按多数仲裁员的意见做出仲裁裁决。按多数仲裁员的意见做出仲裁裁决是裁决的一项基本原则，即少数服从多数的原则，也是仲裁实践通常适用的方式。我国《仲裁法》第53条规定："裁决应当按照多数仲裁员的意见做出，少数仲裁员的不同意见可以记入笔录。"所谓多数仲裁员的意见是指仲裁庭的3名仲裁员中至少有2名仲裁员的意见一致，如果3名仲裁员各执己见，无法形成多数意见时，即无法以此种方式做出仲裁裁决。(2)按首席仲裁员的意见做出仲裁裁决。按首席仲裁员的意见做出仲裁裁决是在仲裁庭无法形成多数意见的情况下所采用的做出仲裁裁决的方式。《仲裁法》第53条规定："仲裁庭不能形成多数意见时，裁决应当按照首席仲裁员的意见做出。"裁决书自做出之日起发生法律效力，具有执行力。

第五节 仲裁的保障与监督

财产保全制度为仲裁的顺利进行提供了保障，撤销仲裁裁决和不予执行仲裁裁决对一裁终局的仲裁进行监督的同时，也充分保障了当事人的合法权益。

一、仲裁保全制度

（一）仲裁保全的概念

仲裁保全是指为了防止出现裁决不能执行或者难以执行的情况，根据当事人的申请,由法院对争议的标的或当事人的财产采取一定的强制措施,限制其对财产进行处分或转移的一项法律制度。虽然财产保全仅是一个临时措施,但是对于最终落实权利人的权利、保证仲裁裁决的实现,保护当事人的合法权益具有重要的意义。

(二)仲裁保全的种类

根据保全提起的时间不同分仲裁前保全和仲裁中保全两种。2012 年的《民事诉讼法》在原有仲裁中保全的基础上增加了仲裁前保全制度。相较于诉前保全,仲裁前保全更具有现实意义。因为目前司法实践对于诉讼保全的做法是,立案后不预先通知被告立案事宜,在保全完成后才会通知被告,以便防止通知立案后发生隐匿、转移财产的情况。加之诉讼立案程序的形式性审查,法院内部案件流转协调流畅,紧急的诉讼财产保全也能够很快得到处理,所以诉前保全的优势并不突出,很多情况下诉前财产保全直接被诉讼财产保全吸收。而仲裁中财产保全隐藏的一个问题就是,仲裁立案后仲裁机构一般就通知对方当事人,而非要等保全完成以后,这直接影响了保全的效果。仲裁前财产保全制度则很大程度上弥补了仲裁中财产保全的这一不足。

(三)我国仲裁保全的适用范围

《仲裁法》及《民事诉讼法》规定的仲裁保全仅直接适用于中国内地仲裁机构受理的国内仲裁和涉外仲裁。我国法律仅明确规定了法院对本国仲裁机构进行的仲裁依申请采取保全措施,而对外国仲裁机构的仲裁案件的当事人申请仲裁的事项未作规定,也未规定对于外国仲裁庭做出的临时保全措施的承认和执行。且《纽约公约》中亦无关于缔约国之间对于外国仲裁庭做出的临时保全措施的承认和执行的明确规定,所以遇有外国仲裁机构进行仲裁的案件当事人向中国法院申请保全时,或者申请中国法院执行外国仲裁机构做出的临时保全措施令时,由于难有法律依据而无法实现。

(四)仲裁保全适用的条件

保全制度是在争议各方的权责尚未明晰时,在特定的情况下,为了避免造成无法避免的损失而采取的临时措施,所以法律对于具体的适用条件作了明确的规定,2012 年《民事诉讼法》第 101 条规定“利害关系人因情况紧急,不立即申请保全将会使其合法权益受到难以弥补的损害的”可以提出仲裁前保全,《仲裁法》则规定仲裁过程中,“因另一方当事人的行为或者其他原因,可能导致仲裁裁决不能执行或者难以执行”的可申请保全。但是在实践中要在仲裁程序完成前证明上述前提条件成就是基本上不现实的,所以上述条件一般作为申请人提起保全申请的理由陈述,法院在裁定是否予以保全时,申请人提供了相应担保的情况下,一般不会对此项条件进行实质性审查。

(五)有权决定和实施仲裁保全的机构

我国仲裁保全的有权决定和实施仲裁保全的机构是法院,仲裁机构本身不具有决定和实施财产保全的权力。根据2012年《民事诉讼法》第101条、《关于实施〈中华人民共和国仲裁法〉几个问题的通知》以及《执行规定》第11、12条,无论是仲裁前财产保全还是仲裁过程中的财产保全,财产保全均由财产所在地或者被申请人住所地的人民法院管辖,且如果是涉及国内仲裁由基层法院管辖,涉外仲裁由中级人民法院管辖。

二、申请撤销仲裁裁决

(一)申请撤销仲裁裁决的概念

申请撤销仲裁裁决,是指仲裁裁决做出后,当事人提出证据证明仲裁裁决有不符合法律规定的情形,向人民法院提出撤销该仲裁裁决,以纠正仲裁裁决错误的法律制度。仲裁裁决做出后,双方当事人无论胜诉方或败诉方因仲裁程序存在缺陷或裁决不公而对裁决不服或不满的,均可主动提出异议,申请撤销裁决,双方当事人因此不仅获得了平等的抗辩裁决的权利和机会,也获得了更充分的寻求司法救济的手段。

(二)申请撤销仲裁裁决的条件

仲裁裁决一经做出,立即发生法律效力。当事人欲申请撤销仲裁裁决,必须符合法定条件:

1.提出申请的主体必须是当事人。由于仲裁当事人与裁决的结果有直接的利害关系,最关心裁决的结果,因而也只有当事人最了解自己的合法权益是否受到了侵害,因此,法律规定提出申请撤销裁决的主体仅限于当事人,包括仲裁中的申请人和被申请人。

2.必须在规定的期限内提出申请。为了迅速解决当事人之间的纠纷,稳定民商事交往关系,稳定社会经济秩序和其他秩序,防止仲裁庭所作裁决的效力可能长期处于不确定的状态,有必要督促当事人及时行使自己的权利。《仲裁法》规定,当事人申请撤销仲裁裁决的,应当自收到裁决书之日起6个月内提出。逾期未提出者,视为当事人放弃了申请撤销仲裁裁决的权利,人民法院则不再受理当事人撤销仲裁裁决的申请。

3.必须向有管辖权的人民法院提出申请。人民法院审理申请撤销仲裁裁决之诉适用的是特别程序,一审终审。而且,撤销仲裁裁决既涉及当事人的重大权益,也涉及具体的仲裁委员会,并可能影响中国仲裁界的声誉。因此,管辖法院不宜为基层法院。按照《仲裁法》的规定,当事人提出撤销仲裁裁决申请的,必须向仲裁委员会所在地的中级人民法院提出。

4.提出证据证明裁决有法律规定的情形。基于对仲裁裁决终局效力的尊重,以及防止当事人滥用此项权利阻止仲裁裁决的执行,我国仲裁法对可以申请撤销仲裁裁决的情形作了明确的规定和严格的限制。当事人申请撤销仲裁裁决时,对所声称的撤销事由应当提供初步证据和说明。当然,这里所谓的证据和说明是从申请人提出申请的角度而言的,至于是否符合《仲裁法》规定的情形并得到认可,尚需人民法院审理后确定。

(三)申请撤销仲裁裁决的法定理由

当事人申请撤销仲裁裁决,除程序上必须满足上述条件外,还需具有法定的理由。《仲裁法》的规定,在无涉外因素的国内仲裁中,有下列情形之一的,人民法院应当裁定撤销仲裁裁决:(1)没有仲裁协议;(2)裁决的事项不属于仲裁协议的范围或者仲裁委员会无权仲裁的;(3)裁庭的组成或者仲裁的程序违反法定程序的;(4)裁决所依据的证据是伪造的;(5)对方当事人隐瞒了足以影响公正裁决的证据;(6)仲裁员在仲裁该案时有索贿受贿、徇私舞弊、枉法裁决行为。

除上述六项外,如果人民法院认定仲裁裁决违背社会公共利益,应裁定撤销该裁决。保护公共利益是现代各国的通例,也是中国的司法准则之一。

(四)申请撤销仲裁裁决的后果

人民法院受理当事人提出的撤销裁决的申请后,必须组成合议庭对当事人

的申请及仲裁裁决进行审查。经审查,人民法院可能做出三种处理:

1. 裁定驳回撤销仲裁裁决的申请

人民法院受理当事人撤销仲裁裁决的申请后,经合议庭审查,未发现仲裁裁决具有法定可被撤销的理由,应在受理申请撤销仲裁裁决之日起2个月内做出驳回申请的裁定。

2. 裁定撤销仲裁裁决

人民法院受理撤销仲裁裁决的申请后,经审查核实当事人提出申请所依据的理由成立的,或人民法院认为仲裁裁决违背社会公共利益的,应在2个月内裁定撤销该裁决。

3. 通知仲裁庭重新仲裁

根据《仲裁法》第61条的规定,人民法院受理当事人撤销仲裁裁决的申请后,认为可以由仲裁庭重新仲裁的,通知仲裁庭在一定期限内重新仲裁,并裁定中止撤销程序。仲裁庭拒绝重新仲裁的,人民法院应当裁定恢复撤销程序。《仲裁法解释》第22条规定,仲裁庭在人民法院指定的期限内开始重新仲裁的,人民法院应当裁定终结仲裁程序;未开始重新仲裁的,人民法院应当裁定恢复撤销程序。

三、仲裁裁决的执行

(一)仲裁裁决执行的条件

所谓仲裁裁决的执行,也称为仲裁裁决的强制执行,是指经当事人申请,人民法院的执行组织,运用国家强制力,强制生效仲裁裁决中负有义务的一方当事人履行其实体义务,以实现仲裁裁决的行为。根据当事人的申请,由法院执行仲裁裁决,是世界各国的通行做法。执行是国家强制力的表现,是当事人不自觉履行义务而引起的法律后果,具有强制性。

依照法律的规定,申请人民法院执行中国各仲裁委员会做出的无涉外因素的仲裁裁决,必须符合下列条件:

1. 必须由当事人提出申请。仲裁裁决做出后,应当履行义务的一方当事人不履行仲裁裁决时,作为权利方当事人或者其继承人、权利承继人及其法定代理人必须向人民法院提出执行申请,人民法院才会予以执行。

2. 当事人必须在一定期限内提出申请。对于生效的仲裁裁决,当事人必须在法定期限内向法院提出执行申请,逾期则视为放弃请求法院强制执行的权利。关于申请执行的期限,按照《仲裁法》规定,当事人应依《民事诉讼法》的有关规定办理:当事人申请执行的期限为2年。此期限从仲裁裁决书规定的履行期间的最后一日起计算。仲裁裁决书规定分期履行的,从规定的每次履行期间的最后一日之次日起算。

3. 当事人申请执行的仲裁裁决必须是具有法律效力的裁决。当事人申请法院执行的仲裁裁决必须是具有法律拘束力的裁决或调解书,而无论该裁决是部分裁决还是终局裁决。如果一项裁决已被法院撤销而失去效力,则当事人无权据以请求法院采取执行措施。在中国仲裁实践中,仲裁庭对于程序性事项做出的中间裁决,无须申请法院执行,因为当事人不履行中间裁决,不影响仲裁程序的进行,也不影响仲裁庭做出最终的裁决。

4. 仲裁裁决书须具有给付内容,且执行标的和被执行人明确。所谓给付内容,是指法律文书中确定一方当事人为另一方当事人履行一定的民事义务。给付内容是执行的客体,也是执行的基础。法律文书没有给付的内容,就没有执行的必要。

5. 必须是义务人逾期不履行生效仲裁裁决书所确定的内容。如果生效仲裁裁决书所确定的履行义务期限尚未届满,则不得申请强制执行。

6. 当事人必须向有管辖权的人民法院提出申请。当事人申请执行仲裁裁决,必须向有管辖权的人民法院提出。至于法院管辖权的确定,《仲裁法》准用《民事诉讼法》的有关规定。仲裁机构做出的国内仲裁裁决,由被执行人住所地或者被执行的财产所在地人民法院执行。

(二)仲裁裁决的不予执行

不予执行仲裁裁决,是指仲裁的一方当事人向法院申请承认和执行仲裁裁决,另一方当事人认为仲裁裁决具备不予执行的法定理由,侵害了自己的合法权益,而向法院申请不予执行仲裁裁决,法院经过审查认为仲裁裁决应拒绝承认和执行,使裁决不产生对当事人法律上的约束力。

申请执行是仲裁裁决胜诉方的权利,而申请不予执行仲裁裁决是被申请执行人享有的相对应的一项权利,是对申请执行人申请执行的抗辩。对于不予执行仲裁裁决的申请能否得到法院的支持,则要看申请不予执行仲裁裁决的事由是否满足法定的申请不予执行的事由以及其他条件。

1. 不予执行仲裁裁决是法院的司法行为。不予执行仲裁裁决与撤销仲裁裁决一样是法院的司法性行为，是有管辖权的法院对仲裁裁决的一种司法监督行为。

2. 申请不予执行仲裁裁决的为被申请执行人。申请执行人基于利益衡量主动申请仲裁裁决的执行，对仲裁裁决执行的期望值很大，一般不会主动申请对仲裁裁决不予执行。在实践中，申请不予执行仲裁裁决的往往是被申请执行人。

3. 不予执行仲裁裁决的申请向有管辖权的法院提出。国内仲裁裁决的执行由被执行住所地、财产所在地的法院管辖，因此，不予执行仲裁裁决的申请应向上述法院提出。

4. 不予执行仲裁裁决必须具备法定理由。根据《民事诉讼法》第 237 条，申请不予执行的情形有：第一，当事人在合同中没有订有仲裁条款或者事后没有达成书面仲裁协议的；第二，裁决的事项不属于仲裁协议的范围或者仲裁机构无权仲裁的；第三，仲裁庭的组成或者仲裁的程序违反法定程序的；第四，裁决所根据的证据是伪造的；第五，对方当事人向仲裁机构隐瞒了足以影响公正裁决的证据的；第六，仲裁员在仲裁该案时有贪污受贿，徇私舞弊，枉法裁决行为的。

此外，人民法院依职权认定仲裁裁决的执行违背社会公共利益的，不需要当事人提供证据加以证明，而是直接裁定不予执行。

被人民法院依法裁定不予执行的，不予执行的裁定书应送达各方当事人和仲裁委员会。当事人就该纠纷可以根据重新达成的仲裁协议申请仲裁，也可以向人民法院起诉。

（三）涉外仲裁裁决的执行

仲裁裁决做出后一方当事人不自觉履行仲裁裁决，另一方当事人就需要请求有关的国内法院强制执行。一般是在被执行人的住所或财产所在地国请求予以执行。

1. 涉外仲裁裁决在中国的执行

按照《民事诉讼法》和《仲裁法》的有关规定，对中国的涉外仲裁裁决，一方当事人不履行的，对方当事人可以申请被申请人住所地或财产所在地的中级人民法院执行。申请人向人民法院申请执行中国涉外仲裁裁决，须提出书面申请，并附裁决书正本。如申请人为外国当事人，其申请书须用中文提出。申请执行的期限为2年。

对中国涉外仲裁裁决,被申请人提出证据证明仲裁裁决有不予执行的情形之一的,经人民法院组成合议庭审查核实,在履行“报告制度”后,裁定不予执行。

此外,若一方当事人申请执行裁决,另一方当事人申请撤销裁决,人民法院应当裁定中止执行。在这种情况下,被执行人应该提供财产担保。人民法院裁定撤销裁决的,应当裁定终结执行;撤销裁决的申请被裁定驳回的,人民法院应当裁定恢复执行。仲裁裁决被人民法院裁定不予执行的,当事人可以根据双方达成的书面仲裁协议重新申请仲裁,也可以向人民法院起诉。

2. 涉外仲裁裁决在外国的承认和执行

中国涉外仲裁机构做出的发生法律效力的仲裁裁决,当事人请求执行的,如果被执行人或者其财产不在中国领域内,应当由当事人直接向有管辖权的外国法院申请承认和执行。由于中国已加入《纽约公约》,当事人可依照公约规定直接到其他有关缔约国申请承认和执行中国涉外仲裁机构做出的裁决。

3. 涉外仲裁裁决的撤销和不予执行

人民法院裁定撤销仲裁裁决和不予执行涉外仲裁裁决,都必须要符合法定理由:(1)当事人没有在合同中订立仲裁条款或者事后没有达成书面仲裁协议的;(2)当事人没有收到指定仲裁员或者进行仲裁程序的通知,或者由于其他不属于被申请人负责的原因未能陈述意见的;(3)仲裁庭的组成或者仲裁的程序与仲裁规则不符;(4)裁决的事项不属于仲裁协议的范围或者仲裁机构无权仲裁的;(5)人民人法院认为涉外仲裁裁决违背社会公共利益的。

前四点理由涉及的都是程序事项,与撤销和不予执行非涉外的国内裁决的理由明显不同。可见,对国际商事仲裁的监督范围,中国的立法和国际上弱化法院干预仲裁的趋势是一致的。

人民法院经过审查核实,认为不具备撤销或者不予执行仲裁裁决的条件或者法定事由,则应裁定驳回当事人的申请;如果认为仲裁裁决应当被撤销或者不予执行的,则必须遵守最高人民法院关于“预先报告”的制度。

(四)外国仲裁裁决在中国的承认和执行

外国仲裁机构的裁决需要中国法院承认和执行的,应当由当事人直接向被执行人住所地或者其财产所在地的中级人民法院申请,人民法院应当依照中国缔结或者参加的国际条约，或者按照互惠原则办理。中国加入《纽约公约》时，作了两项保留声明：第一，中国只在互惠的基础上对在另一缔约国领土内做出的仲裁裁决的承认和执行适用该公约；第二，中国只对根据中国法律认为属于契约性和非契约性商事法律关系所引起的争议适用该公约。符合上述两个条件的外国仲裁裁决，当事人可依照《纽约公约》规定直接向中国有管辖权的人民法院申请承认和执行。

对于在非缔约国领土内做出的仲裁裁决，需要中国法院承认和执行的，只能按互惠原则办事。中国有管辖权的人民法院接到一方当事人的申请后应对申请承认及执行的仲裁裁决进行审查，如果认为不违反中国缔结或参加的条约的有关规定或《民事诉讼法》的有关规定，应当裁定承认其效力，并依照《民事诉讼法》规定的程序执行，否则，裁定驳回申请，拒绝承认及执行。如果当事人向中国有管辖权的人民法院申请承认和执行外国仲裁机构做出的发生法律效力的裁决，但该仲裁机构所在国与中国没有缔结或共同参加有关国际条约，也没有互惠关系的，当事人可以以仲裁裁决为依据向人民法院起诉，由有管辖权的人民法院做出判决，予以执行。

—— 训练 ——

根据案例回答问题

案情：

香港公司与浙江义乌公司签订了委托加工合同，合同约定浙江义乌公司用香港公司提供的棉花加工成符合要求的衣服。在香港公司的安排下，浙江义乌公司与华山公司签订了棉花购买合同，浙江义乌公司先行支付了部分棉花款，在加工的过程中，发现棉花中有杂质，不符合合同条款约定，需要挑拣后才能使用。浙江义乌公司雇人挑拣棉花，同时书面通知华山公司棉花质量有问题，华山公司回复知悉情况，愿意承担损失。由于挑拣问题造成了浙江义乌公司交付给香港公司的衣服延期，香港公司为了赶时间发往欧洲，将原预订的海运方式改为空运方式，运费增加了50万元。华山公司按照当时棉花购买合同的约定向仲裁委员会申请仲裁，要求浙江义乌公司支付剩余的棉花款。浙江义乌公司提出签订是受香港公司的指派，而且已经支付的棉花款也是香港公司转账到公司账户后，才由自己支付给华山公司的，因此货款不应由自己支付，并且要求华山公司承担多支付的运费。

问题:

1. 该案中存在几个法律关系?

2. 若进行调解,各方的优势、劣势各是什么?

3. 纠纷的争议焦点是什么?

第八章 信访制度

在我国，信访是人民群众行使民主权利，参与国家和公共事务管理的重要形式和制度通道。从权益维护、纠纷解决的视角看，人民群众通过信访制度参与国家和社会公共事务管理的同时，能够解决纠纷，维护自己的合法权益。在此意义上，我们也可以说信访制度也是一种纠纷解决机制。

第一节 信访概述

一、信访的概念和历史沿革

从语义学来看，信访由"信"和"访"两个词合成。所谓"信"，即诚信、信函、书函等；所谓"访"，即访问、看望、咨询等；"信"和"访"表征着人们之间的社会交往活动的形式，利用文字书信或者以亲身走访的方式进行交往。因此，信访的含义可以表述为：人们为了达到一定的目的，采用书信或者走访的形式所进行的社会交往活动，它既包括人们因为生活、情感而进行的日常生活交往活动，例如，通过信函进行感情交流、节假日走亲访友等；也包括人们因为社会公共生活或者个人权利维护而进行的社会政治交往活动，如举报官员贪污受贿、向公共管理机关投诉个人遭到不公平对待等。

狭义上，信访仅指人们因公共事务管理或者个人权利遭受侵害等，向社会管理者通过信函、电话、电子邮件或者亲自走访等形式反映情况或者提出投诉请求的社会政治交往活动。我们的研究以狭义上的信访为研究对象。

我国早在古代社会就有信访活动。据《大戴·礼记·保傅》记载：尧设"诽谤之木"和"进善之旌"，舜置"敢谏之鼓"。这可能就是最早的信访活动。所谓诽谤之木、进善之旌和敢谏之鼓，即有批评意见可以去指定的木桩下提出；有表彰意见去旌牌处进言;有好的治国建议可击鼓而谏。据《史记·五帝本纪》记载:帝舜任命"龙"为纳言官,其职责就是"听下言纳于上,受上言宣于下"——这可以说是我国最古老的接访人员。到秦、汉时期,设立"公车司马令"一职,负责"受理吏民上章,接纳四方贡献",类似于今天的信访接待室。唐、宋时期,受理臣民信访的有关机构比较完备,唐初在朝堂的东西两侧分别设置肺石和登闻鼓,有冤屈不能自申者,或者欲进谏议事者,如果立于肺石之下,由左监门卫奏闻;如果击登闻鼓,则由右监门卫奏报,要求及时接待,否则,将对左右门卫进行处罚;武则天在朝堂设置铜匦,有进书言事者,听投之。宋代设立理检使,专门受理官民的建议或者申诉。

我国目前的信访制度发端于中国共产党革命根据地时期。1931年,我党在井冈山根据地建立中华苏维埃共和国临时中央政府,颁布了一系列法令,在各级工农民主政府的工农检查委员会下设控告局,负责处理群众对苏维埃政府机关和经济机关的违法活动和贪污腐化、消极怠工现象的控告。延安时期,李鼎铭先生写信给毛泽东,提出"精兵简政"的意见,中央就采纳了这条建议,实行了精兵简政。1947年,中共中央设立了处理人民来信的专职机构——中共中央书记处政治秘书室。

中华人民共和国成立后,信访活动进入了一个新的发展阶段。1951年6月,中央人民政府政务院发布《关于处理人民来信和接见人民工作的规定》,要求各级人民政府应该密切联系人民群众,全心全意为人民服务;鼓励人民群众监督自己的政府和工作人员,要求县级以上各级政府设专人做来信来访工作制定信访问题的处理原则和建立登记、转办、检查、催办、存档等必要的制度。1957年5月,中共中央办公厅、国务院秘书厅召开了第一次全国信访工作会议,制定了《中国共产党各级党委机关处理人民来信、接待群众来访工作暂行办法(草案)》,共计4章44条,阐述了处理人民来信、接待群众来信工作的性质、任务和重要意义;规定了处理人民来信、接待群众来信工作的基本原则;对县级以下基层组织处理人民来信、接待群众来访工作做出了具体规定。"文化大革命"结束后,出现了全国性的信访高潮,通过信访为30万起冤假错案进行了平反、昭雪,为700万人解决了历史遗留问题。1995年10月,国务院制定颁布了《信访条例》,2005年国务院对《信访条例》进行了再次修订。目前,信访制度依然是我国解决纠纷、化解社会矛盾的重要制度。

二、信访的性质与特征

(一)信访的性质

在我国,信访是人民群众行使民主权利,参与国家和公共事务管理的重要形式和制度通道。我国是社会主义国家,人民是国家的主人,人民可以依照法律规定,通过信访制度表达意愿,参政议政,实施民主监督,公开监督,维护自己的合法权益。信访工作的任务就是要尽可能恰当地解决人民群众的实际问题,满足人民群众的正当要求,反映人民群众的真实意愿,为人民群众参政议政,实施民主监督提供方便和条件。

与人民代表大会制度、人民政协制度不同,人民群众通过信访制度参政议政,进行民主监督时,并不是人民群众直接参与公共事物决策或国家事务管理,而是人民群众出于维护自身利益的强烈需求,表达自己的意愿,或者对具体个案的处理过程进行监督,以抵制违法违纪行为,观察、评价不当政制运行过程,进而影响政治决策以及政策法律的制定。即信访制度是以个案监督的方式实现公民对公共事务政治参与、意见表达功能的。

从纠纷解决、权利救济的视角看,当人民群众采用对具体个案的处理进行监督,抵制违法违纪行为,观察、评价不当政制运行过程的方式,参与国家和社会公共事务的管理时,其个人合法权益此时就会得以维护。或者说,一切政治关系的产生和变迁都是以利益为基础进行的。人们并不是天生地要参与政治,而仅仅是参与政治能给人们带来事实上的利益,或者是使人们能够避免一种更大的祸害时,人们才参与政治。[1] 因利益冲突导致私利受损是人们之所以信访的根本原因和初始动力,即人们进行信访只是一种利益受损后寻求利益补偿的被动选择,只是在寻求利益补偿的过程中,才与公权力发生交集,当人们通过各种方式积极影响公权力的运作行为以实现自己的利益时,信访制度的公民政治参与功能才得以显现。在此意义上,我们可以说信访是一种纠纷解决机制、权利救济机制。

(二)信访的特征

从表现形式来看,信访活动具有如下几个特征:

---

〔1〕 陶东明、陈明明:《当代中国政治参与》,浙江人民出版社1998年版,第68页。

1. 信访事项的广泛性和综合性

信访工作部门尤其是基层信访工作部门处理的信访事项内容广泛，涉及社会生活的各个方面，即不能依法通过诉讼、仲裁、行政复议等途径解决的问题，都可以通过信访寻求救济。有些重大、突发、紧急的群体性事件、安全生产事故事件、食品卫生安全事件等涉及公共秩序、公共安全的事件，例如拖欠农民工工资、重大交通事故、突发环境污染事件等，可以首先通过信访途径进行紧急救济，然后再通过诉讼等正常的纠纷解决机制予以解决。

2. 信访活动的间接性

信访人通过信访表达自己的意愿，提出意见、建议参政议政时，不能像人大代表、政协委员那样直接就国家、社会公共事务管理提出具有法律意义的议案，其提出的意见、建议只能作为人民代表大会及其常务委员会、人民政府、人民法院、人民检察院或者其他具有社会公共事务管理职能的机构决策时的参考意见。信访人通过信访参政议政的活动具有间接性。信访人向信访部门提出信访事项寻求救济时，首先是对公权机关违法违纪、违反政策、不作为或不当作为的行为的监督，只有这些行为得以纠正，其合法权益才能获得救济。在某种意义上讲，信访人合法权益的救济是信访个案监督的结果，其信访权利救济具有间接性。

3. 信访事项处理的经济性、便捷性

信访人可以非常经济、便捷地提出信访事项，启动信访权利救济程序。信访人提出信访事项不需要交纳任何费用；不受时效限制，可以根据自己的方便随时信访；既可以提出明确的权利诉求也可以概括地表达自己的意愿，除了依法应当通过诉讼、仲裁、行政复议等法定途径解决的投诉请求，以及不服复查、复核意见，仍然以同一事实和理由提出的投诉请求以外，[2]当事人启动信访权利救济程序几乎不再有其他实体性限制条件；对于信访人提出的信访事项，信访部门必须登记（受理）、提供政策法律咨询、明确答复，信访人信访能力门槛极低。同时，信访事项办理程序简明，信访事项办理期限短，办理信访案件的政府机关则掌握着更多的资源，可以综合运用多种手段措施化解信访纠纷，更强调纠纷的实质解决，而非法律解决。更为重要的是，包括主管、分管领导责任制、包案领导责任制以及信访案件一票否决制等的信访压力机制进一步强化了信

---

〔2〕 参见《信访条例》第14、35条。

访案件办理的快捷有效性。

4. 信访纠纷解决机制的特殊性

与诉讼、仲裁、行政复议等不同,信访是一种特殊的纠纷解决、权利救济机制,其特殊表现为:

(1)信访制度的权利救济机制与信访人的政治参与、意见表达,与信访机构及其所属公权机关、公共服务、公共事务管理机构的自我评查、自我纠错密切相关,救济信访人受损利益与纠正信访机构及其所属机关、机构的错误同时进行。

(2)司法、仲裁、行政复议等纠纷解决机制在处理案件时注重当事人权利的保护和实现;一方面,信访纠纷多是社会转型引发的新型纠纷,法律对此类社会关系的规范时常存在漏洞,信访制度权利救济机制处理这类案件常以政策、社会习俗等社会规范为依据,强调纠纷的解决而非权利的实现、权利的保护;另一方面,信访纠纷的产生多与公权机关错误或不当行为公权力有关,信访制度权利救济机制在维护信访人利益的同时,还要纠正公权力的不当运行。

(3)司法、仲裁、行政复议的案件审理构造为裁判者居中裁判的原告—裁判者—被告的等腰三角形结构,信访案件处理构造通常为信访人—被信访投诉机关双边结构,只有那些复杂、重大、疑难的信访投诉才采取信访听证形式,形成信访人—信访听证专家—被信访投诉机关三角形结构。

(4)只有在当事人启动相关程序后,司法、仲裁机构才事后被动地介入纠纷的处理;基于维护社会秩序的职责,为避免事态演变、扩大,信访机关有时会事先搜集信访信息、主动介入矛盾纠纷的处理。

(5)相对而言,司法仲裁等权利救济机制的程序规制复杂、完备,程序设计公正价值优先,而信访权利救济机制的程序规制粗疏,程序设计强调效率价值。

(6)司法、仲裁、行政复议等权利救济机制以事后的当事人之间的恢复性、补偿性方法为主,信访权利救济机制一方面采用恢复性、补偿性、协调性、授益性方法维护信访人的利益,另一方面还要纠正公权机关的错误行为、不当行为。

(7)基层信访工作办理的信访事项除了涉及违法违纪或者违反政策的问题需要立案处理,还有很大一部分是缺乏法律法规、政策依据,或者事情小、情节轻微的信访事项,对于此类信访事项,可以通过规劝、说服、调解等方式来解决。

5. 信访纠纷解决机制的补充性

在我国多元化的纠纷解决机制中,诉讼、仲裁、行政复议等是解决社会矛盾纠纷法定的主要渠道,信访纠纷解决机制在某种程度上具有拾遗补阙的补充性质。也就是说,能够通过诉讼、仲裁、行政复议等法定途径解决的纠纷,信访人应当通过这些法定途径解决,只有那些难以通过诉讼等法定途径解决的纠纷,才通过信访途径化解。

三、信访的类型

(一)行政信访与涉法信访

依据信访人提出的信访事项的范围,可以将信访分为行政信访和涉法信访。

行政信访,是指信访人不服行政机关及其工作人员、法律法规授权的具有组织及其工作人员、提供公共服务的企事业单位及其工作人员、社会团体或者其他企事业单位中由国家行政机关任命或派出的人员、村民委员会或者居民委员会及其成员的职务行为,向有关行政机关提出投诉请求的信访活动。

涉法信访,是指信访人对各级人民代表大会以及县级以上各级人民代表大会常务委员会、人民法院、人民检察院的职权行为提出信访事项的信访活动。

(二)信访、口头访与走访

依据信访人提出信访事项的形式,可以将信访分为信访、走访和口头访。

信访,是指信访人通过书信、电子邮件、传真等书面形式提出投诉请求的信访活动。

口头访,是指信访人通过电话或者走访采用口头形式提出投诉请求的信访活动。

走访,是指信访人直接到信访机关提出投诉请求的信访活动。信访人采用走访形式提出信访事项的,应当到有关机关设立或者指定的接待场所提出。

(三)单人访、多人访与集体访

依据提出信访事项的信访人的人数,可以将信访分为单人访、多人访以及集体访。

信访人可以单独提出投诉请求,或者多人提出共同的投诉请求。当5人以上的信访人提出共同的投诉请求时,构成集体访。集体访采用走访形式提出投诉请求时,应当推选代表,代表人数不得超过5人。

(四)合法信访与非法信访

依据信访人是否采用合法形式提出投诉请求,可以将信访分为合法信访与非法信访。

信访人在信访过程中应当遵守法律法规,不得损害国家、社会、集体的利益和其他公民的合法权利,自觉维护社会公共秩序和信访秩序。在信访过程中的非法信访有如下形态:在国家机关办公场所周围、公共场所非法聚集,围堵、冲击国家机关,拦截公务车辆,或者堵塞、阻断交通的;携带危险物品、管制器具的;侮辱、殴打、威胁国家机关工作人员,或者非法限制他人人身自由的;在信访接待场所滞留、滋事,或者将生活不能自理的人弃留在信访接待场所的;煽动、串联、胁迫、以财物诱使、幕后操纵他人信访或者以信访为名借机敛财的;扰乱公共秩序、妨害国家和公共安全的其他行为。

第二节　信 访 主 体

信访主体是指依据《信访条例》等法律规范从事信访活动的公民、法人以及其他组织,包括提出信访事项的信访人、办理信访事项的国家机关及其信访工作机构以及参与信访事项办理的相关社会团体、法律援助机构、相关专业人员、社会志愿者等。

一、信访人

人民群众的合法权益受到了侵害,可以向相关国家机关反映情况,提出投诉请求。信访人就是指采用书信、电子邮件、传真、电话、走访等形式,向各级人民政府、人民代表大会、人民法院、人民检察院,以及县级以上人民政府工作部门、县级以上人民代表大会常务委员会反映情况,提出建议、意见或者投诉请求,维护自己合法权益的公民、法人和其他组织。

信访人进行信访活动的权利是一种宪法性权利,只要是我国公民、依照我国法律设立的各种类型的法人和其他组织,都有权利向国家机关反映情况,提出意见或者投诉请求,行使信访权利。外国人、无国籍人在我国法律法规确定的范围内,也可以进行信访活动。信访人从事信访活动须以自己的名义进行,承担相应的法律责任。以他人名义进行信访活动,须取得相应的授权。

由于信访权利机制是信访人以对具体个案的处理进行监督,抵制违法违纪行为,观察、评价公权力不当行使的方式运行的,信访人参与国家和社会公共事务的管理与其自身的合法权益,或者他人的合法权益、社会公共利益、国家利益的维护同时进行。因此,信访人进行信访活动既可以是为了维护自己的合法权益,也可以是为了维护他人的合法权益,或者是为了维护社会公共利益、国家利益。

信访人进行信访活动通常缘于其认为国家机关或者具有公共管理职能、提供公共服务的企事业单位怠于、不当行使职权,提供公共服务,损害信访人、他人的合法权益、社会公共利益,因此,信访人反映情况、提出意见或者投诉请求,须有法律或者政策等依据,属于信访机关职权管辖范围内的事项。但是,除了那些重大、紧急的群体性冲突事件、环境安全责任事故、安全生产责任事故等,首先通过信访途径紧急处置,然后通过诉讼等途径解决以外,其他能够通过诉讼、仲裁、行政复议等法定途径解决的投诉请求不属于信访事项,信访人应当依照有关法律、行政法规规定的程序向有关机关提出。

二、信访机关、信访工作机构

信访机关是指信访人不服其职务行为,向其反映情况,提出意见、建议,提出投诉请求,由其办理相关信访事项的国家机关。具体包括:各级人民政府、县级以上人民政府工作部门,各级人民代表大会、县级以上人民代表大会常务委员会,各级人民法院,各级人民检察院等。

信访工作机构是信访机关设立的代表其处理信访事项的内设机构。信访工作机构不是独立国家机关,不直接替代有权处理信访事项的国家机关做出处理决定,也无权改变有关国家机关做出的处理决定,而是运用法规赋予的职权中转、协调、督导有关机关依法处理信访事项。信访工作机构处理信访事项的法律后果归属于其所在的人民政府或者其工作部门。例如,对于国家信访局的处理信访行为不服,实质上是对国务院的行为的不服。

三、信访参与人

信访参与人是指参与信访事项办理,运用咨询、教育、协商、调解、听证等方法,依法、及时、合理处理信访人投诉请求的社会团体、法律援助机构、相关专业人员、社会志愿者。信访参与人参加信访活动通常基于信访机关或者信访人的邀请,以自己的专业技能、职业权威协助信访机关处理信访人的投诉请求。

四、信访主体的权利和义务

我国《宪法》第27条第2款、第41条分别规定:"一切国家机关和国家工作人员必须依靠人民的支持,经常保持同人民的密切联系,倾听人民的意见和建议,接受人民的监督,努力为人民服务。""中华人民共和国公民对于任何国家机关和国家工作人员,有提出批评和建议的权利;对于任何国家机关和国家工作人员的违法失职行为,有向有关国家机关提出申诉、控告或者检举的权利,但是不得捏造或者歪曲事实进行诬告陷害。对于公民的申诉、控告或者检举,有关国家机关必须查清事实,负责处理。任何人不得压制和打击报复。"可以说,信访权即信访人进行信访活动是我国宪法赋予的基本权利,信访机关接受信访人的批评、建议、监督,及时妥善办理信访事项是宪法规定的法律职责和法律义务。具体而言:

首先,信访权是我国宪法赋予信访人享有的一项基本权利。信访权具有高度概括性和极高的法律效力,需要其他法律法规如《信访条例》等来表征和保障实施,任何机关单位不得非法限制、剥夺。《信访条例》等法律法规规定的信访人享有的一系列权利不是信访权,而是信访权的表征和实现方式;信访权不是这些权利的集合,而是这些权利的基础和源泉,随着社会生活的发展变迁,极有可能产生新的权利来表征和保障信访权的实现。

其次,信访权是我国宪法赋予信访享有的一项程序性权利。所谓程序性权利就是指信访人可以通过信访权的行使启动信访程序,对国家机关及其工作人员等反映情况,提出批评、建设或者投诉请求,从而实现其表达政治意愿,参与国家和社会公共事务管理,监督公权力的运行,纠正违法失职行为,维护自己的合法权利;至于信访人提出的信访事项是否属实,是否具有法律法规或者政策依据,是否应该予以支持等,可等到信访程序启动以后,在程序进行过程中逐一确认、裁判。

(一)信访人的权利

信访人在从事信访活动维护自己合法权益的过程中,享有如下基本权利:

1. 信访投诉提出权

信访人不服国家机关及其工作人员、履行公共管理职责或者提供公共服务的企事业单位及其工作人员的职务行为,有权反映情况,提出批评、建议,提出投诉请求的权利。信访人通过行使信访事项提出权,可以启动信访程序,实现自己的意见表达、政治参与和合法权益维护。

理解信访投诉提出权的关键是把握职务行为的内涵。此处的职务行为,是指履行本机关或者单位职责、法定或者约定的行为,或者说是以机关、单位的名义履行职责所为的行为。职务行为通常可以从如下要素来判断:(1)实施行为的名义或者身份。国家机关工作人员实施职务行为时,要通过出示证件、执法证明文件、佩戴标志等来表征其身份,并且以机关或者单位的名义出现。(2)执行职务的时间和地点。一般而言,国家机关工作人员在法定工作时间、法定工作地点所实施的行为基本都属于职务行为。(3)行为与所享有、执行的职权有内在联系。例如,行为人主观上不存在因私而为的因素,行为虽非履行公务所必需但却是可能发生的等。

2. 不受报复权

信访人依法信访,对信访机关提出批评、投诉,任何机关、单位不得打击报复。不受打击报复权是信访人表达意见,参与国家、社会公共事务管理,维护自己合法权益,行使信访权的前提和保障。

3. 投诉请求查询权

信访人有权了解信访事项的办理情况。县级以上各级人民政府的信访工作机构或者有关工作部门应当及时将信访人的投诉请求输入信访信息系统,信访人可以持行政机关出具的投诉请求受理凭证到当地人民政府的信访工作机构或者有关工作部门的接待场所查询其所提出的投诉请求的办理情况。

4. 申请回避权

信访工作人员与信访人或者信访事项有直接利害关系的,应当回避。信访工作人员的回避,由信访工作机构负责人决定;信访工作机构负责人的回避,由其所属国家机关负责人决定。

5. 请求复查、复核权

信访人对信访机关做出的信访投诉处理意见不服的,可以自收到书面答复之日起 30 日内请求原办理机关的上一级机关复查。收到复查请求的国家机关自收到复查请求之日起 30 日内提出复查意见,并予以书面答复。

信访人对复查意见不服的,可以自收到书面答复之日起30日内向复查机关的上一级机关请求复核。收到复核请求的国家机关应当自收到复核请求之日起30日内提出复核意见,并予以书面答复。

信访人对复核意见不服,仍然以同一事实和理由提出投诉请求的,各级信访工作机构和其他国家机关不再受理。

(二)信访人的义务

信访人从事信访活动应遵守如下义务:

1. 依法提出信访投诉义务

信访人提出信访投诉请求,应该属于法律规定的信访事项受理范围,具有事实理由和法律政策依据,遵守特定的形式要求。例如,信访人提出信访投诉以采用书面形式为原则,采用口头形式为例外;采用走访形式的,应法定工作时间到指定的信访接待场所提出;多人采用走访形式提出共同的信访事项的,应当推选代表,代表人数不得超过5人。

2. 真实义务

信访人提出信访投诉,应当客观真实,对其所提供材料内容的真实性负责,不得捏造、歪曲事实,陷害他人。信访人捏造歪曲事实、诬告陷害他人,构成犯罪的,依法追究刑事责任;尚不构成犯罪的,由公安机关依法给予治安管理处罚。

3. 维护信访秩序义务

信访人在信访过程中应当遵守法律、法规,不得损害国家、社会、集体和其他公民的合法权利,自觉维护社会公共秩序和信访秩序,不得有下列行为:(1)在国家机关办公场所周围、公共场所非法聚集,围堵、冲击国家机关,拦截公务车辆,或者堵塞交通的;(2)携带危险物品、管制器具的;(3)侮辱、殴打、威胁国家机关工作人员,或者非法限制他人人身自由的;(4)在信访接待场所滞留、滋事,或者将生活不能自理的人弃留在信访接待场所的;(5)煽动、串联、胁迫、以财物诱使、幕后操纵他人信访或者以信访为名借机敛财的;(6)扰乱公共秩序、妨害国家公共安全的其他行为。

信访人违反信访秩序,实施上述行为,有关国家机关工作人员应当对信访人进行劝阻、批评或者教育。经劝阻、批评和教育无效的,由公安机关予以警告、训诫或者制止;违反集会游行示威的法律、行政法规,或者构成违反治安管理行为的,由公安机关依法采取必要的现场处置措施、给予治安管理处罚;构成犯罪的,依法追究刑事责任。

(三)信访机关的职责

各级人民政府、县级以上政府工作部门等信访机关在信访活动过程中的权利和义务就是其办理信访事项所享有的职权,其权利义务具有统一性、一致性即其所享有的权利同时也是其应当承担的义务。信访机关的权利义务具体如下:

1. 畅通信访渠道

各级人民政府、县级以上人民政府工作部门应当畅通信访渠道,为信访人提出信访事项提供便利。例如,设立专门办理信访事项的信访工作机构,并公开其通信地址、联系电话、电子邮箱等;设立或者指定信访接待场所;建立机关负责人接待日制度,公布其联系信箱、联系电话等,以方便信访人提出信访事项。

2. 依法、及时、公正办理信访事项

各级人民政府、县级以上政府工作部门等信访机关应当做好信访工作,认真处理来信、接待来访,倾听人民群众的意见、建议和要求,依法、及时、公正办理信访事项。为此,各级人民政府应当建立健全信访工作机制,对信访工作中的失职、渎职行为严格依照有关法律法规的规定,追究有关人员的责任。例如,在信访工作中推诿、敷衍、拖延信访事项办理或者未在法定期限内办结信访事项,或者对事实清楚,符合法律、法规、规章或者其他有关规定的投诉请求没有给予支持,由其上级机关责令改正,造成严重后果的,对直接负责的主管人员和其他直接责任人员依法给予行政处分。同时各级人民政府应当将信访工作绩效纳入公务员考核体系。

3. 保密义务

信访机关及其工作人员不得将信访人的检举、揭发材料及有关情况透露或者转给被检举、揭发的人员或者单位。违反保密义务,依法给予行政处分。

4. 不得打击报复义务

任何组织和个人不得打击报复信访人。打击报复信访人构成犯罪的,依法追究刑事责任;尚未构成犯罪的,依法给予行政处分或者纪律处分。

(四)信访工作机构的职责

县级以上人民政府设立信访工作机构;县级以上人民政府工作部门及乡、

镇人民政府设立或者确定负责信访工作的机构或者人员，具体负责信访工作。

县级以上人民政府信访工作机构是本级人民政府负责信访工作的行政机构，履行下列职责：(1)受理、交办、转送信访人提出的信访事项；(2)承办上级和本级人民政府交由处理的信访事项；(3)协调处理重要信访事项；(4)督促检查信访事项的处理；(5)研究、分析信访情况，开展调查研究，及时向本级人民政府提出完善政策和改进工作的建议；(6)对本级人民政府其他工作部门和下级人民政府信访工作机构的信访工作进行指导。

信访工作机构未履行职责，对收到的信访事项应该登记、转送、交办而未按规定登记、转送、交办，或者应履行督办职责而未履行的，由其上级机关责令改正；造成严重后果的，对直接负责的主管人员和其他人员依法给予行政处分。

第三节　信访工作的原则和基本制度

一、信访工作的原则

信访工作原则是开展信访工作应遵循的基本准则，既是规制信访活动、制定信访规则的依据，也是理解信访法律法规的准确含义、从事信访活动的基点。从《信访条例》的规定看，信访工作基本原则有："属地管理、分级负责，谁主管、谁负责"原则，"依法、及时、就地解决问题与疏导教育相结合"原则，标本兼治、预防和化解相结合原则。

(一)"属地管理、分级负责，谁主管、谁负责"原则

"属地管理、分级负责，谁主管、谁负责"是处理信访管辖问题的工作原则，"属地管理、分级负责"是指信访投诉在各级人民政府之间的纵向分配，信访投诉应在信访问题的发生地，以地方各级政府为主进行解决，强调地方各级政府在处理信访投诉中的主导作用；"谁主管、谁负责"是指信访投诉在人民政府各职能部门之间的分配，即人民政府各职能部门应按照信访问题的性质属于哪个部门的职责范围，就由哪个部门负责处理。

(二)依法、及时、就地解决问题与疏导教育相结合原则

依法、及时、就地解决问题与疏导教育相结合原则是处理信访事项、信访投

诉的基本工作方法。信访工作既是依法、高效率处理信访问题的过程,也是对群众开展思想政治工作,进行宣传教育、疏导情绪的过程。“依法”要求处理信访事项、信访投诉要遵守法律法规和政策的规定,依法办事,维护信访人的合法权益;“及时、就地”要求尽快、就近、就地,高效率地处理信访事项,避免信访人越级上访,防止久拖不决而积累、激化矛盾。

疏导教育是指在处理信访事项的过程中,要注意分析和掌握信访人的具体诉求,有针对性地做好说服、解决和思想工作,解释疑惑、疏导情绪;同时还要通过提供政策咨询、告知法定程序等方式做好法制宣传教育工作,引导信访人依法信访,在法律法规和政策的框架内解决问题。

(三)标本兼治、预防和化解相结合原则

标本兼治、预防和化解相结合原则是信访工作的重要工作方法,是指在信访工作过程中,既要依法、及时、就地处理信访人提出的具体信访投诉,维护信访人的合法权益,也要及时统计、汇总、整理、研究各种类型的信访信息,为制定政策、法律法规进而从根本上调整不同的利益关系,化解社会矛盾纠纷提供决策素材、依据;同时还要建立信访信息预警、排查调处机制,以便事先预防、及时发现、主动介入、积极化解社会矛盾和纠纷;对于可能造成社会影响的重大、紧急信访事项和信访信息,有关信访机关应当在职责范围内依法及时采取措施,防止不良影响的产生、扩大。

二、信访工作的基本制度

(一)畅通信访渠道制度

信访渠道,是指便利信访人提出信访事项、投诉请求的信访救济途径。由于通过这条途径反映问题方便、快捷、成本低,便被形象地称为信访渠道。为了维护信访人的合法权益,畅通信访渠道,各级人民政府、县级以上人民政府工作部门应当向社会公布信访工作机构的通信地址、电子邮箱、投诉电话、信访接待的时间和地点、查询信访事项处理进展及结果的方式等相关事项。

各级人民政府、县级以上人民政府工作部门应当在其信访接待场所或者网站公布与信访工作有关的法律、法规、规章,信访事项的处理程序,以及其他为信访人提供便利的相关事项。

（二）信访接待日制度

设区的市级、县级人民政府及其工作部门，乡、镇人民政府应当建立行政机关负责人信访接待日制度，由行政机关负责人协调处理信访事项。信访人可以在接待日和接待地点向有关行政机关负责人当面反映信访事项。

县级以上人民政府及其工作部门负责人或者其指定的人员，可以就信访人反映突出的问题到信访人居住地与信访人面谈沟通。

（三）保密制度

信访工作人员要严格遵守保密纪律，不得向无关人员谈论信访举报问题。对举报、控告人和申诉人的检举、控告材料及有关情况必须严格保密，检举、控告材料列入密件管理。严禁将检举、控告材料转给被举报单位、被举报人。查处信访举报问题、答复举报人、奖励举报有功人员及宣传报道时，严格按照有关保密规定办理。未经举报人同意，不得以任何形式公开举报人身份。

（四）回避制度

信访工作人员与信访事项或者信访人有直接利害关系的，应当回避。

信访工作人员的回避，由信访工作机构负责人决定；信访工作机构负责人的回避，由其所属国家机关负责人决定。

第四节　信访的程序

一、信访投诉的提出

（一）信访投诉的提出方式

信访人可以采用书面、口头或者走访的形式依法提出信访投诉请求。信访人提出信访投诉请求必须有事实和理由，并对其所提供材料内容的真实性负责，不得捏造、歪曲事实，不得诬告、陷害他人。对于依法应当通过诉讼、仲裁、行政复议等法定途径解决的投诉请求，信访人应当依照有关法律、行政法规规定的程序向有关机关提出。

法律法规倡导信访人采用书面形式即采用书信、电子邮件、传真等形式提出信访事项，信访人提出投诉请求的，应当载明信访人的姓名(名称)、住址、联系方式以及具体的投诉请求、事实和理由。

信访人采用走访形式即由信访人本人或者委托他人到信访工作机构提出信访事项时，应当在法定工作时间向有权处理信访投诉请求的本级或者上一级信访机关专门设立或者指定的接待场所提出；多人走访提出共同投诉请求的，应当推选代表，代表人数不得超过5人；信访投诉请求已经受理或者正在办理，信访人在规定期限内向受理、办理机关的上级机关再次提出同一信访事项的，该上级机关不予受理。

(二)信访投诉事项的范围

1. 行政机关信访事项范围

信访人不服下列组织、人员的职务行为可以向有关行政机关反映情况，提出建议、意见，或者提出投诉请求：(1)行政机关及其工作人员；(2)法律、法规授权的具有管理公共事务职能的组织及其工作人员；(3)提供公共服务的企业、事业单位及其工作人员；(4)社会团体或者其他企业、事业单位中由国家行政机关任命、派出的人员；(5)村民委员会、居民委员会及其成员。

2. 各级人民代表大会及其常务委员会信访事项范围

以下信访事项，一般应向各级人民代表大会及其常务委员会提出：(1)人民代表大会及其常务委员会颁布的法律法规，通过的决议、决定的意见和建议；(2)对人民法院、人民检察院违法失职行为的申诉、控告或者检举；(3)对人民代表大会代表、人民代表大会常务委员会组成人员以及人民代表大会常务委员会工作人员的建议、批评、意见和违法失职行为的申诉、控告或者检举；(4)对人民政府及其工作部门制定的规范性文件的意见和建议；(5)对由本级人民代表大会及其常务委员会选举、决定任命、批准任命的国家机关工作人员违法失职行为的申诉、控告或者检举；(6)属于人民代表大会及其常务委员会职权范围内的其他事项。

上述第4、5项也在行政机关职权范围内，对于这两类信访事项，行政机关有责任进行内部监督，不得以属于人大受理范围而不予受理。

3. 人民法院信访事项范围

以下信访事项应当向人民法院提出：(1)对人民法院工作的建议、批评和意见;(2)对人民法院工作人员违法失职行为的报案、申诉、控告或者检举;(3)对人民法院生效判决、裁定、调解和决定不服的申诉;(4)依法应当由人民法院处理的其他事项。

4. 人民检察院信访事项范围

人民检察院处理以下信访事项:(1)不服人民检察院处理决定的申诉;(2)反映公安机关侦查活动存在违法行为的控告;(3)不服人民法院生效判决、裁定的申诉;(4)反映刑事案件判决、裁定的执行和监狱、看守所的活动存在违法行为的控告;(5)反映人民检察院工作人员违法违纪行为的控告;(6)其他依法应当由人民检察院处理的信访事项。

二、信访投诉的受理

(一)登记与审查

信访工作机构收到信访人提交的信访投诉后,无论信访投诉的来源及信访投诉是否属于其受理范围,均应当予以登记,然后进行审查。

信访工作机构应该对信访人提交的信访投诉进行审查,审查的主要内容为:信访投诉是否有实质性的内容和具体的请求,是否属于信访事项的范围,是否属于本级信访机关有权受理的信访事项,是否已经受理、正在办理,是否已经经过终结的信访工作程序等。

对各级人民代表大会以及县级以上人民代表大会常务委员会、人民法院、人民检察院职权范围内的信访事项应当告知信访人分别向有关机关提出。对于已经或者应当通过诉讼、仲裁、行政复议等法定途径解决的,不予受理,但应告知信访人依照有关法律、行政法规规定的程序向有关机关提出。

(二)决定受理

信访人提出的信访投诉符合信访事项提出条件,信访工作机构应区别不同情形按照下列方式处理:

1. 对依照法定职责属于本级人民政府或者其工作部门处理决定的信访事项,应当转送有权处理的行政机关;情况重大、紧急的,应当及时提出建议,报请本级人民政府决定。

2. 信访事项涉及下级行政机关或者其工作人员的,直接转送有权处理的行政机关,并抄送下一级人民政府信访工作机构。县级以上人民政府信访工作机构要定期向下一级人民政府信访工作机构通报转送情况,下级人民政府信访工作机构要定期向上一级人民政府信访工作机构报告转送信访事项的办理情况。

3. 对转送信访事项中的重要情况需要反馈办理结果的,可以直接交由有权处理的行政机关办理,要求其在指定办理期限内反馈结果,提交办结报告。

依法应由信访机关受理的信访事项,有关信访机关应当自收到转送、交办的信访事项之日起 15 日内决定是否受理,并书面告知信访人、按照要求通报信访工作机构。

4. 重大、紧急信访事项的受理。公民、法人或者其他组织发现可能造成社会影响的重大、紧急信访事项和信访信息时,可以就近向有关行政机关报告。

地方各级人民政府接到报告后,应当立即报告上一级人民政府;必要时,通报有关主管部门。县级以上地方人民政府有关部门接到报告后,应当立即报告本级人民政府和上一级主管部门;必要时,通报有关主管部门。国务院有关部门接到报告后,应当立即报告国务院;必要时,通报有关主管部门。

行政机关对重大、紧急信访事项和信访信息不得隐瞒、谎报、缓报,或者授意他人隐瞒、谎报、缓报。对于可能造成社会影响的重大、紧急信访事项和信访信息,有关行政机关应当在职责范围内依法及时采取措施,防止不良影响的产生、扩大。

5. 复杂信访事项的受理。涉及两个或者两个以上行政机关的信访事项,由所涉及的行政机关协商受理;受理有争议的,由其共同的上一级行政机关决定受理。

应当对信访事项做出处理的行政机关分立、合并、撤销的,由继续行使其职权的行政机关受理;职责不清的,由本级人民政府或者其指定的机关受理。

三、信访投诉的办理

信访投诉的办理,是指有权处理信访投诉的信访机关,对已经受理的信访投诉进行调查核实后,依法做出决定,予以处理的行为。一般而言,信访投诉的办理必须经过信访调查、做出处理决定、书面答复等环节。同时,如果信访人对办理意见不服,还可以通过复查、复核等途径予以救济。

(一)信访调查

信访调查就是信访投诉办理机关在依法受理信访投诉后、做出办理决定之前,为查明信访投诉涉及的事实,依据职权所进行的证据收集、证据调查活动。

办理机关进行信访调查时,首先,必须事先以适当的方式通知信访人、有关组织和人员、第三人,以便当事人做好必要的准备。

其次,进行信访调查的人员通常不少于2人,同时应当向被调查对象表明调查者的合法身份,说明调查的理由、法律依据,告知其在调查过程中享有的陈述权、申辩权等权利。

再次,信访调查可以采用要求被调查对象提交相关书证、物证等证据资料的形式,也可以要求被调查对象到场陈述事实和理由。为了证实信访人提交的信访投诉的真实性、合法性,信访办理机关可以扩大信息来源,向第三人询问、调取相关资料。对于重大、复杂、疑难的信访投诉可以举行听证,通过质询、辩论、评议、合议等方式查明事实,分清责任。

最后,进行信访调查,调查人员必须制作调查笔录,案情比较复杂的信访投诉办理机关还应当制作调查报告。

(二)信访投诉的处理

信访机关对信访投诉进行调查、核实后,应当依照有关法律、法规、规章或者其他有关规定,分别做出以下处理:(1)投诉请求事实清楚,符合法律、法规、规章或者其他有关规定的,予以支持,并督促有关机关或者单位执行;(2)投诉请求合理但缺乏法律依据的,应当对信访做好解释工作;(3)投诉请求缺乏事实根据或者不符合法律、法规、规章或者其他有关规定的,不予支持。

信访机关做出处理意见后,应当在规定的期限内将处理决定送达信访人签收;如果信访人拒绝签收,可以留置送达。

信访投诉应当自受理之日起60日内办结;情况复杂的,经本信访机关负责人批准,可以适当延长办理期限,但延长期限不得超过30日,并须告知信访人延期理由。法律、法规另有规定的,从其规定。

四、信访督办

信访督办,是指县级以上人民政府信访工作机构为了使信访投诉能够依法及时妥善处理,依照法定职权对本级政府工作部门和下级信访机关处理信访投诉、执行信访处理决定的情况予以督促检查的活动。

信访工作机构发现有关信访机关有下列情形之一的,应当及时督办,并提出改进建议:(1)无正当理由未按规定的办理期限办结信访投诉的;(2)未按规定反馈信访投诉办理结果的;(3)未按规定程序办理信访投诉的;(4)办理信访投诉推诿、敷衍、拖延的;(5)不执行信访处理意见的;(6)其他需要督办的情形。

收到改进建议的信访机关应当在30日内书面反馈情况;未采纳改进建议的,应当说明理由。

五、信访复查、复核

(一)复查

信访人对信访机关做出的信访投诉处理意见不服,可以自收到书面答复之日起30日内请求原信访投诉办理机关的上一级信访机关复查。信访人请求复查需符合下列条件:(1)信访人不服信访投诉原办理机关的处理意见;(2)有具体的复查请求和事实依据;(3)属于信访复查范围,并且不能通过行政复议、诉讼等途径解决;(4)属于接收复查申请机关的职权范围;(5)在法定期限内提出复查申请,若超过该期限则信访程序终结。

收到复查请求的信访机关应当对复查请求进行审查,并自收到复查请求之日起30日内提出复查意见,书面答复信访人。信访机关的复查包括如下内容:

1. 形式审查

审查复查申请是否符合条件,不符合复查申请条件的信访机关不予受理,并告知信访人相关理由;申请事由部分不清楚的,可要求信访人在合理期限内补正。

2. 实质审查

审查原信访投诉处理意见认定的事实是否清楚,依据的证据是否确凿,程序是否合法,手续是否完备,处理意见是否恰当,以及信访人提出的复查请求是否具有充分的法律、法规依据,提供的证据是否能推翻原处理意见所认定的事实等。

3. 提出复查意见

办理意见事实清楚、证据确凿、处理意见恰当的,维护原处理意见;办理意见事实不清楚、证据不充分或者处理意见不恰当的,依职权直接变更原处理意见或者责令原办理机关重新办理。

(二)复核

信访人对复查意见不服的,可以自收到书面答复之日起30日内向复查机关的上一级行政机关请求复核。收到复核请求的行政机关应当自收到复核请求之日起30日内提出复核意见。复核机关可以举行听证,经过听证的复核意见可以依法向社会公示,听证时间不计算在上述30日的期限内。

信访人对复核意见不服的,不能再以同一事实和理由提出投诉请求;即使提出,各级人民政府信访工作机关和其他行政机关也不再受理。

六、信访法律责任

(一)引发信访投诉的责任

引发信访投诉责任,是指特定行政机关及其工作人员未依法履行职责侵害信访人或者他人的合法权益,且不能通过诉讼、行政复议等法定途径救济,从而引发信访投诉,或者拒不执行支持信访投诉请求的处理意见而导致信访投诉再次发生,应当承担的法律责任。

因下列情形之一导致信访投诉发生,造成严重后果的,对直接负责的主管人员和其他直接责任人员依照有关法律、行政法规的规定给予行政处分;构成犯罪的,依法追究刑事责任:(1)超越或者滥用职权,侵害信访人合法权益的;(2)行政机关应当作为而不作为,侵害信访人合法权益的;(3)适用法律、法规错误或者违反法定程序,侵害信访人合法权益的;(4)拒不执行有权处理的行政机关做出的支持信访投诉请求意见的。

(二)信访投诉受理责任

信访投诉受理责任,是指在信访投诉受理过程中,信访工作机构和其他直接受理信访投诉的行政机关不履行或者不适当履行受理职责而应当承担的法律责任。

县级以上人民政府信访工作机构对收到的信访投诉应当登记、转送、交办而未规定登记、转送、交办,或者应当履行督办职责而未履行的,由其上级行政机关责令改正;造成严重后果的,对直接负责的主管人员和其他直接责任人员依法给予行政处分。

负有受理信访投诉职责的行政机关在受理信访投诉过程中,如果对收到的信访投诉不按规定登记,或者对于法定职权范围的信访投诉不予受理的,或者未在规定期限内书面告知信访人是否受理信访投诉,由其上级行政机关责令改正;造成严重后果的,对直接负责的主管人员和其他直接责任人员依法给予行政处分。

行政机关及其工作人员对可能造成社会影响的重大、紧急信访事项和信访信息,隐瞒、谎报、缓报,或者授意他人隐瞒、谎报、缓报,造成严重后果的,对直接负责的主管人员和其他直接责任人员依法给予行政处分;构成犯罪的,依法追究刑事责任。

(三)信访投诉办理责任

信访投诉办理责任,是指对信访事项有权处理的行政机关在办理信访投诉过程中,不履行或不适当履行职责而应承担的法律责任。

对信访投诉有权处理的行政机关在办理信访投诉过程中,推诿、敷衍、拖延信访投诉办理或者未在法定期限内办结信访事项,或者对事实清楚、符合法律、法规、规章或者其他有关规定的投诉请求未给予支持,由其上级行政机关责令改正;造成严重后果的,对直接负责的主管人员和其他直接责任人员依法给予行政处分。

行政机关工作人员将信访人的检举、揭发材料或者有关情况透露、转给被检举、揭发的人员或者单位的,依法给予行政处分。

行政机关工作人员在处理信访投诉过程中,作风粗暴,激化矛盾并造成严重后果的,依法给予行政处分。

行政机关工作人员滥用职权、假公济私,对信访人实行侵害其人身、财产、民主和政治权利的行为均属于打击报复信访人。打击报复信访人构成犯罪的,依法追究刑事责任;尚不构成犯罪的,依法给予行政处分或者纪律处分。

(四)信访人违法信访责任

信访人扰乱信访秩序,违法信访的,有关国家机关工作人员应当对信访人进行劝阻、批评或者教育。经劝阻、批评和教育无效的,由公安机关予以警告、训诫或者制止;违反集会游行示威的法律、行政法规,或者构成违反治安管理行为的,由公安机关依法采取必要的现场处置措施、给予治安管理处罚;构成犯罪的,依法追究刑事责任。

—— 训练 ——

根据以下案例回答问题并写出分析报告

案例:[3]

2012年12月,河北磁县的齐某在河南省鹤壁市山城区石林工业园承揽了一家陶瓷厂工程,而这家陶瓷厂是福建商人黄某开办的。工程预算总价254.1991万元,2013年9月底,工程完工后,黄某拒不支付齐某工程款和农民工工资。齐某带领工人多次上访,山城区竭力协调,将黄某在园区内的押金70万元拿来支付了大部分农民工工资。但齐某工程款没有到手,债台高筑,材料商催要欠款,过年都不敢回家,无奈之下,齐某向河南省委书记郭庚茂写了一封求助信。

此事引起省委书记郭庚茂的高度关注,并亲自作了批示。省信访局立即做出安排,及时派人督查,确保群众能够实实在在拿到欠款,一次解决到位,给群众一个满意的交代。2015年4月10日,区委书记主持召开了案件研判会,决定由区委副书记牵头,信访、园区、法院等部门组成专案工作组。经调查,在厂房建设过程中,黄某与合伙人发生纠纷,之后合伙人撤资,资金链断裂,陶瓷厂项目已成了烂摊子。在2013年陶瓷厂未通过年审,被工商部门吊销了证照。黄某根本无力偿还欠款,远走他乡,失去联系。工作组引导齐某通过法院起诉黄某,但齐某知道黄某没钱,且判决后要异地执行,要钱无望。任凭工作组再三劝说,齐某也不愿意走司法渠道解决该问题,该案件一时陷入僵局。

山城区专案工作组根据省、市信访局领导要求,再次召开案件研判会。大家一致认为,虽然农民工工资部分已经兑付,工程款纠纷问题应通过司法渠道解决,但法律途径走下去明显没有理想结果,黄某已破产法院无法执行,这个矛盾仍然是个社会问题。工作组副组长、鹤壁市信访局副局长孙某某提出,虽然陶瓷厂已成烂尾项目,但毕竟厂房还在,地皮还在,项目还在,且掌握在山城区手中。可以考虑寻找新的开发商接手,盘活现有项目,并出资偿还齐某欠款,政府可以在政策范围内给予适当的优惠条件。工作方案议定后,工作组的同志们连夜制定招商引资和谈判协调方案。

孙某某一方面动员各方力量,积极寻找招商项目;另一方面辗转找到企业原法人

[3] 案例来源:甘肃省金昌市信访局,http://xfj.jc.gansu.gov.cn/art/2015/9/6/art_18962_210046.html,最后访问日期:2018年8月18日。

黄某,动之以情,晓之以理,告之以法,经过反复协调,最终黄某同意与石林园区解除合同关系,退出项目,解除合同相关文书签订。同时,山城区成功找到一家投资商有意入驻工业园区,愿意承接该陶瓷企业地块资产及地面工程。

2015年5月7日,信访人齐某与该投资商达成一致意见,签订了协议书,协议约定投资商分两期支付齐某工程价款及剩余农民工工资共计140万元,另外再拿70万元,还给园区。5月12日,齐某顺利拿到了拖欠了快两年的工程款。

问题:

1. 信访机构受理该案的依据是什么?

2. 谈谈信访纠纷解决机制的价值。

第九章　公 证 制 度

第一节　公证的概念与功能

一、公证的概念

公证是世界上最古老的法律制度之一，起源于欧洲的古罗马。公证人的英文单词“notary”来源于拉丁语中的“notae”，“notae”是古罗马时期代替常用词语的一种速记符号，使用这些速记方法的人被称为“notarius”。“notarius”最初只是负责以速记的方法进行记录，然后正式整理成备忘录或记录的速记员。但随着时间的流逝，“notarius”不再用来指那些速记员，而几乎排他性地用来指称法院和省长的书记官、皇帝的秘书以及立法会、枢密院和帝国大法官法庭的高级官员。他们除了记录司法程序和协助司法审判外，还介入法院管辖的非诉讼事务——起草法律文件和其他私人文件，并在治安法官面前用法庭官印将其密封，使其成为公文书。古罗马覆灭以后，公证人的职位得以保留。11 世纪末，教皇在其领地范围内开始排他性地行使任命公证人的特权。从 12 世纪起，奥古斯都之后的德意志皇帝继续享有罗马皇帝的权利和特权，授予其他国家高级官员甚至地方当局或相关机构以类似的权利。这些公证人无论是由皇帝任命还是由教皇任命，都可以不受地域限制执业，甚至包括法国、英格兰、西班牙等不受皇帝或教皇统治的领土。再后来，随着公证文书效力的不断强化，公证人开始不再需要依赖于法庭权威。同时，由于公证制度本身变得日益复杂和专业，以至于那些很少受过法律专业训练的地方长官也不再参与非诉讼事务的处理，而把这部分司法管辖权完全留给了书记官或公证人。这些书记官和公证人经过注册，以自己的名义，经常在法官不出席的情况下，亲自或由其代表办理非诉讼事务。[1] 公证人逐渐步入职业化和专业化的轨道。到1803年,法国颁布了世界上第一部公证法,现代公证制度逐渐形成。

由上述演变不难看出,公证最初的含义是具有权威性的官方记录。但随着社会的演变和发展,其逐渐变成了一种具有官方性质的认证和证明活动。而且,这种认证和证明大多围绕特定法律行为和与私权相关的法律事实展开。故有学者认为,公证是“因保护私权,依国家权力,证明特定法律行为或其他关于私权事实之法律制度”。[2] 我国《公证法》第2条亦对公证有类似界定,认为“公证是公证机构根据自然人、法人或者其他组织的申请,依照法定程序对民事法律行为、有法律意义的事实和文书的真实性、合法性予以证明的活动”。

二、公证的功能

综合各国关于公证人职责的规定,公证的主要任务有两个方面:一是对法律行为或其他具有私法意义的事实进行证明;二是对私署文书、电子文档等特定书面进行认证。其中,前者包含公证主体对特定行为或事实法律属性的判断,后者则主要是对真实性的证明。除此以外,公证人也承担其他的社会职能,例如代写法律文书、提供法律咨询等。以此为基础,我们认为,公证的功能主要有以下几个方面:

(一)证明事实,预防矛盾和纠纷

表面上看,公证和预防纠纷、减少诉讼没有直接关系,但实际并非如此。因为私权纠纷即便寻求诉讼救济,也必须要有确实的证据。而公证则是当事人固定相关事实的重要手段。法国公证法的立法说明曾明确指出,“……除了解和裁决纠纷的官员外,公众的安定还需要有其他的公务人员,这些公务人员对于当事人既是无私的顾问,也是他们意志的公正的表述人;他们使当事人明了对契约应当承担的全部义务,明白地表明了这些义务,并赋予契约以公证性质和终审裁决的效力;他们使当事人保持对契约的记忆,并且完整地保管契约文本,防止善意人之间产生分歧,同时,满怀信心地使那些贪婪的人放弃提起不正当要求的念头。这些无私的顾问,这些公正的文书起草人,这些使契约当事人恪

[1] N. P. Ready:《公证制度在欧洲的起源与形成》,马玉娥译,载《中国司法》2004年第9期。

[2] 翁腾环:《公证法释义与实务》,商务印书馆2018年版,第3页。

守义务的‘自愿法官’,就是公证人,这种制度就是公证制度”。[3]

另外,公证机构还可以根据当事人的申请,保全诉讼证据。所谓证据保全,一般是在纠纷发生后,因证据在纠纷对方当事人或第三方控制下,当事人为防止证据灭失、损毁或被篡改而向有权机构申请证据固定的制度。《民事诉讼法》第81条规定了当事人向法院申请证据保全的制度,《公证法》第11条则规定了向公证机构申请证据保全。根据该条,公证机构可以根据自然人、法人或者其他组织的申请办理证据保全事项。

公证之所以能发挥这样的功能,与国家对其证明效力的强化有关。早在古罗马时期,“notarius”作为国家公职人员制作的文书就具有公文书的地位和权威性。古罗马覆灭以后,教皇亚历山大三世在1167年前后的一项法令也指出,合法的书面文书,如果有关证人已经死亡,该证据无任何证据力,除非该文书由公证人以公文书的格式起草,并且盖有经办公证人的印章。这实际也赋予了公证文书与公文书相同的法律地位。[4] 与此相承,我国《公证法》第36条和《民事诉讼法》第67条均规定,经过法定程序公证证明的法律行为、法律事实和文书,人民法院应当作为认定事实的根据。但有相反证据足以推翻的除外。《民诉法解释》第75条也规定:“已为有效公证书证明的事实,在诉讼中当事人无须举证。”

(二)提供法律服务,调解矛盾纠纷

从公证制度的发展过程不难看出,公证不但证明事实,也提供相关的法律服务,如代写法律文书等。我国《公证法》第12条也明确规定,公证机构可以根据自然人、法人或者其他组织的申请办理提存,保管遗嘱、遗产或其他与公证事项有关的财产、物品、文书,代写与公证事项有关的法律事务文书,提供公证法律咨询等事务。

除此之外,我国司法实践还创造发展了公证调解服务。公证调解最初局限于公证机构对涉公证纠纷的调解。《公证程序规则》第56条规定:“经公证的事项在履行过程中发生争议的,出具公证书的公证机构可以应当事人的请求进行调解,经调解后当事人达成新的协议并申请办理公证的,公证机构可以办理公证,调解不成的,公证机构应当告知当事人就该争议依法向人民法院提起民事

---

〔3〕 王胜明、段正坤:《中华人民共和国公证法释义》,法律出版社2005年版,第2页。

〔4〕 N. P. Ready:《公证制度在欧洲的起源与形成》,马玉娥译,载《中国司法》2004年第9期。

诉讼或者向仲裁机构申请仲裁。"2016年6月,最高人民法院《关于进一步深化多元化纠纷解决机制改革的意见》对公证调解的范围进行了扩充,在第11条中规定,支持公证机构在家事、商事等领域开展公证活动或调解服务。第4条规定,人民法院应当配备专门人员从事"诉调对接"工作,建立"诉调对接"长效工作机制,根据辖区受理案件的类型,引入相关调解、仲裁、公证等机构或者组织在诉讼服务中心等部门设立调解工作室、服务窗口,开展调解工作。

(三)维护交易秩序,保护交易安全

世界上许多国家将公证制度安排到经济事务的方方面面,使其在经济事务领域发挥重要作用。在大陆法系国家,公证不仅在无偿合同中是必需的,几乎所有交易行为,包含不动产、婚姻和解以及诸如公司成立和章程修改等许多公司行为都要求进行公证。在转让契约公证中,公证人不但要描述当事人出示的证明以证明某身份,证明各方当事人的民事行为能力,还要对当事人告知公证人的交易目的、买卖或抵押的标的物作仔细的描述。关于其价格,无论是一次性的还是分期支付的,都必须包括在内。而且,公证人还必须描述存在的影响特定财产权利的障碍,必须查证有关证书的权利状况,将证书附在公证书之后并保存在公证人事务所的档案中。这对交易秩序和交易安全的维护都具有重要作用。[5]

第二节　公证的制度与规范

一、民国时期的公证立法

"我国公证制度,推行最早者,当属东省特区法院。"[6] 19世纪末20世纪初,中东铁路建成后,哈尔滨以铁路为依托,以商贸为中介,迅速成为枢纽城市和商业中心。1902年12月9日,沙俄在哈尔滨设立世界法庭,并赋予法官办理公证事务的权限。1904年,沙俄任命弗拉基米尔·费多罗维奇·阿达姆斯为哈

[5] 蒋笃恒:《公证人在市场经济中的功能》,载《中国公证》2003年第1期。
[6] 翁腾环:《公证法释义与实务》,商务印书馆2018年版,第10页。

尔滨的公证员,这是哈尔滨历史上的第一位公证员,后又设立了两处登记所,是哈尔滨最早的公证机构。[7] 1920 年,北洋政府收回司法权,设立东省特别行政区法院,处理与俄国人和欧洲人相关的司法事务,并办理公证业务,但因立法缺失,仍沿用俄国的相关制度。1926 年,虽然北洋政府起草了《公证人法草案》,但因政府瓦解,立法活动随之停顿。1935 年 7 月,南京国民政府司法院公布《公证暂行规则》,试行公证制度。全文共 47 条,分总则、公证书之作成、私证书之认证三章,大体仿法国、日本等立法例,但在公证主体的设置上,又与法、日等国不同:法、日等国的公证主体是公证人,而南京国民政府认为,若公证人独立设置,"鉴于我国国民智识程度尚浅,诚恐发生流弊",故暂时不设公证人,而在法院设立公证处,由法院推事专办或兼办公证事务。在此基础上,南京国民政府司法行政部又于 1936 年制定《公证暂行规则施行细则》《公证费用规则》,在南京地方法院等试行公证制度,直至 1943 年 3 月 31 日南京国民政府颁布《中华民国公证法》[8]——该法与试行规则的主要内容并无区别,只是对公证事务的范围做出明确规定,相关程序更为详细而已。

二、中华人民共和国成立早期的公证制度

新中国的公证制度草创于 20 世纪 40 年代中期。1946 年,东北人民政府在哈尔滨市人民法院首先承办公证事务。沈阳、上海的人民法院也于 1948 年、1949 年相继开展公证事务,主要是办理证明结婚、离婚、收养子女、委托、合同等。以此为基础,1951 年中央人民政府颁布的《中华人民共和国人民法院暂行组织条例》规定,公证案件由县级人民法院和中央及大行政区、直辖市人民法院管辖。

1953 年,我国进入有计划的经济建设和对非社会主义经济成分进行社会主义改造时期,公证机关的管理体制开始发生变化。1953 年 4 月,第二届全国司法会议通过决议并经政务院 177 次政务会议批准,确定了司法工作必须为经济建设服务的方针。会议讨论了司法部提出的《关于建立与加强公证工作的意见》。该意见在总结了以往公证工作的经验的基础上指出:"当国家进入大规模经济建设时期,公私关系日趋频繁,对国家与私营工商业者订立加工、订货、运

---

〔7〕 张宇红:《从对俄公证的历史渊源看两国公证合作的前景及发展方向》,载《中国公证》2016 年第 7 期。

〔8〕 翁腾环:《公证法释义与实务》,商务印书馆 2018 年版,第 10 ~ 11 页。

输、修建、贷款等合同,务使通过公证,得到法律的保护。公证机关应监督双方严守合同,保护国家财产,而与欺诈盗骗、违反法令的一切不法行为进行斗争。”到1954年年底,全国已有119个市和177个县开展公证工作,全年办理公证12万件。其中以证明公私间加工、订货合同所占比重最大,占各地全部公证事务的90%以上。[9]

1955年4月,司法部召开了第一次全国公证工作会议,着手对公证业务范围进行调整,会议明确了当时公证工作的重点仍然是证明几种主要的公私合同,但对于涉及公民间权利义务关系的文书和事实,根据当事人的申请,也应当予以公证。1956年1月31日,司法部发出《关于公证业务范围问题的通知》,要求各地“除继续办理证明尚存在的公私合同外,应该大力加强并开展有关公民权利义务关系方面的公证业务”。当时,在某些大中城市的公证机关所办理的全部公证事务中,由于经济合同公证数字比例的下降,涉及公民之间权利义务方面的公证事务就显得日益突出。从统计数字来看,一般已占全部公证事务的30%~50%,其中以证明委托书、收养子女、遗嘱、继承权、房屋买卖、私房租赁等为最多。有些地方还根据司法部的通知,证明亲属关系、死亡或者失踪的事实、文书上的签名印鉴属实。少数地方还办理证明无疑义的债权文书有强制执行的效力、证明遗产无人继承,以及保管遗产、保管文件、保全证据等公证业务。在公证组织建设上,司法部向国务院的请示报告曾作了原则性的规定,即“在直辖市和三十万以上人口的市设立公证机关,名为某某市公证处。在不满三十万人口的市和侨眷较多的某些县,如果不具备设公证处的条件,应在市、县人民法院附设公证室”。截至1957年年底,全国已有52个市设立了公证处,有533个市、县人民法院附设公证室,公证组织较之1956年增加了1倍左右。[10]

但随着“大跃进”的极“左”路线的推行,公证工作开始遭遇严峻挑战。1958年,各地公证处纷纷掀起一股“下马”之风。1959年司法行政机关被撤销以后,司法行政工作再次由各级人民法院兼管。“文化大革命”期间,公证制度更被斥责为“修正主义制度”,办理继承权公证也被污蔑为“给资产阶级找接班人”,而办理涉外公证则是“为里通外国开绿灯”。公证工作受到严重削弱和损害。当

---

〔9〕陈六书:《我国国家公证制度的建立及其发展——庆祝中华人民共和国成立35周年》,载《中国法学》1984年第3期。

〔10〕陈六书:《我国国家公证制度的建立及其发展——庆祝中华人民共和国成立35周年》,载《中国法学》1984年第3期。

时，就连一向公证业务量较多的上海、天津、广州等大城市，年均工作量也只是二三十件至五六十件。[11]

三、改革开放以来的公证制度

（一）《公证暂行条例》

1978 年，党的十一届三中全会强调健全社会主义民主与法制，公证制度开始走出低谷。1980 年 2 月，司法部发出《关于逐步恢复国内公证业务的通知》，要求公证机关先受理收养子女、遗嘱、继承、委托、赠与等几项主要公证事项，满足人民群众的正当要求。3 月，又发出《关于公证处的设置和管理体制问题的通知》，要求直辖市、省辖市、县在公证法规未制定前设公证处，但不要设省、自治区公证处和地区公证处；同时明确，所有公证处（包括办理公证业务的基层人民法院）都是代表国家办理公证行为的国家机关，不存在上下级关系，所出具的公证书效力相等。同年 7 月，国务院批转了司法部《关于迅速建立省市、地区、县司法行政机关的请示报告》，要求各省属市、侨乡县、重点县尽快设立公证处。1980 年 9 月，司法部召开了全国公证工作座谈会，就公证工作的方针、任务，公证组织的建设等问题进行研究。与此同时，还起草了《公证暂行条例（草案）》报国务院审议。1982 年 4 月 13 日，国务院于正式发布了《公证暂行条例》。这是我国第一个全国性的公证法规。[12]

《公证暂行条例》借鉴了 1973 年苏联的公证制度框架，将公证处界定为国家机关，将公证员归入国家干部行列。其在第 3 条规定，公证处是国家公证机关。公证处应当通过公证活动，教育公民遵守法律，维护社会主义法制。在第 5 条和第 7 条规定，直辖市、县（自治县）、市设立公证处。市辖区经省、自治区、直辖市司法行政机关批准也可设立公证处。公证处设公证员、助理公证员，可以根据需要设主任、副主任。主任、副主任领导公证处的工作，并且必须执行公证员职务。主任、副主任、公证员、助理公证员分别由直辖市、县、市人民政府依照干部管理的有关规定任免。

---

〔11〕 陈六书：《我国国家公证制度的建立及其发展——庆祝中华人民共和国成立 35 周年》，载《中国法学》1984 年第 3 期。

〔12〕 陈六书：《我国国家公证制度的建立及其发展——庆祝中华人民共和国成立 35 周年》，载《中国法学》1984 年第 3 期；关于 1980 年《关于公证处的设置和管理体制问题的通知》的内容，进一步参见薛春喜：《公证立法八十年》（上），载《中国公证》2005 年第 10 期。

公证员、助理公证员的任职条件较为宽泛。《公证暂行条例》第 8 条规定，有选举权和被选举权的公民，只要符合下列条件之一，就可以被任命为公证员：(1)经见习合格的高等院校法律专业毕业生，并从事司法工作、法律教学工作或者法学研究工作 1 年以上的；(2)在人民法院、人民检察院曾任审判员、检察员职务的；(3)在司法行政机关从事司法业务工作 2 年以上，或者在其他国家机关、团体、企业事业单位工作 5 年以上，并具有相当于中等法律学校毕业生的法律知识的；(4)曾任助理公证员职务 2 年以上的。第 9 条规定，经见习合格的高等、中等法律学校毕业生，以及具有同等学力的国家工作人员，就可以被任命为助理公证员。

在业务范围方面，出于改革开放和商品经济发展需要，已与中华人民共和国成立初期有明显不同，私人事务的公证已占据绝对地位。《公证暂行条例》第 4 条规定，公证业务的范围主要是证明合同、委托、遗嘱、继承权、财产赠与和分割、收养关系、亲属关系、身份学历、出生、婚姻状况、生存、死亡、文件上的签名印鉴属实，赋予无疑义的追债文书执行力，保全证据，保管遗嘱或其他文件，代当事人起草申请公证的文书共 14 项内容。

《公证暂行条例》的颁布实施是我国法制建设的一件大事，它标志着我国公证制度建设进入了一个新的阶段，极大促进了公证工作的发展。据统计，到 1983 年年底，全国已建立公证处 2308 所，占应建市、县公证处的 91%；公证人员 6859 人，是 1980 年的 6 倍。1983 年全年办理公证多达 1243930 件，这是我国公证工作有史以来的最好局面。[13]

(二)《公证法》

由于《公证暂行条例》的法律位阶只是行政法规，无法对公证制度做出全面规定，例如公证书的证据效力是由《民事诉讼法(试行)》规定；《公证暂行条例》第 24 条虽然规定了对方当事人可以向有管辖权的基层人民法院申请执行，但无法对法院做出任何义务性规定等，所以，它还不是一部完善的公证法规范。为了完善公证制度，司法部根据国务院批准的“七五”期间立法规划，自 1987 年 4 月就开始研究起草《公证法》，并于 1990 年 12 月 4 日向国务院报送了《关于报

[13] 陈六书：《我国国家公证制度的建立及其发展——庆祝中华人民共和国成立 35 周年》，载《中国法学》1984 年第 3 期。

送〈中华人民共和国公证法(送审稿)〉的报告》。[14] 但遗憾的是,这一立法过程过于反复、曲折,直至2005年才宣告完成。

2005年8月28日,十届全国人大常委会第17次会议审议通过了《公证法》,并于2006年3月1日正式实施。这是新中国历史上的第一部公证法典。它以法律形式确立了中国特色社会主义公证制度的基本框架,标志着我国公证制度逐步走向成熟。与《公证暂行条例》相比,《公证法》的变化主要集中于以下几个方面:[15]

其一,确立了公证机构执业的非营利性、独立性、平等性和专业性。《公证法》第6、7条明确规定,公证机构是依法设立,不以营利为目的,依法独立行使公证职能、承担民事责任的证明机构。公证机构按照统筹规划、合理布局的原则,可以在县、不设区的市、设区的市、直辖市或者市辖区设立;在设区的市、直辖市可以设立一个或者若干个公证机构。公证机构不按行政区划层层设立。

其二,公证效力得到了更为完整的体现。《公证法》第五章以专章形式对公证的效力做出规定,涉及公证的证明效力、强制执行效力等,并明确了公证书效力瑕疵的矫正和救济程序,这不但有利于当事人的合法权益,也有利于公证功能的有效发挥。

其三,明确了公证机构、公证人员和当事人的法律责任。《公证法》第七章以专章形式规定了公证法律关系主体的权利义务,规定了公证机构、公证员要承担错证等法律责任,当事人和其他个人或组织要对伪造公证书、提供虚假证明材料骗取公证书等承担法律责任。

除此之外,《公证法》还有其他一些变化,包括:公证机构的业务范围更加明确(第2、11、12条);提高了公证员职业准入的条件(第17、18条),并规定公证员由司法部任免(第20、23条);以专章规定了公证协会在公证行业和公证工作中的地位和作用(第六章)等。

---

〔14〕 薛春喜:《公证立法八十年》(上),载《中国公证》2005年第10期。

〔15〕 赵海鸥:《深入理解 全面贯彻〈中华人民共和国公证法〉——司法部副部长段正坤就〈中华人民共和国公证法〉颁布答记者问》,载《中国司法》2005年第10期。

第三节 公证的基本运作方式

一、公证的业务范围

我国的公证业务分为两类:证明业务和非证明业务,集中规定于《公证法》第11条和第12条。其中,第11条规定,公证机构根据自然人、法人或者其他组织的申请,可以办理下列公证事项:(1)合同;(2)继承;(3)委托、声明、赠与、遗嘱;(4)财产分割;(5)招标投标、拍卖;(6)婚姻状况、亲属关系、收养关系;(7)出生、生存、死亡、身份、经历、学历、学位、职务、职称、有无违法犯罪记录;(8)公司章程;(9)保全证据;(10)文书上的签名、印鉴、日期,文书的副本、影印本与原本相符;(11)自然人、法人或者其他组织自愿申请办理的其他公证事项。法律、行政法规规定应当公证的事项,有关自然人、法人或者其他组织应当向公证机构申请办理公证。

第12条规定,根据自然人、法人或者其他组织的申请,公证机构可以办理下列事务:(1)法律、行政法规规定由公证机构登记的事务;(2)提存;(3)保管遗嘱、遗产或者其他与公证事项有关的财产、物品、文书;(4)代写与公证事项有关的法律事务文书;(5)提供公证法律咨询。

在理论上,进一步将公证业务分为证明法律行为、证明有法律意义的事实、提存公证、赋予无疑义的债权文书以强制执行力、证据保全、其他法律事务等。本部分主要围绕《公证法》第11条的规定展开。

(一)证明法律行为

1. 合同公证

合同公证是指公证机构根据自然人、法人的申请,依照法定程序,对当事人之间签订的合同的真实性、合法性进行审查、确认,并做出证明的一种非诉讼活动。合同公证首先是对《合同法》明确规定的15种基本合同类型进行公证,例如买卖合同、赠与合同、借款合同、建设工程合同、租赁合同等。

除此之外,也对其他法律、行政法规规定的合同或协议进行公证,例如农村承包经营合同、企业承包经营合同、企业兼并合同、劳动合同、土地使用权出让合同、投资协议、股权转让协议、拆迁协议等。

2. 继承权、遗嘱和遗产分割协议公证

(1)继承权公证。继承权公证是被继承人死亡后,公证机构依继承人的申请,对继承权的主体、客体等继承要素进行调查、核实后,证明继承人享有继承权的一项证明活动。主要涉及两项内容:一是继承事实的真实性,如继承事实已经发生、继承人与被继承人具有真实的法定身份关系或是遗嘱指定的继承人、继承权客体真实存在并且被继承人对之享有权利等;二是继承人合法地享有对被继承人遗产的继承权,包括经公证机构查明的法定继承人与法律规定的某一继承顺序上全部的继承人相符、继承人提供的被继承人遗嘱内容及形式上是合法、继承人未丧失继承权等。继承权公证可以作为继承人申请有关部门对遗产进行变更权属登记或继承人之间对遗产进行析产的合法依据。[16]

(2)遗嘱公证。遗嘱公证是公证处按照法定程序证明遗嘱人设立遗嘱行为真实、合法的活动。经公证证明的遗嘱为公证遗嘱。司法部2000年《遗嘱公证细则》第18条规定,公证遗嘱采用打印形式。遗嘱人根据遗属原稿核对后,应当在打印的公证遗嘱上签名。遗嘱人不会签名或者签名有困难的,可以盖章方式代替在申请表、笔录和遗嘱上的签名;遗嘱人既不能签字又无印章的,应当以按手印方式代替签名或者盖章。《公证程序规则》第52条规定,遗嘱公证应由2名公证人员共同办理,由其中1名公证员在公证书上署名。特殊情况由1名公证员办理时,应有1名见证人在场,见证人应在遗嘱和笔录上签名。

公证遗嘱具有较强的法律效力。如果没有足够的证据推翻,法院一般可直接采用,作为裁判的依据。另外,《继承法》第20条也规定,若当事人立有数份遗嘱,自书、代书、录音、口头遗嘱不得撤销、变更公证遗嘱。

3. 遗产分割协议公证

遗产分割协议公证,就是公证机构依法证明当事人之间签订的遗产分割协议的行为真实有效、合法的活动。一般情况下,遗产分割协议应包含以下内容:(1)当事人继承或取得遗产的依据;(2)各继承人及有关人员的基本情况及与被继承人之间的关系;(3)被继承人的基本情况及死亡时间、地点;(4)被分割遗产的名称、数量、存放地点;(5)具体分割方案,即谁继承、谁放弃、谁接受遗产分割作价补偿;(6)遗产分割后的交付方式、具体时间、违约责任等。[17]

---

〔16〕 黄群等:《继承权公证若干问题的探讨》,载《中国司法》2006年第9期。

〔17〕 门庆姝、孙波:《论遗产分割协议公证》,载《知识经济》2013年第21期。

4. 婚姻财产协议公证

婚姻财产协议公证主要包括对婚前财产协议和夫妻财产协议公证。其中,婚前财产协议公证是公证机构根据当事人的申请,依照法定程序,对夫妻婚前的财产和债务的范围以及权利的归属达成协议行为的真实性、合法性给予证明的活动。婚前财产协议公证分两种形式:一种是在结婚登记前达成的婚前财产协议公证;另一种是在婚姻关系存续期间达成的婚前财产协议办理公证。夫妻财产协议公证是公证机构根据当事人的申请,依法证明夫妻双方就夫妻关系存续期间实行何种财产制和所得财产的分配及产权归属事项达成协议的行为的真实性、合法性的活动,它对于完善夫妻财产协议内容,保证协议真实合法,预防纠纷,减少诉讼,起着重要的作用。[18]

5. 收养公证

收养,是指依照法律规定的程序,将他人的子女领养为自己的子女,使本来没有直系血亲关系的收养人与被收养人之间成立父母子女关系的一种法律行为。收养协议公证,即公证机构根据当事人申请,依法证明当事人之间收养行为真实性和合法性的活动。《收养法》第 15 条规定:"收养应当由收养人、送养人依照本法规定的收养、送养条件订立书面协议,并可以办理收养公证;收养人或者送养人要求办理收养公证的,应当办理收养公证。"第 28 条规定:"当事人协议解除收养关系的,应当到民政部门办理解除收养关系的登记。"但当事人愿意办理收养关系公证的,也可以申请办理解除收养关系公证。

6. 委托公证

委托公证是公证机构的常态业务之一,包括单方法律行为的委托公证即委托书公证和双方法律行为的委托公证即委托合同公证。其中以单方法律行为的委托书公证最为常见。所谓委托书公证是指公证处根据当事人的自然人、法人或其他组织的申请,依法证明其单方授权行为真实、合法的证明活动。因委托书公证的单方性,实践中经常出现虚假或不真实的委托书公证,这要求公证员必须重点审核委托人的有关情况,以确保委托行为真实、合法。[19]

---

〔18〕 林娜:《试论婚姻关系相关公证的重要性——以〈婚姻法司法解释〉为视角》,载《中国司法》2012 年第 5 期。

〔19〕 谢京杰:《委托公证的若干问题》,载《中国公证》2007 年第 11 期。

(二)证明有法律意义的事实

对于何为有法律意义的事实,尤其是与"法律事实"之间的关系,学界和公证行业尚未达成共识。司法部律师公证工作指导司编写的《公证书格式(2011年版)》共列举了24种有法律意义的事实,包括出生、生存、死亡、身份、曾用名、住所地(居住地)、学历、学位、经历、职务(职称)、资格、无(有)犯罪记录、婚姻状况、亲属关系、收养关系、抚养事实、财产权、收入状况、纳税状况、票据拒绝、选票、指纹、不可抗力(意外事件)和查无档案记载等。

1. 对出生、死亡、生存、不可抗力等事件的公证

出生、死亡、生存、不可抗力均属于法律上的"事件",能引起法律关系产生、变更或消灭。其中,出生公证是公证机构根据当事人的申请,依照法定程序,对当事人何时何地出生以及父母是谁予以证明的活动。出生公证用途广泛,主要是用于国外定居、求学、继承、结婚、办理出入境签证等方面,因此出生公证的办理对当事人有重大意义。生存公证是公证机构根据当事人的申请,依法对当事人健在的事实予以证明的活动。死亡公证是公证机构对某人死亡的法律事实的真实性进行确认的活动。死亡公证书主要是被用于继承遗产、领取抚恤金或福利费用等。不可抗力(意外事件)公证是公证机构根据当事人的申请,依照法定程序证明发生了不可抗力(意外事件),以及该不可抗力(意外事件)造成人身或财产损失真实性的活动。该公证书通常用来对抗他人的索赔请求。

2. 个人生活信息的公证

个人生活信息的公证范围较广,涉及个人身份、曾用名、婚姻状况、亲属关系、经历、学历、学位、职务、职称、收入、纳税等诸多方面,通常用于辅助办理个人生活事务,如出国、留学、定居继承遗产、领取抚恤金和赔偿金。

3. 票据拒绝公证

票据拒绝公证是指公证机构根据当事人申请,依法证明持票人曾经依法行使票据权利而被拒绝或无法行使票据权利的活动,包括拒绝承兑公证和拒绝付款公证两种。《票据法》第62条规定,持票人行使追索权时,应当提供被拒绝承兑或者拒绝付款的有关证明。持票人提示承兑或者提示付款被拒绝的,承兑人或者付款人必须出具拒绝证明,或者出具退票理由书。但在实践中,付款人不出具拒绝证明的情形也多有发生,此时,公证机构出具的公证文书就成为拒绝证明的表现形式,可以作为持票人行使权利的依据。

4. 未受刑事处分公证

未受刑事处分公证是指公证机构根据当事人的申请，依法对其在中华人民共和国居住期间，未受刑事处分这一法律事实给予证明的活动。未受刑事处分公证书主要是用于当事人在国外定居、移民、结婚、收养子女等事项，许多国家基于自身利益考虑均要求赴该国定居者提供未受刑事处分公证。

（三）提存公证

提存是清偿债务和免除责任的一种方式，早在罗马法时期就已存在。提存公证是公证机构依照法定条件和程序，对债务人或担保人为债权人的利益而交付的债之标的物或担保物进行寄托、保管，并在条件成就时交付债权人的活动。我国自 1987 年部分城市公证机构试行提存业务，并于 1990 年在全国范围普遍开展。实践证明，公证机构开展提存公证，有利于及时调整债权债务关系，保护当事人的合法权益，减轻债务人的经济负担和经济压力，防止物品和资金长期呆滞或积压，减少社会资产的损失。[20]

《公证程序规则》第 53 条规定，公证处办理提存公证，应以通知书或公告方式通知债权人在确定的期限内领取提存标的物。债权人领取提存标的物时，应提供身份证明和有关债权证明，并承担因提存所支出的费用。不易保存的或债权人到期不领取的提存物品，公证处可以拍卖，保存其价款。提存人可以凭人民法院的裁决书或提存之债已清偿的其他证明领回提存物。从提存之日起超过 5 年无人领取的提存标的物，视为无主财产，上缴国库。

（四）证据保全公证

证据保全公证，顾名思义就是以公证方式来进行证据保全，即由公证人员对提取、固定、保存证据的过程，并对这一过程和结果予以具有公信力的证明。公证机构也可以对当事人保全证据的行为进行公证，以证明其真实性。证据保全公证在日常社会生活中有旺盛的需求，从一般大的民商事活动到侵权事实的确认和反不正当竞争等，应用极为广泛。

（五）赋予强制执行力公证

赋予强制执行力公证简称“赋强公证”，是指公证机构根据当事人的申请，

---

〔20〕　陈梅英：《提存公证若干问题探讨》，载《中国司法》2004 年第 5 期。

在当事人自愿接受强制执行的情况下，赋予特定债权文书以强制执行力的活动。“赋强公证”是连接公证制度和民事诉讼制度的重要设计，早在1951年，最高人民法院和司法部《关于保护国家银行债权的通报》就明确指出：“在证明契约时，载明强制执行条款，嗣后如一方当事人违约，对方当事人即可请求法院依照契约执行。”2000年，最高人民法院、司法部又联合发布了《关于公证机关赋予强制执行效力的债权文书执行有关问题的联合通知》，对“赋强公证”的条件和范围进行规定。根据该通知，公证机构赋予强制执行效力的债权文书应当具备三项条件：一是债权文书具有给付货币、物品、有价证券的内容；二是债权债务关系明确，债权人和债务人对债权文书有关给付内容无疑义；三是债权文书中载明债务人不履行义务或不完全履行义务时，债务人愿意接受依法强制执行的承诺。债权文书的范围主要是：(1)借款合同、借用合同、无财产担保的租赁合同；(2)赊欠货物的债权文书；(3)各种借据、欠单；(4)还款(物)协议；(5)以给付赡养费、扶养费、抚育费、学费、赔(补)偿金为内容的协议；(6)符合赋予强制执行效力条件的其他债权文书。此后，公证机构的“赋强公证”业务快速发展，目前甚至已成为一些地区公证机构的主流和支柱业务。[21]

二、公证程序的启动

根据《公证法》和司法部《公证程序规则》，公证程序职能根据公民、法人或其他组织的申请启动。且公证机构有权进行审查，决定是否受理。

(一)公证的申请

《公证程序规则》第17、18条规定：自然人、法人或者其他组织向公证机构申请办理公证，应当填写申请表，并提交必要的证明材料。申请表应载明申请人及其代理人的基本情况、申请公证的事项及公证书的用途、申请公证的文书的名称等信息。提交的材料包括申请人的身份证明、申请公证的文书、申请公证的事项的证明材料等，涉及财产关系的还须提交有关财产权利证明。

在公证管辖方面，《公证法》第25条规定，自然人、法人或者其他组织申请办理公证，可以向住所地、经常居住地、行为地或者事实发生地的公证机构提出。申请办理涉及不动产的公证，应当向不动产所在地的公证机构提出，但申

---

〔21〕 北京市中信公证处课题组：《赋予强制执行效力公证——实践与趋势》，载《中国公证》2018年第3期。

请办理涉及不动产的委托、声明、赠与、遗嘱的公证,可以适用一般的管辖规定。

(二)公证的受理

《公证程序规则》第19条规定,公证机构受理当事人的申请,应符合以下条件:(1)申请人与申请公证的事项有利害关系;(2)申请人之间对申请公证的事项无争议;(3)申请公证的事项符合《公证法》第11条规定的范围,或者属于法律、行政法规规定的应当公证的事项;(4)申请公证的事项符合公证管辖的规定,且该公证机构在其执业区域内可以受理该项业务。

申请赋予强制执行力公证的,还应具备以下条件:(1)债权文书以给付货币、物品或者有价证券为内容;(2)债权债务关系明确,债权人和债务人对债权文书有关给付内容无疑义;(3)债权文书中载明当债务人不履行或者不适当履行义务时,债务人愿意接受强制执行的承诺。

不符合上述条件的,公证机构不予受理,并通知申请人。符合上述条件的,公证机构应按以下程序处理:(1)制作受理通知单,申请人或其代理人应当在回执上签收。受理通知单是公证机构制作并发给公证申请人,告知申请人已经受理公证申请绝对的文书。(2)履行告知义务。为了使当事人和利害关系人了解公证活动中的实体和程序权利,以维护其合法权利,公证机构受理公证申请后,应当告知当事人申请公证的法律意义和可能产生的法律后果,以及其在办理公证过程中享有的权利和义务。告知必须采用书面形式,告知的内容、方式、时间应当记录归档。(3)收取公证费用。公证机构受理公证申请后,应当按照规定向申请人收取公证费用。但对符合法律援助条件的当事人,应当按照规定减收或免收。(4)指派承办公证员,并通知当事人。当事人要求该公证员回避,且查实属于《公证法》第23条第3项规定应当回避情形的,公证机构应改派其他公证员承办。(5)着手填写公证登记簿,建立公证卷宗。《公证程序规则》第57条规定,公证机构办理公证,应当填写公证登记簿。登记事项包括:公证事项类别、当事人姓名(名称)、代理人(代表人)姓名、受理日期、承办人、审批人(签发人)、结案方式、办结日期、公证书编号等。第59条规定,公证机构受理公证申请后,承办公证员即应当着手立卷的准备工作,开始收集有关的证明材料,整理询问笔录和核实情况的有关材料等。对不能附卷的证明原件或者实物证据,应当按照规定将其原件复印件(复制件)、物证照片及文字描述记载留存附卷。

三、公证事项的审查

公证审查是公证过程中最关键的一个步骤。《公证法》第28条规定:“公证机构办理公证,应当根据不同公证事项的办证规则,分别审查下列事项:(1)当事人的身份、申请办理该项公证的资格以及相应的权利;(2)提供的文书内容是否完备,含义是否清晰,签名、印鉴是否齐全;(3)提供的证明材料是否真实、合法、充分;(4)申请公证的事项是否真实、合法。”

审查中,公证机构认为申请公证的文书内容不完备、表达不准确的,应当指导当事人补正或者修改,也可根据当事人的请求,代为起草、修改。当事人拒绝补正、修改的,应当在工作记录中注明。

公证机构认为当事人的情况说明或者提供的证明材料不充分、不完备或者有疑义的,可以要求当事人做出说明或者补充证明材料。当事人拒绝说明有关情况或者补充证明材料的,不予办理公证。

公证机构认为申请公证的事项以及当事人提供的证明材料需要核实或存有疑义的,应当进行核实或委托异地公证机构代为核实。核实可以采用下列方式进行:(1)询问当事人、公证事项的利害关系人核实;(2)通过询问证人核实;(3)向有关单位或个人了解相关情况、收集相关书证、物证、视听资料等证明材料;(4)现场勘验;(5)委托专业机构或者专业人员鉴定、检验检测、翻译。有关单位或者个人应当依法予以协助。

四、公证书的出具

公证机构经审查,认为申请提供的证明材料真实、合法、充分,申请公证的事项真实、合法的,应当自受理之日起15个工作日内向当事人出具公证书。因不可抗力、补充证明材料或需要核实有关情况的,所需时间不计算在该15日内,但应及时告知当事人。

(一)公证书的内容

公证书是公证机构按照法定程序制作的具有特殊法律效力的司法证明文书,是公证效力和作用的集中体现。《公证程序规则》第42条规定,公证书应当按照司法部规定的格式制作,包括以下主要内容:(1)公证书编号;(2)当事人及其代理人的基本情况;(3)公证证词;(4)承办公证员的签名(签名章)、公证机构印章;(5)出具日期。有关办证规则对公证书的格式有特殊要求的,从其规定。另外,公证证词所证明的文书也是公证书的组成部分。第43条规定,制作公证书应使用全国通用的文字。在民族自治地方,根据当事人的要求,可以同时制作当地通用的民族文字文本。两种文字的文本具有同等效力。发往香港特别行政区、澳门特别行政区、台湾地区使用的公证书应当使用全国通用的文字。发往国外使用的公证书应当使用全国通用的文字,公证书可以根据需要和当事人的要求,附外文译文。

(二)公证书的制作

公证书的制作分为草拟和审批两个环节。《公证程序规则》第40条规定,符合规定条件的公证事项由承办公证员拟制公证书,连同被证明的文书、当事人提供的证明材料及核实情况的材料、公证审查意见,报公证机构的负责人或其指定的公证员审批。但按规定不需要审批的公证事项除外。公证机构的负责人或者被指定负责审批的公证员不得审批自己承办的公证事项。第41条规定,审批公证事项及拟出具的公证书,应审核以下内容:(1)申请公证的事项及文书是否真实、合法;(2)公证事项的证明材料是否真实、合法、充分;(3)办证程序是否符合《公证法》、本规则及有关办证规则的规定;(4)拟出具的公证书的内容、表述和格式是否符合相关规定。另外,审批重大、复杂的公证事项,应当在审批前提交公证机构集体讨论。讨论的情况和形成的意见应当记录归档。

公证机构制作的公证书正本,由当事人各方各收执一份,并可以根据当事人的需要制作若干份副本。公证机构留存公证书原本(审批稿、签发稿)和一份正本归档。

(三)公证书的生效与送达

公证书自出具之日起生效。需要审批的公证事项,审批人的批准日期为公证书的出具日期;不需要审批的公证事项,承办公证员的签发日期为公证书的出具日期;现场监督类公证需要现场宣读公证证词的,宣读日期为公证书的出具日期。

公证书出具后,可以由当事人或其代理人到公证机构领取,也可以应当事人的要求由公证机构发送。当事人或其代理人收到公证书应当在回执上签收。需要办理领事认证的,公证机构可以根据有关规定或者当事人的委托代为办理,所需费用由当事人支付。

五、不予公证和终止公证

公证过程中,公证机构发现有下列情形之一的,应当不予办理公证:(1)无民事行为能力人或者限制民事行为能力人没有监护人代理申请办理公证的;(2)当事人与申请公证的事项没有利害关系的;(3)申请公证的事项属专业技术鉴定、评估事项的;(4)当事人之间对申请公证的事项有争议的;(5)当事人虚构、隐瞒事实,或者提供虚假证明材料的;(6)当事人提供的证明材料不充分又无法补充,或者拒绝补充证明材料的;(7)申请公证的事项不真实、不合法的;(8)申请公证的事项违背社会公德的;(9)当事人拒绝按照规定支付公证费的。

发现有下列情形之一的,应当终止公证:(1)因当事人的原因致使该公证事项在6个月内不能办结的;(2)公证书出具前当事人撤回公证申请的;(3)因申请公证的自然人死亡、法人或者其他组织终止,不能继续办理公证或者继续办理公证已无意义的;(4)当事人阻挠、妨碍公证机构及承办公证员按规定的程序、期限办理公证的;(5)其他因当事人原因应当终止的情形。

不予办理公证或终止公证的,由承办公证员写出书面报告,报公证机构负责人审批。经审批决定不予办理公证或终止公证的,应书面通知当事人或其代理人,并酌情退还部分或全部公证费。

六、公证书的错误与复查

当事人认为公证书有错误的,可以在收到公证书之日起1年内,向出具该公证书的公证机构提出复查。公证事项的利害关系人认为公证书有错误的,可以自知道或者应当知道该项公证之日起1年内向出具该公证书的公证机构提出复查,但能证明自己不知道的除外。提出复查的期限自公证书出具之日起最长不得超过20年。复查申请应当以书面形式提出,载明申请人认为公证书存在的错误及其理由,提出撤销或者更正公证书的具体要求,并提供相关证明材料。

公证机构收到复查申请后,应当指派原承办公证员之外的公证员进行复查。复查结论及处理意见,应当报公证机构的负责人审批。

公证机构进行复查,应当对申请人提出的公证书的错误及其理由进行审查、核实,区别不同情况,按照以下规定予以处理:(1)公证书的内容合法、正确、办理程序无误的,做出维持公证书的处理决定;(2)公证书的内容合法、正确,仅证词表述或者格式不当的,应当收回公证书,更正后重新发给当事人;不能收回的,另行出具补正公证书;(3)公证书的基本内容违法或者与事实不符的,应当做出撤销公证书的处理决定;(4)公证书的部分内容违法或者与事实不符的,可以出具补正公证书,撤销对违法或者与事实不符部分的证明内容;也可以收回公证书,对违法或者与事实不符的部分进行删除、更正后重新发给当事人;(5)公证书的内容合法、正确,但在办理过程中有违反程序规定、缺乏必要手续的情形,应当补办缺漏的程序和手续;无法补办或者严重违反公证程序的,应当撤销公证书。

当事人、公证事项的利害关系人对公证机构做出的撤销或者不予撤销公证书的决定有异议的,可以向地方公证协会投诉。

被撤销的公证书应当收回,并予以公告,该公证书自始无效。公证机构撤销公证书的,应当报地方公证协会备案。因公证处和当事人双方过错而撤销公证书的,所收的公证费酌情退还。当然,对于其他的损失也应当按照过错的责任比例承担。

公证机构应当自收到复查申请之日起30日内完成复查,做出复查处理决定,发给申请人。需要对公证书作撤销或者更正、补正处理的,应当在做出复查处理决定后10日内完成。因不可抗力、补充证明材料或者需要核实有关情况的,所需时间不计算在上述期限内,但补充证明材料或者需要核实有关情况的,最长不得超过6个月。

第四节 公证的法律效力

公证的法律效力,也即公证书的法律效力,是指公证书所具有的法律效果。它关系到公证功能和作用的发挥,是公证理论研究和实践的基本问题。我国《公证法》对公证法律效力的规定主要是三个方面,即证明效力、执行力和要件效力。[22]

〔22〕 张卫平:《公证证明效力研究》,载《法学研究》2011年第1期。

一、证明效力

公证本质上是一种证明活动，公证证明也是公证最为核心、最为广泛的业务活动，因此，证明效力在某种程度上可以说是公证制度赖以存在的基础。[23]对此，我国《公证法》第36条规定："经公证的民事法律行为、有法律意义的事实和文书，应当作为认定事实的根据，但有相反证据足以推翻该项公证的除外。"《民事诉讼法》第69条规定："经过法定程序公证证明的法律事实和文书，人民法院应当作为认定事实的根据，但有相反证据足以推翻公证证明的除外。"

根据上述规定，对公证的证明效力，可以从以下几个方面理解：

其一，公证的证明效力具有优先性。这主要是相较于其他证据的证明力而言的。对此，最高人民法院《关于民事诉讼证据的若干规定》第77条规定，国家机关、社会团体依职权制作的公文书证的证明力一般大于其他书证；经过公证、登记的书证，其证明力一般大于其他书证、视听资料和证人证言。最高人民法院《关于行政诉讼证据的若干规定》第63条也有类似规定。

其二，公证证据的优先性对法院具有拘束力，即人民法院原则上应当首先根据公证证明的事实和文书认定案件事实。在没有否定该公证证明的例外情形时，法院不予认定的，法院的审理就违反了民事诉讼法和公证法，构成事实认定上的错误，是当事人上诉和申请再审的理由。一旦原审存在这样的错误，上诉法院就应当撤销原判，发回重审或自行改判；再审法院也应当通过再审程序加以纠正。检察机关也可以就此提起抗诉要求法院启动再审。[24]

其三，公证的证明效力具有相对性。公证的证明效力是法律推定的，既然是推定，则允许当事人提出反证予以推翻。对于公证而言，不能因为其具有优先的证明效力就不加怀疑地将公证书作为证据使用，还应当考虑各种因素，例如公证书不真实、不合法等。从这个意义上说，公证的证明效力不是绝对的，而是相对的。因此，在民事诉讼过程中，对方当事人提供有效相反证据的，人民法院也应对公证证明的事实进行审查，判断真伪。确有必要时，还应当向公证机构核实。

---

〔23〕 张卫平：《公证证明效力研究》，载《法学研究》2011年第1期。

〔24〕 张卫平：《公证证明效力研究》，载《法学研究》2011年第1期。

二、执行力

公证的执行力即公证书可以作为强制执行依据的效力,仅限于公证机构赋予强制执行力的债权文书。对于这类文书,债务人不履行义务时,债权人可不经诉讼,直接向有管辖权的人民法院申请强制执行。《公证法》第37条规定:"对经公证的以给付为内容并载明债务人愿意接受强制执行承诺的债权文书,债务人不履行或者履行不适当的,债权人可以依法向有管辖权的人民法院申请执行。前款规定的债权文书确有错误的,人民法院裁定不予执行,并将裁定书送达双方当事人和公证机构。"

对于公证的执行力,可以从以下几个方面理解:

其一,执行力的范围具有特定性。只有具有给付内容并载明债务人愿意接受强制执行承诺的债权文书,才能被赋予执行力。

其二,公证的执行力必须借助司法机关的强制力才能得以实现。公证机构的职责仅限于依法对债权文书进行公证,使其成为法院的执行依据。最高人民法院《关于人民法院执行工作若干问题的规定(试行)》第10条规定,公证机构依法赋予强制执行效力的公证债权文书,由被执行人住所地或被执行财产所在地人民法院执行。

其三,公证的执行效力具有可异议性。公证的执行力不意味着人民法院可以不加审查地进行强制执行,因为公证机构对实体权利义务关系的审查并不具有终局性。当公证债权文书确有错误时,当事人或利害关系人有权向人民法院申请不予执行。根据《民诉法解释》第480条的规定,这里的"确有错误"主要是指:(1)公证债权文书属于不得赋予强制执行效力的债权文书的;(2)被执行人一方未亲自或者未委托代理人到场公证等严重违反法律规定的公证程序的;(3)公证债权文书的内容与事实不符或者违反法律强制性规定的;(4)公证债权文书未载明被执行人不履行义务或者不完全履行义务时同意接受强制执行的。另外,人民法院认定执行该公证债权文书违背社会公共利益的,也可裁定不予执行。

另外,应当注意,尽管公证书可以作为执行依据,但其执行力要真正发挥作用,还需公证机构签发执行证书。最高人民法院、司法部《关于公证机关赋予强制执行效力的债权文书执行有关问题的联合通知》规定,债务人不履行或不完全履行公证机关赋予强制执行效力的债权文书的,债权人可向原公证机关申请执行证书,凭原公证书及执行证书可以向有管辖权的人民法院申请执行。执行证书应当注明被执行人、执行标的和申请执行的期限;债务人已经履行的部分,在执行证书中予以扣除;因债务人不履行或不完全履行而发生的违约金、利息、滞纳金等,可以列入执行标的。签发执行证书时,公证机关应注意审查以下内容:(1)不履行或不完全履行的事实确实发生;(2)债权人履行合同义务的事实和证据,债务人依照债权文书已经部分履行的事实;(3)债务人对债权文书规定的履行义务有无疑义。

三、要件效力

公证的要件效力是指公证作为特定事项法定生效条件的效力。[25]《公证法》第38条规定:"法律、行政法规规定未经公证的事项不具有法律效力的,依照其规定。"言下之意,如果未经公证,则不具有相应法律效力。这种效力可以是:(1)特定事项的成立条件,如1991年《收养法》第20条曾规定,外国人在中华人民共和国收养子女的,收养人应与送养人订立书面协议,亲自向民政部门登记,并到指定公证处办理收养公证。收养关系自公证证明之日起成立。(2)对抗效力,如《担保法》第43条规定,当事人以其他财产抵押的,登记部门为抵押人所在地的公证机构;当事人未办理抵押物登记的,不得对抗第三人。(3)特殊保护效力,如《合同法》第186条规定,经过公证的赠与合同,赠与人在赠与财产的权利转移之前,不得撤销赠与。

第五节　公证执业责任赔偿

一、公证执业责任赔偿的概念

公证执业责任赔偿是指在公证过程中,因公证机构及其公证员的过错而对当事人、利害关系人造成损害时,由公证机构承担赔偿责任的制度。《公证法》第42条第1款规定,公证机构及其公证员因过错给当事人、公证事项的利害关

〔25〕　也有观点称其为法定公证效力。参见黄祎:《关于我国公证效力的解析》,载《政治与法律》2006年第5期。

系人造成损失的,由公证机构承担相应的赔偿责任;公证机构赔偿后,可以向有故意或者重大过失的公证员追偿。

由上述规定可知,公证执业责任赔偿的请求权人是当事人和公证事项的利害关系人。赔偿主体是公证机构,而不是公证员。但公证员有故意或重大过失的,公证机构可以在赔偿后向其追偿。公证机构承担责任的前提是公证机构及其公证员有过错,如果公证机构及其公证员没有过错,即使出现了公证错误,也不存在公证机构的赔偿问题,所以,如何把握这里的“过错”,是公证执业责任赔偿最为核心的问题。

二、公证执业赔偿责任的构成

公证执业赔偿责任在本质上是一种过错侵权责任。因此,当事人、公证事项的利害关系人依照《公证法》第43条起诉的,应当以公证机构为被告,人民法院应作为侵权责任纠纷案件受理。在责任构成上,应具备以下几个条件:

1. 公证机构实施了侵权行为,即出具的公证书不真实或不合法。如果公证机构出具的公证书真实、合法,则不存在侵权的可能。

2. 当事人、利害关系人因不真实、不合法的公证书遭受实际损失,而且原则上仅限于直接损失。司法部《关于深化公证工作改革的方案》第13项就公证赔偿的范围指出,公证赔偿责任为有限责任,以公证处的资产为限,赔偿范围为公证机构及其工作人员在履行公证职务中因错误公证或不当公证给当事人造成的直接经济损失。另外,最高人民法院《关于审理涉及公证活动相关民事案件的若干规定》第6条规定,当事人、公证事项的利害关系人明知公证机构所出具的公证书不真实、不合法而仍然使用造成自己损失,请求公证机构承担赔偿责任的,人民法院不予支持。

3. 公证机构和公证员应当存在过错。根据最高人民法院《关于审理涉及公证活动相关民事案件的若干规定》第4条规定,这里的“过错”主要指以下七种情形:(1)为不真实、不合法的事项出具公证书的;(2)毁损、篡改公证书或者公证档案的;(3)泄露在执业活动中知悉的商业秘密或者个人隐私的;(4)违反公证程序、办证规则以及国务院司法行政部门制定的行业规范出具公证书的;(5)公证机构在公证过程中未尽到充分的审查、核实义务,致使公证书错误或者不真实的;(6)对存在错误的公证书,经当事人、公证事项的利害关系人申请仍不予纠正或者补正的;(7)其他违反法律、法规、国务院司法行政部门强制性规定的情形。

在公证当事人提供虚假证明材料造成他人损失的情形,原则上由公证当事人承担赔偿责任。公证机构依法尽到审查、核实义务的,不承担赔偿责任。公证机构未依法尽到审查、核实义务的,应当承担与其过错相应的补充赔偿责任;明知公证证明的材料虚假或者与当事人恶意串通的,承担连带赔偿责任。

三、公证执业责任赔偿的实现

《公证法》第43条规定:“当事人、公证事项的利害关系人与公证机构因赔偿发生争议的,可以向人民法院提起民事诉讼。”《公证程序规则》第69条规定:“当事人、公证事项的利害关系人与公证机构因过错责任和赔偿数额发生争议,协商不成的,可以向人民法院提起民事诉讼,也可以申请地方公证协会调解。”

可见在我国现行制度框架内,公证执业责任赔偿可以通过非诉讼与诉讼两种程序解决,具体包括协商、调解以及民事诉讼。当发生公证执业责任赔偿时,当事人及利害关系人首先需要与公证机构进行协商;若协商未能达成一致,双方可向地方公证协会申请调解,也可不经调解直接向向人民法院提起民事诉讼。相较而言,与公证机构协商是相对经济与便捷的一种方式。地方公证协会的调解也具有其独特的优势,公证协会是公证业的自律组织,依法对公证机构的执业活动进行监督,对公证业务也更为熟悉,对于寻求救济的当事人而言,公证协会的调解成本低、程序相对简单,能够避免讼累。诉讼是解决纠纷的最后保障,审理过程中,人民法院可以判决,也可以进行调解,并允许双方自行和解。

—— 训练 ——

分析以下案例并回答问题

案情:

甲公司系北京市朝阳区一写字楼的出租人,在以往的租赁经营中,经常出现租户租约到期后锁门跑路或者失联,房屋无法腾退,也无法顺利续租的情况,导致遭受损失。后来甲公司了解到可以通过公证解决上述问题,便计划在新租户租赁房屋时,共同到公证机构申请办理租赁合同公证。

2016年4月,甲公司与新租户乙公司的代理人共同来到北京市某公证处,申请办理租赁合同公证。公证员张某审查了甲公司、乙公司的法人资质、代理人的身份和代理权限等证明材料后,受理了公证申请。公证员向甲公司、乙公司告知,按照租赁合同约定,如果乙公司不按期交纳租金和物业费,经催告仍拒不交纳或者失联的情况下,甲公司有权解除合同并将出租房屋收回。乙公司对此表示同意。公证员进一步告知申请人双方,应当在合同中明确用于催告的联系地址、电话、电子邮箱等信息,腾退出租房屋的条件,以及房屋中存放物品的处理方式。乙公司当场表示,如果自己违约并出现甲公司单方收回房屋的情形,同意其自行处置房屋内物品。公证员审查了双方达成一致意见的租赁合同,并办理了公证。几个月后,乙公司以“内部装修”为由突然关门,迟迟不营业并无法联系。2017年1月30日,甲公司按照合同约定,决定单方收回租给乙公司的办公场地,并向公证处申请办理单方收回出租房屋现场保全证据公证。在公证员张某的面前,甲公司的代理人按照乙公司留下的联系地址、电话和电子邮箱,拨打电话、以特快专递发出催告函及催告电子邮件。10天后,特快专递被退回,电子邮件也未收到回复,符合合同中对于“经催告失联”的认定情形。2月10日,公证员张某审查核实相关情况后,决定对单方收回出租房屋现场进行公证证据保全。当天下午,公证员张某和助理来到租赁办公场地,会同居委会工作人员、甲公司工作人员一同进入现场,进行物品清点,全程进行录像。公证员对于现场物品进行贴标、编号、登记、装箱并密封。清点完毕后,公证员及其助理和在场人员在物品登记清单和现场记录上签名,清点的物品交由甲公司按照合同处理。回到公证处后,公证员起草保全证据公证证词,经审批后出具了公证书。至此,甲公司顺利收回了出租房屋。

问题:

1. 本案涉及几种公证业务?

2. 公证处受理甲公司与乙公司的公证申请应审查哪些条件?

3. 公证处就租赁合同出具的公证书可否作为强制执行的依据?

4. 公证员张某实施的公证证据保全是否合法?

第十章　消费和医疗纠纷解决实务

第一节　消费纠纷解决实务

一、消费纠纷的概念和特点

(一)消费纠纷的概念

消费纠纷也称消费争议,是指消费者在购买、使用商品或者接受服务的过程中,与经营者之间发生的涉及消费者权益的纠纷。消费纠纷的一方当事人是消费者,包括商品的购买人、使用人和接受服务的人,另一方为商品的生产者、销售者或服务的提供者。从消费纠纷的对象看,涉及的是人身权和财产权方面的纠纷,属人身关系和财产关系的纠纷,即属于平等主体之间的民事纠纷范畴。

(二)消费者的权利

所谓消费者,国际标准化组织(ISO)认为,消费者是以个人消费为目的而购买使用商品和服务的个体社会成员。

消费者与生产者及销售者不同,他们是产品和服务的最终使用者而不是生产者、经营者。也就是说,他们购买商品的目的主要是用于个人或家庭需要而不是经营或销售,这是消费者最本质的一个特点。

1.消费者的分类

按照不同的确认标准,消费者大体分为以下三种:

(1)以经济领域为主要标准。认为凡是在消费领域中,为生产或生活目的消耗物质资料的人,无论是自然人还是法人,无论是生活消费还是生产消费,也无论是生活资料类消费者还是生产资料消费者,都属于消费者之列。

(2)以消费目的为主要标准。认为消费者仅指因非商业性目的而购买商品、使用商品的人。所谓非商业性目的就是仅限于购买者自己的消费,而不是用于转卖或营业。

(3)以自然人为主要标准。这种划分不以或不是唯一以消费目的为标准,而特别强调消费者的自然人属性。如美国的《布莱克法律词典》认为,“消费者是那些购买、使用、持有、处理产品或服务的个人”。

商品的消费,即购买和使用商品,既包括消费者购买商品用于自身的消费,也包括购买商品供他人使用或使用他人购买的商品。

服务的消费,既包括自己付费自己接受服务,也包括他人付费自己接受服务。

2. 消费者的权利

消费者权利,是指消费者在消费领域中所具有的权利。根据《消费者权益保护法》第二章的规定,消费者具有下列权利:

(1)安全权。包括人身安全和财产安全,即消费者在购买、使用商品和接受服务时享有人身、财产安全不受损害的权利。消费者有权要求经营者提供的商品和服务符合保障人身、财产安全的要求。例如,消费者有权要求商品和服务符合国家标准、行业标准。没有国家标准、行业标准的,必须符合社会普遍公认的安全、卫生要求。

(2)知情权。包含两方面内容:一是消费者享有知悉其购买、使用的商品或者接受的服务的真实情况的权利。二是消费者有权根据商品或者服务的不同情况,要求经营者提供商品的价格、产地、生产者、用途、性能、规格、等级、主要成分、生产日期、有效期限、检验合格证明、使用方法说明书、售后服务,或者服务的内容、规格、费用等有关情况。

(3)自主选择权。消费者享有自主选择商品或者服务的权利。具体包括:其一,消费者有权自主选择提供商品或者服务的经营者,自主选择商品品种或者服务方式,自主决定购买或者不购买任何一种商品、接受或者不接受任何一项服务。其二,消费者在自主选择商品或者服务时,有权进行比较、鉴别和挑选。

(4)公平交易权。消费者享有公平交易的权利。具体表现为:一是获得公平交易的条件,即消费者在购买商品或者接受服务时,有权获得质量保障、价格合理、计量正确等公平交易条件;二是有权拒绝经营者的强制交易行为。如强迫消费者购物或接受服务、强迫搭售等。

(5)求偿权。即消费者因购买、使用商品或者接受服务受到人身、财产损害的,享有依法获得赔偿的权利。人身损害,主要指人的生命健康权,人格方面的姓名权、名誉权、荣誉权所受到的侵害。财产损害,包括财产上的直接损失和间接损失。

(6)结社权。即消费者享有依法成立维护自身合法权益的社会组织的权利。在中国,消费者社会团体主要是中国消费者协会和地方各级消费者协会(或消费者委员会)。消费者依法成立的各级消费者协会,对消费者有组织地维护自身的合法权益发挥着积极的作用。

(7)获得有关知识权。指消费者享有获得有关消费和消费者权益保护方面的知识的权利。消费者获得权益保护方面的知识,一是有利于提高消费者的自我保护能力;二是有利于消费者合法权益受到侵害时,能够有效地寻求解决纠纷的途径并及时获得赔偿。

(8)受尊重权和信息受保护权。即消费者在购买、使用商品和接受服务时,享有人格尊严、民族风俗习惯得到尊重的权利,享有个人信息依法得到保护的权利。

(9)监督权。即消费者享有对商品和服务以及保护消费者权益工作进行监督的权利。

消费者有权检举、控告侵害消费者权益的行为和国家机关及其工作人员在保护消费者权益工作中的违法失职行为,有权对保护消费者权益工作提出批评、建议。

1983 年国际消费者联盟组织确定每年 3 月 15 日为“国际消费者权益日”。中国自 1987 年开始,每年的 3 月 15 日,全国各地消费者组织都联合各有关部门共同举办隆重的纪念活动,运用各种形式宣传保护消费者权益的有关法律法规及其成果,促进全社会都关心、支持消费者权益保护工作。“3 · 15 国际消费者权益日”的宣传活动已成为具有广泛社会影响、意义深远的社会性活动。

(三)经营者的义务

经营者,是指从事商品经营或者营利性服务的自然人、法人和其他组织。如《反不正当竞争法》第 2 条第 3 款规定:“本法所称的经营者,是指从事商品生产、经营或者提供服务的自然人、法人和非法人组织。”《反垄断法》第 12 条第 1 款规定:“本法所称经营者,是指从事商品生产、经营或者提供服务的自然人、法人和其他组织。”

经营者是以营利为目的从事生产经营活动,向消费者提供其生产、销售的商品或者提供服务,是与消费者相对应的另一方当事人。经营者只有履行了义务才能保障消费者权利的实现。《消费者权益保护法》第三章明确规定了经营者有下列义务:

1. 履行法律规定或合同的约定义务。该义务包含三个方面的内容:(1)经营者向消费者提供商品或者服务,应当依照本法和其他有关法律、法规的规定履行义务。(2)经营者和消费者有约定的,应当按照约定履行义务,但双方的约定不得违背法律、法规的规定。这里规定的经营者与消费者的约定,可以是口头形式,也可以是书面形式,一旦约定生效,经营者应当履行承诺。(3)经营者向消费者提供商品或者服务,应当恪守社会公德,诚信经营,保障消费者的合法权益;不得设定不公平、不合理的交易条件,不得强制交易。经营者向消费者提供商品或者服务,应当恪守社会公德,诚信经营,保障消费者的合法权益;不得设定不公平、不合理的交易条件,不得强制交易。

2. 听取意见和接受监督的义务。即"经营者应当听取消费者对其提供的商品或者服务的意见,接受消费者的监督。"它要求经营者把消费者当作上帝,认真听取消费者对其提供的商品或者服务方面的意见和建议,接受消费者的监督,不断改进经营作风,提高经营水平,更好地为消费者服务。

3. 提供安全商品和安全服务的义务。该义务包含以下内容:(1)经营者应当保证其提供的商品或者服务符合保障人身、财产安全的要求。(2)对可能危及人身、财产安全的商品和服务,应当向消费者做出真实的说明和明确的警示,并说明和标明正确使用商品或者接受服务的方法以及防止危害发生的方法。(3)宾馆、商场、餐馆、银行、机场、车站、港口、影剧院等经营场所的经营者,应当对消费者尽到安全保障义务。(4)经营者发现其提供的商品或者服务存在缺陷,有危及人身、财产安全危险的,应当立即向有关行政部门报告和告知消费者,并采取停止销售、警示、召回、无害化处理、销毁、停止生产或者服务等措施。采取召回措施的,经营者应当承担消费者因商品被召回支出的必要费用。

4. 提供真实情况的义务。该义务包括下列内容:(1)经营者向消费者提供有关商品或者服务的质量、性能、用途、有效期限等信息,应当真实、全面,不得作虚假或者引人误解的宣传。(2)经营者对消费者就其提供的商品或者服务的质量和使用方法等问题提出的询问,应当做出真实、明确的答复。(3)经营者提供商品或者服务应当明码标价。

5. 标明名称和标记的义务。该义务包括:(1)经营者应当标明其真实名称和标记。(2)租赁他人柜台或者场地的经营者,应当标明其真实名称和标记。

6. 出具购货凭证和服务单据的义务。该义务包括:(1)经营者提供商品或者服务,应当按照国家有关规定或者商业惯例向消费者出具发票等购货凭证或者服务单据。(2)消费者索要发票等购货凭证或者服务单据的,经营者必须出具。

7. 保证质量的义务。该义务包括:(1)经营者应当保证在正常使用商品或者接受服务的情况下其提供的商品或者服务应当具有的质量、性能、用途和有效期限;但消费者在购买该商品或者接受该服务前已经知道其存在瑕疵,且存在该瑕疵不违反法律强制性规定的除外。(2)经营者以广告、产品说明、实物样品或者其他方式表明商品或者服务的质量状况的,应当保证其提供的商品或者服务的实际质量与表明的质量状况相符。(3)经营者提供的机动车、计算机、电视机、电冰箱、空调器、洗衣机等耐用商品或者装饰装修等服务,消费者自接受商品或者服务之日起6个月内发现瑕疵,发生争议的,由经营者承担有关瑕疵的举证责任。

8. 退货、更换、修理的义务。该义务包括:(1)经营者提供的商品或者服务不符合质量要求的,消费者可以依照国家规定、当事人约定退货,或者要求经营者履行更换、修理等义务。(2)没有国家规定和当事人约定的,消费者可以自收到商品之日起7日内退货;7日后符合法定解除合同条件的,消费者可以及时退货,不符合法定解除合同条件的,可以要求经营者履行更换、修理等义务。(3)经营者采用网络、电视、电话、邮购等方式销售商品,消费者有权自收到商品之日起7日内退货,且无须说明理由,但下列商品除外:消费者定作的;鲜活易腐的;在线下载或者消费者拆封的音像制品、计算机软件等数字化商品;交付的报纸、期刊。(4)经营者应当自收到退回商品之日起7日内返还消费者支付的商品价款。退回商品的运费由消费者承担;经营者和消费者另有约定的,按照约定。

9. 不得用格式合同等损害消费者合法权益的义务。该义务包括:(1)使用格式条款的,应当以显著方式提请消费者注意商品或者服务的数量和质量、价款或者费用、履行期限和方式、安全注意事项和风险警示、售后服务、民事责任等与消费者有重大利害关系的内容,并按照消费者的要求予以说明。(2)不得以格式条款、通知、声明、店堂告示等方式,做出排除或者限制消费者权利、减轻或者免除经营者责任、加重消费者责任等对消费者不公平、不合理的规定,不得利用格式条款并借助技术手段强制交易。(3)格式条款、通知、声明、店堂告示等含有前款所列内容的,其内容无效。

10. 尊重消费者人格的义务。该义务包括:(1)不得对消费者进行侮辱、诽谤。(2)不得搜查消费者的身体及其携带的物品。(3)不得侵犯消费者的人身自由。

11. 提供网购商品或金融服务的义务。该义务包括:采用网络、电视、电话、邮购等方式提供商品或者服务的经营者,以及提供证券、保险、银行等金融服务的经营者,应当向消费者提供经营地址、联系方式、商品或者服务的数量和质量、价款或者费用、履行期限和方式、安全注意事项和风险警示、售后服务、民事责任等信息。

12. 不得泄露消费者个人信息的义务。该义务包括:(1)收集、使用消费者个人信息,应当遵循合法、正当、必要的原则,明示收集、使用信息的目的、方式和范围,并经消费者同意。(2)经营者收集、使用消费者个人信息,应当公开其收集、使用规则,不得违反法律、法规的规定和双方的约定收集、使用信息。(3)对收集的消费者个人信息必须严格保密,不得泄露、出售或者非法向他人提供。(4)应当采取技术措施和其他必要措施,确保信息安全,防止消费者个人信息泄露、丢失。(5)发生或者可能发生信息泄露、丢失的情况时,应当立即采取补救措施。(6)未经消费者同意或者请求,或者消费者明确表示拒绝的,不得向其发送商业性信息。

(四)消费纠纷的特点

消费纠纷属于民事纠纷的范畴,与一般的民事纠纷相比,具有如下特点:

1. 消费纠纷是发生在消费领域或消费过程中的纠纷。消费者和经营者在法律上属于平等的民事主体,在消费过程中,双方达成了共同的意思表示,即形成消费合同关系。当双方因履行合同发生消费权益纠纷时,该纠纷的解决应与一般民事纠纷的解决原理相同。但因消费纠纷发生于特定的主体和领域内,因而具有了区别于一般民事纠纷的特点。根据《消费者权益保护法》的有关规定,消费纠纷既包括消费者为生活消费需要购买、使用商品或者接受服务过程与经营者之间发生的纠纷;也包括经营者在为消费者提供其生产、销售的商品或者提供服务时与消费者之间发生的纠纷。

2. 消费纠纷是关于消费者权利或经营者义务的纠纷。消费纠纷主要发生于消费领域,是以消费者权益和经营者义务为争议内容的。我国《消费者权益保护法》及其他相关法律法规,明确规定了消费者依法享有的各项权利,如知情权、公平交易权、求偿权等;同时也明确规定了经营者必须承担的法律义务,如保证商品和服务安全的义务,提供商品和服务真实信息的义务、保证商品和服务质量的义务等。现实中,因商品质量或服务引起的各类纠纷,归根结底,涉及的都是消费者权利和经营者义务的纠纷。

3. 消费纠纷中消费者往往处于弱势地位。在现代市场经济中,生产、经营和服务越来越集中,也越来越专业。相对而言,消费者只是分散的、孤立的个体。由于消费者与经营者在经济实力方面存在较大悬殊,且在交易信息和专业知识方面严重不对称,因而导致消费者往往处于弱势地位。消费者和经营者的这种实质上的不平等,在某种程度上甚至会演变为一种支配与被支配的关系。所以在实践中,应加大对消费者权益的保护力度。

4. 消费纠纷具有经常性、多发性和复杂性。消费是为了满足人们的日常生活需要而发生的,因而具有经常性的特点。在消费过程中,纠纷随时随地都有可能发生,且纠纷发生的领域十分广泛,涉及买卖、服务、产品质量、医疗、保险等方方面面;既可能涉及消费者的财产利益,也可能涉及消费者的人身利益;既可能是违约,也可能是侵权;既可能涉及民事法律关系,也可能涉及刑事、行政、经济法律关系。再加上电子商务的迅速发展、消费模式的转型变化,都使消费纠纷呈现多发性和复杂性的特点。

5. 消费纠纷的标的额具有小额性。消费纠纷主要发生在人们的日常生活中,除了商品房、家用汽车等价格昂贵的商品外,一般生活消费品占有较大比例。因为一般的生活消费品价格相对较低,由此产生的争议金额也比较小。鉴于绝大多数消费纠纷的争议金额较小,普通民事诉讼往往成本过高、周期过长而难于直接适用于消费纠纷,故消费纠纷更适合小额诉讼。

二、消费纠纷的解决

(一)消费纠纷的类型

根据不同的分类标准可以对消费纠纷进行下列分类:[1]

---

〔1〕 肖建国、黄忠顺:《消费纠纷解决——理论与实务》,清华大学出版社 2012 年版,第 13 页。

1. 根据消费纠纷是否具有可诉性,可分为消费法律纠纷和消费非法律纠纷。消费法律纠纷是指消费权利纠纷,即可以通过诉讼机制解决的消费纠纷;而非法律纠纷则指消费利益纠纷,即只能通过非诉讼机制解决或者处理的消费纠纷。这样划分的意义在于界定哪些消费纠纷可以诉诸法院,哪些消费纠纷不能诉诸法院。虽然消费非法律纠纷不能通过诉讼机制加以解决,但是,作为具体利益冲突,诉讼机制仍有使用的空间和必要。

2. 根据消费纠纷的实体内容不同,可分为消费合同纠纷和消费侵权纠纷。消费合同纠纷是指双方当事人基于消费合同的签订、履行所发生的纠纷;消费侵权纠纷则指消费者认为商品经营者的经营行为或服务侵犯其合法权益而发生的纠纷。消费者和经营者必然存在消费合同关系,如果经营者违反合同或给消费者造成损害后果时,实际上构成了违约和侵权的竞合,消费者可择一主张权利。因此,将消费纠纷划分为消费合同纠纷和消费侵权纠纷的意义在于法律适用时便于确定请求权基础。

3. 根据消费纠纷争议金额的大小,可分为大额消费纠纷和小额消费纠纷。

4. 根据消费纠纷指向的对象不同,可分为商品消费纠纷和服务消费纠纷。

5. 根据消费纠纷涉及的领域不同,可分为商品房、汽车、金融、餐饮、美容、装修、医疗、旅游等消费纠纷。

6. 根据消费纠纷是否在线不同,可分为线上消费纠纷和线下消费纠纷。

7. 根据消费纠纷是否具有跨国因素,可分为国内消费纠纷和涉外消费纠纷。

(二)消费纠纷的解决方式

根据《消费者权益保护法》第39条的规定:消费者和经营者发生消费者权益争议的,可以通过下列途径解决:(1)与经营者协商和解;(2)请求消费者协会或者依法成立的其他调解组织调解;(3)向有关行政部门投诉;(4)根据与经营者达成的仲裁协议提请仲裁机构仲裁;(5)向人民法院提起诉讼。

根据上述法律规定,我国消费纠纷解决的途径有五种,消费者有权自主选择。

1. 与经营者协商和解

协商和解,是指发生消费纠纷后,消费者与经营者通过商量谈判,就争议的问题协商一致并达成和解协议,从而解决纠纷的活动。协商和解属于非诉讼纠纷解决机制的一种,具有及时、便利、经济、有利于维系当事人之间友好关系等特点,是解决消费纠纷最常见的一种方式。

协商和解应坚持下列原则:[2]

(1)自愿原则。自愿是协商的基础。协商解决纠纷要求当事人双方不得采取胁迫和强制的手段。在消费纠纷中,商家往往会利用各种优势挟制消费者接受和解条件,这是违反消费者意愿的行为,消费者应当拒绝接受。

(2)平等原则。消费纠纷中,当事人双方具有平等的法律地位,在协商过程中,任何一方不得凌驾于对方之上。

(3)处分原则。消费纠纷属于民事纠纷的一种,应遵循意思自治的原则,当事人在解决纠纷的过程中,对自己的民事权利依法享有处分权,即有权承认、放弃、变更自己的民事权利。

(4)合法原则。解决消费纠纷,当事人达成的和解协议内容应当合法,不得损害国家、集体和他人的利益,不得损害公共利益,也不得违反公序良俗。否则是无效的协议,不受法律保护。

协商和解,应讲究方式和方法。发生消费纠纷后,若商家能主动与消费者协商并取得谅解,则可以变被动为主动,有利于纠纷的解决;若消费者主动与商家协商,可尽快了解商家对纠纷的态度,以便采取相应的对策和步骤,从而节省时间和精力,提高纠纷解决的效率。消费者在提出和解方案时要合情合理,切记漫天要价;商家在自身有过错时,应主动做出让步,这样有利于达成和解协议。双方协商时,要注重语言表达,不要有过激的语言和行动,否则将破坏协商的氛围,不利于纠纷的解决。

2. 请求消费者协会调解

请求消费者协会调解,是指发生消费纠纷后,根据消费者的请求,在经营者同意适用调解程序的情况下,消费者协会作为第三方,就相关消费争议依法进行协商,从中斡旋促使双方达成协议,以解决消费纠纷的非诉讼纠纷解决机制。[3]

根据《消费者权益保护法》的规定,消费者协会(以下简称消协)有权调解消费纠纷,但在调解过程中,应当注意以下法律问题:[4]

---

〔2〕 戴建庭:《民事纠纷解决机制研究》,吉林大学出版社2007年版,第178页。

〔3〕 肖建国、黄忠顺:《消费纠纷解决——理论与实务》,清华大学出版社2012年版,第20页。

〔4〕 王琦主编:《非诉讼纠纷解决机制原理与实务》,法律出版社2014年版,第293页。

(1)消协调解必须严格遵守自愿原则。在调解过程中,消协应当充分尊重当事人的意愿,是否调解、是否达成调解协议以及怎样达成调解协议,应由当事人自己决定。调解协议达成后,亦应由当事人自动履行,消协可以督促当事人履行,但不得强迫。消协可以在调解过程中提出方案供当事人参考,但不得代替当事人做出决定。

(2)消协不得拒绝调解。由于法律规定消协有调解消费纠纷的职责,因此,对属于消协受理范围内的争议,在消费者提出请求时,消协不得拒绝调解。消协在调解过程中,应当通过宣传法律、政策,明确利害,积极主动地促成当事人达成协议,并鼓励当事人自觉履行。

(3)消协应依法公正地进行调解。消协在受理投诉、调解纠纷时,应遵循"以事实为根据,以法律为准绳"的原则,依法进行调解,不得"和稀泥",更不得为追求调解成功率,利用消费者势单力薄、容易满足的心理特点与经营者串通,损害消费者的利益。不得利用消费者的信任,欺骗消费者鼓动其接受不利的条件。消协在调解过程中若发现经营者有违法犯罪行为时,应及时采取措施维护消费者的合法权益。

(4)消协调解不得妨碍当事人寻求其他途径解决纠纷。消协调解不是解决消费纠纷的必经程序。如果当事人不愿调解或调解不能达成协议,或达成协议反悔的,都可以通过仲裁或诉讼解决,消协不得妨碍当事人申请仲裁或起诉。

消协属于社会团体,不属于行政机关。虽然我国目前的消协附设在工商行政管理部门,但从法律规定上看,其性质为社会团体,故不能将"消协"调解认定为行政调解,它是一种民间调解。因消协的组成人员大多为专业人士,其主持调解是依照法律法规进行的,也是一种专业性的调解。

3. 向行政部门投诉

向行政部门投诉,是指消费者为生活消费需要购买、使用商品或者接受服务,与经营者发生纠纷,认为自己的合法权益受到侵害,请求有关行政部门予以保护的行为。有关行政部门接到消费者的投诉后,应当予以受理。我国有关食品卫生、药品管理、价格管理、环境保护、医疗卫生、产品质量等保护消费者的法律规范中都有关于行政机关接受消费者投诉,处理消费者纠纷的规定。向行政部门投诉是保护消费者权益的重要途径,其特点如下:

(1)具有权威性。受理消费者投诉的机关为专门的国家行政机关,如工商、质量、物价、医药等部门,这些部门进行的消费纠纷调解属其职权范围,有其相应的法律依据，而且调处的人员一般都有处理相关纠纷的经验，故具有一定的权威性。如国家工商行政管理总局颁布实施的《工商行政管理部门处理消费者投诉办法》第4条规定："工商行政管理部门在其职权范围内受理的消费者投诉属于民事争议的，实行调解制度。"

(2)高效快捷。如《消费者权益保护法》第46条规定："消费者向有关行政部门投诉的，该部门应当自收到投诉之日起七个工作日内，予以处理并告知消费者。"再如《工商行政管理部门处理消费者投诉办法》第28条规定："经调解达成协议后，当事人认为有必要的，可以按照有关规定共同向人民法院申请司法确认。"可见，消费者向行政部门投诉有利于纠纷高效解决。

(3)程序规范。与消协调解相比，行政部门受理消费者投诉后，解决消费纠纷依法定程序进行。如《工商行政管理部门处理消费者投诉办法》明确规定了工商行政部门受理消费者投诉的具体程序，包括管辖、受理条件、受理期限、调解书的制作、调解协议的司法确认等。

此外，行政部门受理消费者投诉后，查明经营者存在违法经营行为时，可依职权进行裁决。行政裁决是行政机关解决特定的带有民事性质争议案件的活动，属于行政裁判行为的一种类型，相对于和解和消协调解，具有特殊的优势。其性质与一般意义上的非诉讼程序(ADR)有所不同，具有一定的准司法性质。[5]

4.提请仲裁机构仲裁

提请仲裁机构仲裁，是指根据消费者和经营者在消费纠纷发生前或者发生后达成的仲裁协议，向仲裁机构请求解决消费纠纷的活动。《消费者权益保护法》明确规定了仲裁是解决消费纠纷的途径之一。

与其他非诉讼纠纷解决机制不同，仲裁裁决一经做出即发生法律效力，一方当事人若不履行仲裁裁决，另一方当事人可以向法院申请强制执行。因此，通过仲裁能彻底地解决纠纷。与诉讼相比，仲裁实行一裁终局制，具有成本低、效率高的特点，且程序简便灵活，能比较迅速地解决纠纷。

适用仲裁方式解决消费纠纷，须注意下列问题：

(1)仲裁协议是当事人申请仲裁的前提基础，没有仲裁协议，当事人不能申请仲裁。所以，消费者和经营者必须签订有效地仲裁协议，才可以提请仲裁机

[5] 范愉：《非诉讼程序(ADR)教程》，中国人民大学出版社2002年版，第264页。

构解决纠纷。

(2)消费者和经营者之间的仲裁协议可以采取多种方式:既可以在消费纠纷发生前达成,也可以在消费纠纷发生后达成;既可以由经营者与特定消费者具体达成,也可以由经营者发布公告、刊登广告、加入联盟等方式向不特定的消费者发出公众要约并由特定消费者以向仲裁机构提请仲裁的意思表达方式做出承诺。[6]

(3)消费者只能向仲裁协议确定的仲裁机构申请仲裁。

(4)由于我国仲裁法没有规定临时仲裁制度,因此,消费仲裁只能适用于机构仲裁。

(5)消费纠纷仲裁仅限于民商事仲裁,不适用于行政仲裁。

5. 向人民法院起诉

向人民法院起诉,即消费纠纷诉讼,是指消费者和经营者发生纠纷后,当事人依法向人民法院起诉,请求保护其合法权益的活动。诉讼也是法定解决消费纠纷的一种方式。

消费纠纷只要符合诉的利益。消费者就享有诉讼的实施权,就可以向有管辖权的法院提起民事诉讼,这是消费纠纷诉讼的典型形态。此外,消费纠纷诉讼还有代表人诉讼、公益诉讼等形态。

与其他的消费纠纷解决方式相比,消费纠纷诉讼具有下列特点:

(1)具有权威性。法院是国家的审判机关,是解决各类纠纷最权威的机关,也是各类纠纷获得法律救济的最后一种途径。因此,由掌握国家审判权的法院裁判的消费纠纷,应当是最权威的结果。

(2)程序严密。对民事案件的审判,民事诉讼法规定了严格的审判步骤,消费纠纷诉讼也不例外,也必须严格按照法律规定的程序进行,这有利于案件得到公正的审判。

(3)成本高。与其他解决消费纠纷的方式相比,诉讼的收费高,审判期限较长,使其成本较高。

(4)结果具有彻底性。消费纠纷经过法院审理并裁判,判决生效后,当事人必须履行。任何人未经法定程序不得改变生效判决的内容,因而具有彻底解决纠纷的特点。

---

〔6〕 肖建国、黄忠顺:《消费纠纷解决——理论与实务》,清华大学出版社2012年版,第23页。

第二节　医疗纠纷解决实务

一、医疗纠纷的概念和特点

（一）医疗纠纷的概念

医疗纠纷又称医患纠纷，通常是指医疗机构在为患者提供医疗服务的过程中，患者对医疗后果及其原因有异议，而与医疗机构之间发生的纠纷。

医疗纠纷包括医疗事故纠纷和其他医疗纠纷。医疗事故纠纷是指医患双方就具体医疗事件是否构成事故、应不应当赔偿、怎样赔偿产生的纠纷。其他医疗纠纷主要是指经过医疗事故鉴定不属于医疗事故的医疗纠纷。

我国《医疗事故处理条例》第2条对医疗事故有明确规定，即“本条例所称医疗事故，是指医疗机构及其医务人员在医疗活动中，违反医疗卫生管理法律、行政法规、部门规章和诊疗护理规范、常规，过失造成患者人身损害的事故”。

（二）医疗纠纷的分类

医疗纠纷存在于医疗机构和患者之间，它可以根据下列标准进行分类：

按是否由医疗过失引起，将医疗纠纷可以分为医疗过失纠纷和非医疗过失纠纷。医疗过失是指医护人员的医疗行为违反卫生相关法律或医疗护理常规和规范，在自己医疗水平范围内未尽到审慎的注意义务。非医疗过失纠纷中医务人员并没有主观过失，而是不可控因素导致了损害，包括医疗意外、疾病自然转归和不可预料的并发症。医疗意外是医疗过程中或某治疗结束后但与治疗过程直接相关的，由患者特殊体质引起的、在医护人员医疗能力之外的、无法预知的，也是其他大多数相同疾病患者不会出现的意外的医疗损害。[7]

按照损害是否明显，将医疗过失纠纷分为医疗事故和医疗差错。医疗事故应按照《医疗事故处理条例》认定。除该条例所规定的医疗事故情形外，造成不明显损害的医疗过失纠纷可以定性为医疗差错。这里医患纠纷基本是按纠纷

---

〔7〕　方鹏骞、孙杨：《中国转型期医疗纠纷非诉讼解决机制研究》，科学出版社2011年版，第14～15页。

原因进行分类的,然而医疗过失纠纷分为医疗事故和医疗差错并不是出于性质或原因上的差别,只是损害结果程度有差别。

本节所讨论的医疗纠纷限于医疗过失中的医疗事故引起的损害赔偿争议。

(三)医疗纠纷的特点

医疗纠纷是发生在医患之间的纠纷,其特点如下:

1. 医疗纠纷的主体为医疗机构及其医务人员和患者双方,且患者处于弱势地位。在医疗纠纷中医患双方虽然属于平等主体,具有平等的法律地位,但事实上,患者一方明显处于弱势地位。主要表现为:其一,双方掌握的信息不对等。医疗机构掌控的信息比较多,而患者往往对于医疗纠纷的性质、造成的不良医疗后果与医疗行为之间的因果关系处于不知情的状况。其二,患者一方不参与医疗过程。患者一般仅是被动接受医疗机构的服务,由于医疗过程具有较强的专业性、技术性,患者和家属不能选择和参与医疗过程,医疗机构往往掌握比较系统全面的证据材料,使患者一方取证很难。所以,在医疗纠纷中患者及其家属总是处于弱势地位。

2. 医疗纠纷的客体是患者的人身权利,主要是生命权和健康权。医疗纠纷一般都是以患者认为自己的生命权或者健康权受到了侵害而引起的争议。在实践中,通常表现为经过医疗机构的诊治或护理后,患者的身体状况出现了不良后果或埋下了不良隐患,患者认为该不良后果或不良隐患是医疗机构的医疗行为所致。这里的不良后果,事实上是指患者认为医疗机构的医疗行为侵害了他的生命权或健康权。

3. 医疗纠纷涉及很强的专业性。医疗纠纷涉及医疗科学的专业性、技术性,医疗科学本身就是高水平的专业和技术,而且医学研究中还有许多没有攻克的病例,这给医疗纠纷的定性、因果关系等问题造成了一定的困难,很多问题要弄清楚必须借助于医疗鉴定才能分清是非责任。所以,解决医疗纠纷需要很强的专业知识。

近年来,随着我国公民法律意识、权利意识、维权意识的提高,医疗纠纷呈现出递增趋势。因医疗事故导致的医疗纠纷,医患之间往往分歧较大,容易产生对立的情绪甚至过激的行为。例如,殴打医护人员的事件频有发生,这不仅影响了医院正常的秩序,也会挫伤医务人员的积极性,并影响医院和医务人员的社会声誉,当然,对及时解决医疗纠纷也是十分不利的。面对从数量到种类日益增多的医疗纠纷,我们应积极妥善地予以解决。

为预防医疗纠纷的发生,一方面,应不断提高医护人员的责任心和专业技术水平;另一方面,要做到治疗、护理工作的公开和透明,让患者有更多的知情权,以此获得患者及其家属的信任,从根源上减少纠纷的发生。

二、医疗纠纷的解决

根据《医疗事故处理条例》的规定,因医疗事故发生了纠纷,医患双方可以协商解决;不愿意协商或者协商不成的,当事人可以向卫生行政部门提出调解申请,也可以直接向人民法院提起民事诉讼。

医疗民事纠纷与其他民事纠纷一样,属于平等主体之间的财产关系和人身关系的纠纷,属于民法调整的范畴。根据“私法自治”的原则,通常情况下,国家不予干预。因此,双方当事人可以就医疗纠纷进行协商,也可以进行民间调解和行政调解,从理论上讲,医疗合同纠纷也可进行仲裁解决,但目前仲裁解决医疗纠纷还不受重视。

(一)协商

医疗纠纷可以协商解决,是指当医疗事故发生后,医患双方经过平等协商达成和解协议以解决医疗纠纷的行为。《医疗事故处理条例》第 43 条规定:“医疗事故争议由双方当事人自行协商解决的,医疗机构应当自协商解决之日起 7 日内向所在地卫生行政部门做出书面报告,并附具协议书。”第 47 条规定:“双方当事人协商解决医疗事故的赔偿等民事责任争议的,应当制作协议书。协议书应当载明双方当事人的基本情况和医疗事故的原因、双方当事人共同认定的医疗事故等级以及协商确定的赔偿数额等,并由双方当事人在协议书上签名。”

和解,是双方当事人在不损害国家利益、公共利益和他人利益的前提下,互让互谅所做出的妥协和让步,是一种快捷、便利、成本低且符合实际的纠纷解决方式。医疗纠纷采用和解的方式解决,可以有效化解医患之间的对立情绪,有利于患者及时获得赔偿。

和解虽然有明显的优越性,但实践中,医疗纠纷和解的成功率却比较低。其原因在于:

第一,和解本应在双方平等的基础上进行协商谈判,但现实中,医疗机构往往利用其专业知识背景和掌控的信息以及经济实力等优势,占据主导地位,患者往往对医疗机构持不信任的态度,由此难以达成和解。

第二,和解是在达成一定的共识的基础上实现的。医疗纠纷中,医疗机构和患者在损害事实和损害后果上很难达成共识,要么患者因缺乏医学专业知识,对损害后果不了解,要么对损害后果夸大认识,因此,在赔偿数额上难以达成共识而无法达成和解。

第三,和解需要以理性认知为前提。发生医疗事故后,患者及其家属往往情绪过激,很难理性对待发生的问题,这样很难与医疗机构心平气和的谈判并以理性的方式解决问题,因而也很难达成和解。

(二)行政调解

医疗事故行政调解,是指医疗事故发生并经鉴定后,卫生行政部门根据医患双方请求,对医疗事故赔偿进行调解,促使双方达成一致意见,从而解决医疗纠纷的活动。《医疗事故处理条例》第48条规定:"已确定为医疗事故的,卫生行政部门应医疗事故争议双方当事人请求,可以进行医疗事故赔偿调解。调解时,应当遵循当事人双方自愿原则,并应当依据本条例的规定计算赔偿数额。经调解,双方当事人就赔偿数额达成协议的,制作调解书,双方当事人应当履行;调解不成或者经调解达成协议后一方反悔的,卫生行政部门不再调解。"

医疗纠纷的行政调解具有以下优势:

1.有利于彻底解决医患之争。首先,卫生行政部门熟悉业务,依据鉴定意见可以分清责任是非;其次,卫生行政部门对医疗机构可以进行有效的管理;最后,行政机关能得到当事人更多的信任。基于以上因素,由卫生行政部门对医疗纠纷进行调解,能够消除医患双方的对立,从而彻底解决纠纷。

2.具有专业性强的优势。卫生行政部门有自己的专业队伍,由其对医疗纠纷进行调解,更能发挥其专业性的优势,充分发挥医学专家的作用,从客观中立专业的角度提出解决方案,当事人更容易接受。在医疗纠纷中发挥医学专家的专业特长,是其他纠纷解决方式无法比拟的。

3.具有成本低、效率高的优势。在行政调解中,卫生行政部门在举证证明、适用规范以及程序运作上都有很强的灵活性,可以避免诉讼高昂的费用、严格复杂的程序、较长的诉讼周期,以及法官因缺乏医学专业知识可能带来的掣肘。因而降低了纠纷解决的成本,提高了纠纷解决的效率。

4.具有权威性和中立性的优势。在我国,行政机关不但拥有权力,而且掌握着丰富的权力资源,在民众心目中有较高的威望。在中国老百姓的心目中,他们对政府给予很高的厚望,出了问题更愿意寻求政府部门解决。因此,卫生行政部门在解决医疗纠纷中有得天独厚的地位,可以增强纠纷处理结果的有效性。同时,行政主管机关在解决各类纠纷的过程中,通过类型化处理并积累一定的经验,然后形成政策和规范,从而有效地预防类似的医疗事故的发生。其权威性和中立性优势得以体现。

此外,卫生行政部门在调解过程中应注意下列问题:第一,须依双方的申请进行调解,它不是医疗纠纷的必经程序;第二,仅限于医疗事故赔偿问题的调解,属于民事调解的范畴;第三,赔偿范围和赔偿金额须依法确定,不能擅自提高或者降低;第四,达成的调解协议没有强制执行力,卫生行政部门只能督促当事人履行。

(三)诉讼

诉讼是解决医疗纠纷的有效途径之一。民事诉讼是国家审判机关依照法定程序审理案件,依法做出裁判,并由国家强制力保证裁判的执行。因此,医疗纠纷通过民事诉讼解决,是最彻底有效的方式。

民事诉讼在解决医疗纠纷中有以下特点:

1. 坚持当事人意思自治的原则。意思自治原则是民事法律关系中最基本的原则,又称私法自治原则,是指私人之间的法律关系取决于个人的自由意思表达,但不得违反法律的强制性规定。意思自治原则强调尊重个人意思自由,当事人在从事民事活动时有权依自己的真实意志来决定自己的行为,不受其他任何主客观因素的干涉。在医疗纠纷的民事诉讼领域,"意思自治"意味着医患双方发生纠纷后,是否通过民事诉讼的方式请求法院解决由当事人决定,任何组织和个人不得干预。

2. 医疗纠纷诉讼程序较为复杂。民事诉讼有严格的程序规定,对所有当事人平等适用,目的是保证案件得到公开公正的解决。除民事程序复杂外,由于医疗活动具有很强专业性和技术性,而且涉及较多的科学领域,针对医疗行为和损害后果之间是否存在因果关系,需要运用专门的知识和技术才能得出客观的结论,往往需要委托鉴定机构进行科学的鉴定,故医疗纠纷的程序远比一般民事纠纷的诉讼程序要复杂和漫长。

3. 法定的举证责任。医疗事故损害赔偿诉讼中的举证责任大体经历了三

次法律上的变化:

一是2012年4月1日起实施的《最高人民法院关于民事诉讼证据的若干规定》(以下简称《证据规定》)之前,医疗事故纠纷按照一般民事诉讼的举证原则,即“谁主张,谁举证”。

二是《证据规定》中对医疗事故纠纷重新确立了举证原则,即“举证责任倒置”,即《证据规定》第4条第8项的规定:“因医疗行为引起的侵权诉讼,由医疗机构就医疗行为与损害结果之间不存在因果关系及不存在医疗过错承担举证责任。”

三是2010年7月1日起施行的《中华人民共和国侵权责任法》中关于医疗纠纷的举证责任。该法第54条规定:“患者在诊疗活动中受到损害,医疗机构及其医务人员有过错的,由医疗机构承担赔偿责任。”明确了医疗损害责任是过错责任,而不是过错推定责任,因此,举证责任不再倒置,需要患者一方对医疗行为存在过错进行举证。

《侵权责任法》的这一规定,对处于弱势地位的患者表明而言是不利的,但患者有权申请医疗事故鉴定,从而证明医疗行为与损害后果是否存在因果关系。事实上该法第55条的规定对医疗机构来讲,也是不能轻易免责的。即“医务人员在诊疗活动中应当向患者说明病情和医疗措施。需要实施手术、特殊检查、特殊治疗的,医务人员应当及时向患者说明医疗风险、替代医疗方案等情况,并取得其书面同意;不宜向患者说明的,应当向患者的近亲属说明,并取得其书面同意。医务人员未尽到前款义务,造成患者损害的,医疗机构应当承担赔偿责任”。因此,医疗事故纠纷的举证责任是法定的。

4. 生效的判决具有强制执行力。判决是法院对民事案件行使审判权做出终结审理案件的审判行为。它是一种强制性结论,判决一经做出,对当事人、法院和社会都产生相应的拘束力,非经法定程序,不得随意撤销或者变更。判决生效后具有强制执行力,是人民法院执行的根据。故医疗纠纷判决生效后,当事人可依此判决书申请法院强制执行。

从司法审判的结果看,对纠纷的解决具有终局性。但是,医疗纠纷不是一般的民事纠纷,有很强的专业性和技术性,通过司法程序解决费时费力,这一点在医患之间实际上已经达成了共识。但实践中,医疗纠纷之所以选择通过诉讼的方式解决,往往是因为协商失败,不得不求助于法律。协商不成使当事人之间相互缺乏信任,从而对非诉讼方式解决纠纷失去了信心。因此,医疗纠纷选择以诉讼的方式解决纠纷占有很大的比例。[8] 事实上，医疗纠纷通过非诉讼的方式解决更加快捷。

（四）仲裁

医疗事故引起的纠纷属于侵权纠纷的一种，属于仲裁的范围。我国仲裁法规定：平等主体之间的合同纠纷及其财产权益纠纷可以仲裁。

仲裁在解决医疗纠纷中有以下优越性：

1. 具有公正性、权威性。仲裁机构具有民间性质，独立于行政机关，仲裁员是兼职的、不属于仲裁机构的工作人员，可以避免行政干预；仲裁没有级别和地域管辖，当事人可以在全国范围内选择自己信赖的仲裁机构，能够避免“人情”等不公正因素和地方保护主义的干扰；仲裁员从公道正派的专业人员中选聘，有严格的条件，素质高，作风正，令人信赖。

2. 具有快捷性、经济性。相对而言，仲裁的审理期限较短，实行一裁终局制，即仲裁裁决一经做出即发生法律效力，医患双方不能就同一纠纷再向仲裁委员会申请仲裁，也不能就同一纠纷向人民法院起诉或上诉。这充分体现了仲裁方式快捷性的优点，有利于克服医疗纠纷久拖不决的现象。时间上的快捷性使费用相应节省，一裁终局制无须多审级收费，所以，仲裁的收费也相对较低。

3. 具有保密性、缓和性。医疗纠纷的社会关注度较高，也是新闻媒介热衷报道、曝光的内容，有的报道过分反映患者方面的要求，对于案件的处理过程和结果，部分报道未能实事求是，做出自认为正确的判断和结论，往往误导公众，激化矛盾，甚至影响法官的公正裁判。而医疗纠纷仲裁一般以不公开审理为原则，仲裁的整个程序和裁决也不公开，仲裁机构成员和仲裁员以及当事人均负有保密义务。整个仲裁过程很少受到外界干扰，这样既保护了医疗机构的声誉，也保护了患者的隐私权。医患双方可以在一个和谐的氛围中，平息纷争，化解矛盾，促使争议得到公正、彻底的解决。这对于维护社会稳定、缓和社会矛盾有积极的作用。

4. 能有效克服法院审理医疗纠纷时专业知识的局限性。医疗纠纷常常涉及复杂的医学知识和法律问题。法官由于受医学专业知识的局限，难以深入其中，可能影响公正裁判。而医疗仲裁机构具有专业的仲裁员，仲裁员一般都是

---

[8] 方鹏骞、孙杨：《中国转型期医疗纠纷非诉讼解决机制研究》，科学出版社 2011 年版，第 131 页。

医学专家、法学专家、医疗管理专家,能保证仲裁的专业性和权威性。

尽管仲裁在解决医疗纠纷中有上述优势,但因仲裁以仲裁协议为前提,没有仲裁协议,仲裁机构则无权受理案件,仲裁的这一规定限制了医疗纠纷对仲裁的选择。因为医疗纠纷发生前,医疗机构和患者之间一般不会签订关于医疗事故纠纷解决的仲裁协议;当医疗纠纷发生后,由于双方之间的对立性强,很难心平气和地签订一份解决纠纷仲裁协议。所以,通常情况下,医疗纠纷很难通过仲裁得以救济。

三、医疗纠纷处理的辅助机制

医学鉴定与医疗责任保险虽然不能直接解决纠纷,但对解决医疗纠纷有积极的促进作用。由于医疗纠纷的专业性和技术性强,无论采取哪种方式解决,都必须依靠医学鉴定以明确事实和责任,明确损害结果与医疗行为之间的因果关系,由此确定是否具备侵权要件。医疗纠纷处理的过程一般包括三个环节:防范、解决、赔偿,缺少其中任何环节,都不能真正妥善解决医患纠纷。赔偿是解决问题的根本,合理地赔偿能够有效地解决纠纷,但赔偿时常让医院陷入困境。因此,推行医疗责任保险,有利于解决医患双方的后顾之忧。

(一)完善医疗事故鉴定

根据《医疗事故处理条例》(以下简称《条例》)的规定,提起医疗事故技术鉴定有三种方式:

一是《条例》第20条的规定,即"卫生行政部门接到医疗机构关于重大医疗过失行为的报告或者医疗事故争议当事人要求处理医疗事故争议的申请后,对需要进行医疗事故技术鉴定的,应当交由负责医疗事故技术鉴定工作的医学会组织鉴定;医患双方协商解决医疗事故争议,需要进行医疗事故技术鉴定的,由双方当事人共同委托负责医疗事故技术鉴定工作的医学会组织鉴定"。

二是《条例》第36条的规定,即"卫生行政部门接到医疗机构关于重大医疗过失行为的报告后,除责令医疗机构及时采取必要的医疗救治措施,防止损害后果扩大外,应当组织调查,判定是否属于医疗事故;对不能判定是否属于医疗事故的,应当依照本条例的有关规定交由负责医疗事故技术鉴定工作的医学会组织鉴定"。

三是《条例》第39条的规定,即"卫生行政部门应当自收到医疗事故争议处理申请之日起10日内进行审查,做出是否受理的决定。对符合本条例规定,予以受理,需要进行医疗事故技术鉴定的,应当自做出受理决定之日起5日内将有关材料交由负责医疗事故技术鉴定工作的医学会组织鉴定并书面通知申请人;对不符合本条例规定,不予受理的,应当书面通知申请人并说明理由。当事人对首次医疗事故技术鉴定结论有异议,申请再次鉴定的,卫生行政部门应当自收到申请之日起7日内交由省、自治区、直辖市地方医学会组织再次鉴定”。

上述《条例》规定的医疗事故技术鉴定过于行政性,解决医疗纠纷需要更专业的医学鉴定,包括医疗过程、损害行为、损害后果、因果关系等,而医疗事故鉴定还不能满足解决医疗纠纷的需要。因此,应从以下几个方面予以完善:第一,保持医学优势,得出真实的、令人信服的医学事实;第二,提高鉴定的司法属性,将技术与法律紧密结合;第三,加强对鉴定的监督,保证鉴定结果的公正性;第四,缩短鉴定的时间,提高纠纷解决的效率;第五,降低鉴定的费用,鼓励当事人适用鉴定。[9]

(二)推行医疗责任保险

医疗责任保险是一项对医患双方都有利的制度,它可以分担医院和医生的赔付风险,也可以解除患者对赔付的后顾之忧,有利于缓和医患之间因费用问题产生的矛盾。推行医疗责任保险应明确下列问题:

1. 明确医疗责任保险的性质

医疗责任保险,是指投保医疗机构和医务人员在保险期内,因医疗责任发生经济赔偿或法律费用,保险公司将依照事先约定承担赔偿责任。具体的医疗责任保险是指按照权利义务对等的原则,由保险公司向被保险人收取一定的保险费,同时承担对被保险人所发生的医疗事故给付赔偿金的责任。

目前,全国多省市推行的医疗责任保险,都是由商业保险公司开发的保险产品,在运行时,由于保险费用高、不够稳定、变化大、不能长期运行等原因,致使很多医院都不愿意投保。这说明商业保险不适宜医疗责任保险。有学者认为:“医疗责任保险更适合作为社会保险,由社会保障部门组织运行、强制推广,并且规定每个执业医师有参加责任保险的义务,由医院和医生分担保险费。”[10]

---

〔9〕 方鹏骞、孙杨:《中国转型期医疗纠纷非诉讼解决机制研究》,科学出版社2011年版,第150页。

〔10〕 方鹏骞、孙杨:《中国转型期医疗纠纷非诉讼解决机制研究》,科学出版社2011年版,第151页。

国务院法制办公室关于《医疗纠纷预防与处理条例(送审稿)》第4条规定:"各级人民政府应当建立以人民调解为主,医患和解、人民调解、司法调解、医疗风险分担机制等有机结合的医疗纠纷预防与处理制度。"

2. 加强医疗责任保险

《关于加强医疗责任保险工作的意见》提出,完善以人民调解为主体,院内调解、人民调解、司法调解、医疗风险分担机制有机结合的"三调解一保险"制度体系,充分发挥以医疗责任保险为主要形式的医疗风险分担机制在医疗纠纷化解、医疗风险管理等方面的重要作用,进一步健全我国医疗责任保险制度,提高医疗责任保险参保率和医疗责任保险服务水平。该《意见》提出应从以下六个方面加强医疗责任保险:(1)充分认识发展医疗责任保险对构建和谐医患关系的重要作用;(2)加强组织领导,提高医疗责任保险参保率和保险服务水平;(3)加强协调配合,共同推动医疗责任保险工作深入开展;(4)加强经验总结,积极探索符合我国国情的医疗风险分担机制;(5)加强宣传引导,营造医疗责任保险良好社会氛围;(6)加强督导考核,确保医疗责任保险工作落实。

—— 训练 ——

阅读以下案例并写出案例分析报告

案例:

1. "三包"期内,消费者要求修理、换货,商家能收折旧费吗?该争议如何解决?

消费者胡先生于2016年5月某县城的一电器部购买的电冰箱,在保修期内发生质量问题,商家不能维修,要求吴先生交600元折旧费,换一台同品牌电冰箱。

2. 购车被强收续保押金合理吗?工商部门应如何处理?

2017年8月,某市工商局接到投诉,称该市一汽车销售有限公司在销售汽车时,强制消费者缴纳按揭贷款服务费和续保押金。

3. 消费者在消费场所摔伤,商家该不该不赔偿?

假日期间,小李陪年迈的父亲到一家饭店吃饭,饭店生意很好,但卫生环境却不好,地面油滑,一不小心就会跌倒。小李很小心地扶着父亲,可父亲在饭毕起身时还是因地面太滑重重摔了一跤,并造成手部轻微骨折。小李事后要求饭店方面赔偿,而饭店方面认为顾客应对自己的人身安全负责,饭店只是一个吃饭消费场所,不承担这样的赔偿责任。

4.患者,男性,16岁。因左踝关节骨折复位内固定手术,术后应用静脉止痛泵,医方告知患者应用止痛泵可能发生的并发症。术后患者用止痛泵止痛时发生全身抽搐、大汗、呼吸急促,经停止应用止痛泵后,上述症状得以缓解,此乃止痛泵药物的不良反应。患者家属对应用止痛泵引起的不良反应提出质疑,与医方产生争议。医方称已告知患者,但因患者为未成年人,告知和签字均为无效。